www.ingramcontent.com/pod-product-compliance
Lightning Source LLC
Chambersburg PA
CBHW070048080526
44586CB00013B/969
* 9 7 8 1 5 9 5 8 4 0 0 6 6 *

خانه‌ی ما در فیشرآباد

خاطرات پراکنده

دکتر پرویز عدل

شرکت کتاب

Our house in "Fisherabaad"
Subject: History of Iran (biographies & memoirs)
Author: Parviz Adle
Published by: Ketab Corporation
Copyright© 2025 Ketab Corporation
All right reserved.
2nd Edition by: Ketab Corporation

خانه ی ما در فیشرآباد
نویسنده: پرویز عدل
موضوع: تاریخ ایران (خاطرات-زندگینامه)
ناشر: شرکت کتاب
چاپ دوم شرکت کتاب: ۲۰۲۵ میلادی - ۱۴۰۴ خورشیدی - ۲۵۸۴ ایرانی خورشیدی

No part of this book may be reproduced in any manner without the express
written consent of the publisher,
except in the case of brief excerpts in critical reviews or articles.
For information about permission to reproduce selections from this book,
write to Permissions@Ketab.com

The Library of Congress Cataloging-in-publishing Data is available upon
request.

ISBN:978-1-59584-006-0
Ketab Corporation:
12701 Van Nuys Blvd., Suite H,
Pacoima, CA, 91331, USA

2 2 3 4 5 6 7 8 25

این کتاب تقدیم می‌شود به :

همکاران بزرگوارم که کاردانی و خدمت‌شان
وزارت امور خارجه ایران را به بالاترین سطح صلاحیت و توانایی رسانیده بود.

به وطن پرستان گمنام مانند رئیس امنیه باسمنج، هنگام حمله ارتش سرخ

به همسرم الن (Ellen) که همواره در نوشتن خاطراتم مشوقم بوده است
و
به فرزندانم
ماریا، آزیتا و داریوش

نویسنده همواره یادآور بزرگ مردانی است
که به ابدیت پیوسته، در منزلگه یزدان جا گرفته‌اند
و از آنها درس فداکاری، انسان‌دوستی و وطن پرستی آموخته است.
از آن میان:
سپهبد فضل الله زاهدی ـ نصر الله انتظام ـ امیرخسرو افشار قاسملو
جمال امامی ـ مطیع الدوله حجازی ـ پروفسور یحیی عدل
احمد حسین عدل ـ سرلشگر حسن پاکروان ـ حبیب نفیسی
ذره‌هایی هستند که در ذات هستی تا ابد پاینده‌اند و بمانند پرتو خورشید جاودان تابنده‌اند.

فهرست بخش ها

پیش گفتار ۱
خانه ما در فیشرآباد 5
ملت، بازیگر سیاسی ۱۱
پایگاه مردمی، شرط دوام و بقای حکومت ها ۱۷
مادر اصلاحات، جدایی دین از سیاست ۲۷
شاه: هرگز به روی ملتم آتش نمی گشایم ۳۳
تبلیغات، عامل سرنوشت ساز ۴۱
خیاط پاناما و مأمور ما در هاوانا ۴۹
زمینه های حکومت یا روسری یا توسری ۶۳
منافع و مصالح ایران بالاتر از هر چیز ۱۱۳
چرا مرا روانه برزیل کردند؟ ۱۲۳
خداحافظی سرد ۱۳۷
هیأتی از برزیل در تهران آشفته ۱۴۹
جای خالی اردشیر زاهدی در مراسم گشایش باشگاه کارمندان وزارت خارجه ۱۷۶
در آلاشت، زادگاه رضا شاه- ۲۴ اسفند ۱۷۹
معمای هویدا ۱۸۱
فراموش نشدنی ترین شخص ۱۹۷
تلاش بی حاصل برای آلوده کردن سفارت ۲۰۷
کتاب فضل تو را آب بحر کافی نیست... ۲۱۱
خاطراتی از آخرین روزهای زندگی دیوید نیوسام ۲۱۷
جاسوس ما در قاهره ۲۳۷
بازی تقدیر ۲۶۱
کنفرانس تهران ۲۶۳

چند اظهار نظر درباره نویسنده و نوشته هایش:

نصرالله انتظام ـ سفیر، رئیس مجمع عمومی سازمان ملل متحد (در مقدمه کتاب «برگ افرا و ستارگان» اثر مؤلف):
از آغاز همکاری با آقای عدل دریافتم ایشان با استعداد و پشتکاری که دارند منشاء خدمات برجسته ای به مملکت خواهند شد، همینطور هم شد. ایشان می نویسند. کتاب شان ثمره شب های طولانی و پربرف کانادا است. اگر چنین است و شب های طولانی موجب بشوند چنین آثار ارزنده ای بوجود آید ... خداوند شبهای کانادا را درازتر کناد...

اردشیر زاهدی ـ وزیر خارجه (در مقدمه کتاب برگ افرا و ستارگان)
نویسنده در هر مورد نوشته هایش را با مدرک و سند و آمار عرضه می دارد. وی این آمار و مدارک را با چنان قلم روان و شیرینی به روی کاغذ می آورد که خواندن کتاب، سهل و مشغول کننده است. این نحوه کتاب نویسی دقت نظر و خوی پژوهشگرانه مؤلف را نشان می دهد. خواندن این کتاب را به عموم علاقمندان به روابط جالب و گسترده بین کانادا و آمریکا و خصوصاً کادر سیاسی وزارت خارجه توصیه می نمایم.

امیراصلان افشار سفیرـ رئیس کل تشریفات سلطنتی
من خاطرات بسیاری را خوانده ام؛ هیچ کدام به دلنشینی خاطرات پرویز عدل نیست. (پشت جلد کتاب «من سید اولاد پیغمبر نواده وزیر جنگ آمریکا»)

امیر عباس هویدا ـ نخست وزیر
مقامات امنیتی گزارش می دهند مقاله بی امضا می نویسی و این ور و آن ور می گویی دولت رفتنی است.
حساب هایت غلط است ما حالا حالاها در خدمت هستیم ... کار می خواهی...؟
از خودم بخواه، شایستگی داری.
فصل معمای هویدا

ارتشبد جم ـ رئیس ستاد ارتش
با اشاره به مقاله نویسنده در مجله نیمروز درباره کتاب شهبانو: نوشته های شما را تحسین می کنم.

امیرخسرو افشار قاسملو ـ سفیر، قائم مقام وزیر خارجه و وزیر خارجه (در ملاقات به تاریخ اکتبر ۱۹۷۸)
از مراتب وطن پرستی و مخصوصاً صمیمیت و وفاداری شما آگاهی دارم و آن را می ستایم. افسوس این وزارتخانه را که مثل دسته گل تحویل دادیم. به یک وضع اسفناک در آورده اند و امثال شما را دلسرد کرده اند. فرصت باشد سرو سامان می دهیم و از وجود شما استفاده خواهیم کرد.

جمال امامی ـ سناتور و سفیر در رم
به مولف به ترکی: «با این هوش و ذکاوت که داری، حیف که عاقل نیستی و نمی توانی نان را به نرخ روز بخوری. اگر به جای نیش زدن و انتقاد، مجیز این آقایان را بگویی به مقامات بالا می رسی، هرچند، من از تو بدترم و نمی توانم جلو احساسات و اندیشه باطنی ام را بگیرم و مجیز آنهایی را بگویم که در صلاحیت ایشان تردید دارم.

شاپور بهرامی ـ همکار، معاون وزارت خارجه، سفیر در مصر و فرانسه
مکرر با تلفن ویا نامه: خدا را شکر که یکی از میان ما پیدا شد که با شهامت اندیشه هایش را بر روی کاغذ می آورد. بخاطر آنچه درباره نقش وزارت خانه می نویسی باید از تو سپاسگزاری کنیم.

پیش گفتار

هدف نویسنده این کتاب بزرگداشت ملت ایران و یاد از بزرگ مردانی است که شناخته و با ملاحظه اینکه چگونه این مردان بزرگ برای تعالی وطن از جان و مال گذشته و مصالح ملی را بالاتر از هرچیز دانسته و همواره منافع شخصی را فدای مصالح وطن می کردند، از آنها درس وطن خواهی و خدمتگزاری به ملت را آموخته است.

نویسنده معتقد است که گرفتاری فعلی وطن یک تصادف تاریخ است و در صحنه گیتی تازگی ندارد زیرا به هنگام تحولات و انقلاب اتفاق می افتد که اقلیتی مجهز و مصمم آرمان های عالیه انقلاب مردمی را منحرف کرده و برخلاف اراده ملی حکومت را بدست می گیرند. در این راستا تسلط بلشویک ها در زمان انقلاب مردم روسیه و برقراری حکومت ترور به هنگام انقلاب کبیر فرانسه و انحراف انقلاب ایران بوسیله ملاها نمونه های برجسته ای می باشند. این انحراف ها چیزی از عظمت ملت ها نمی کاهند و دیر یا زود به یک نقطه پایان رسیده، فروکش می کنند.

با گذشت زمان رنج ها و زخم های دوران این انحراف ها التیام می پذیرند.

آنچه التیام ناپذیر است و نقطه پایان ندارد و بمانند سیلابی ویرانگر هستی جامعه را در هم پیچیده غرق در نابودی می کند.
بلای نفاق است. بلایی که امروز جامعه ایرانی در داخل و خارج کشور گرفتار آن است. ریشه و هسته این بلا که در جامعه ما شکاف و دوگانگی سهمناکی ایجاد کرده است از فردای روز قیام ملی ۲۸ مرداد ۱۳۳۲ کاشته شد. توده ای ها که خیزش غیر منتظره مردم، برنامه هایشان را در هم ریخته بود، راهی جز این نیافتند که فریاد برآورند با یک کودتای آمریکایی مواجه شده اند و این ملت نبوده که بساط شان را در هم پاشیده است.
جاسوسان خارجی از قبیل کرمیت روزولت و دونالد ویلبر که از همان سحرگاه ۲۶ مرداد از ایران گریخته بودند به قصد حفظ حیثیت و اعتبار و بدستور رؤسایشان در جهت نیات سیاسی و مصالح ملی کشورشان، از جمله دستیابی به یک وسیله فشار به حکومت ایران مدعی شدند، کارگردان این رویدادها بوده اند.
ادعای توده ای و عوامل خارجی کاملاً قابل درک است، دردناک روش آن گروهی است که نام ملی بر خود گذاشته بودند و با توده ای ها و مأموران خارجی هم صدا شدند و با سماجت و پیگیری آنقدر نوشتند و گفتند تا آنکه ایرانی های ناآگاه از بازی های پشت پرده باورشان شد که جنبش ملی ۲۸ مرداد را آمریکایی ها کارگردانی کرده اند.
پذیرا شدن ادعاهای توده ای ها و جاسوسان خارجی گذشته از اینکه خوار و ناچیزشماری ملت ایران بود یگانگی ملی را با ایجاد شکاف در هم پاشید و موجب سلب اعتماد مردم از رژیم و در نتیجه سستی پایه های آن گردیده راه را برای حکمفرمایی سیستم ولایت فقیه هموار کرد.
نویسنده این کتاب با تکیه بر مدارک و دلایل نشان می دهد که ادعاهای جاسوسان خارجی همگی افسانه و از بیخ و بن، پوچ و بی اساس است.
این کتاب گذشته از اینها برای این است که بگویم آب چشمه سارهایمان از آب زمزم بالاتر و گواراتر است، کوه های دماوند و سهند و سبلان مان

کوه احد را تپه ای ناچیز می شمارد... هنر و فرهنگ مان والا و برتر است. ایران مان زیبا و گوهری است پر بها. حیف است ایران که ویران شود! با توجه به اینکه تخم نفاق که کاشته شده چنانچه خاموش نشود شراره اش آنچنان هستی مان را می سوزاند که جز خاکستر چیزی از آ باقی نمی ماند، اصل را بر این می گذارم که تردید در اصالت قیام ملی ۲۸ مرداد در اثر بی اطلاعی بوده و سوءنیت در کارنیست. دستم را بسوی هموطن دراز کرده می گویم:

«این سالهای غربت به ما نشان داد که هیچ قصر درخشان بیگانه ای با همه تابندگی هایش، بدون ایران عزیزمان به پشیزی نمی ارزد، آخرین فریادم این است که بیایید برای نگهداری این گوهر گرانبها، ایران وطن مقدس مان دست همدیگر را بفشاریم. مگر نه اینکه من و شما با وجودی که روش همدیگر را نمی پسندیدم. هستی را بدون عشق جانان مان ... بدون خاک ایران مان ... نمی خواهیم... نمی خواهیم.

دکتر پرویز عدل

خانه ما در فیشر آباد ...

در محضر مطیع الدوله حجازی

اولین خانه ای که همسرم و من در تهران خریدیم خانه ای بود مدرن در بن بست صدر خیابان فیشرآباد نزدیکی شاهرضا...

این خانه را مدتها پیش دیده و پسندیده بودیم ولی اوضاع در هم و برهم پایتخت چنان ما را نسبت به آینده مملکت بدبین کرده بود که مانند بسیاری به فکر ترک وطن بودیم.

تصمیم به ترک وطن بسیار دردناک است ولی زمانی می رسد که بقول سعدی:

نتوان مرد به سختی که من اینجا زادم.

موقعی که اندیشمند و مردی به عظمت و بزرگی حافظ که سرتاپای وجودش آکنده از عشق به وطن و شیراز عزیزش می باشد به فکر ترک زادگاهش می افتد درک تصمیم ما آسان است.

حافظ آن چنان از بیداد و ستم و فتنه ها به تنگ می آید که می خواهد همه چیز را رها کرده به سرزمین دیگری برود. در آن دوران نمی شد تنها

به راه افتاد حافظ بزرگ ناچار بودهم رهانی بیابد، این است که می نالد و می گوید:

یارب زمین پارس عجب سفله پرور است
کوهمرهی که خیمه از این خاک برکنم

***

نخست وزیر دکتر مصدق که من هنگام تحصیل در دانشکده ی حقوق تهران از هواخواهان پر و پا قرص اش بودم حالا بدون محاسبه تناسب قدرت با آمریکا و انگلیس در افتاده و هیچ قدم مثبت برای حل بحران حاصله از ملی کردن نفت بر نمی داشت.

وی محبوبیت اولیه اش را از دست داده و معلوم نبود چه برنامه ای دارد؟ و این در حالی بود که شاه در آن زمان از پایگاه مردمی قابل ملاحظه ای برخوردار بود. هرروز خیابان های تهران صحنه تظاهرات توده ای ها شده، ـ اسم خیابان ها را عوض می کردند. شعارهای کمونیستی می دادند. مجلس سنا و دیوان عالی کشور منحل و حکومت نظامی برقرار و مجلس شورای ملی نیم بند پناهگاه عده ای از نمایندگان مخالف بود که از ترس جانشان در آنجا تحصن گزیده بودند ـ بسیاری از شخصیت های ملی گرا که در ابتدای مبارزه برای ملی کردن نفت موافق دولت بودند و حالا مصدق را رها کرده بودند، دستگیر و در زندان به سر می بردند. بیشتر روزنامه ها توقیف بودند ـ روزنامه هایی هم که هنوز چاپ و منتشر می شدند دست چپی و از مقالات آنها بوی تند جمهوری خواهی می آمد. یک روزنامه ی فکاهی به نام حاجی بابا کاریکاتوری در صفحه ی اول گذاشت که شتر جمهوری را نشان می داد که جلو کاخ سلطنتی نشسته است.

یکی دو روزنامه مانند کیهان و سیاست ما دوام آورده و عبدالرحمن فرامرزی سرمقاله های تند علیه سیاست آشفته دولت می نوشت ـ روزهائی که کیهان

با سرمقاله ی فرامرزی انتشار می یافت، تیراژ روزنامه چند برابر می شد و مردم نسخه های روزنامه را دست به دست می گرداندند و این در حالی بود که روزنامه های دولتی در کیوسک روزنامه فروشی باد می کرد و مشتری نداشت و همین امر به خودی خود نشانه ای بود از پائین افتادن میزان محبوبیت دکتر مصدق که زمانی از محبوبیت فوق العاده و پشتیبانی اکثریت قاطع مردم ایران برخوردار بود ـ.

بسیاری از یاران دیرین مصدق و اغلب اعضای کابینه های اولیه اش او را ترک کرده بودند ـ بیشتر کارها دست افراد ماجراجویی بود که با عوام فریبی اوضاع را آشفته تر کرده و کسانی بودند که ادامه ی اقتدار و سرکار ماندن شان و ابسته به حفظ و ادامه ی حالت بحران بود ـ. اینها بودند که دور مصدق را گرفته و نمی گذاشتند که حتی بهترین پیشنهادات خارجی ها را برای حل بحران نفت قبول کند.

دولت مصدق با رد پیشنهاد مشترک ترومن ـ چرچیل به کلی به بن بست رسیده بود. (۱)

خود مصدق و نیز بیشتر اطرافیانش اسیر محبوبیت میان مردم کوچه و بازار شده و نمی خواستند و یا اینکه نمی توانستند تصمیم قاطع بگیرند. حال آنکه وظیفه ی وجدانی و میهنی یک رئیس دولت این است که در تصمیماتش فقط آینده و مصالح کشور را در نظر گرفته و منافع شخصی را فدای مصالح عالیه ی وطن بنمایند. (۲)

اوضاع آن چنان آشفته بود که برداشت بیشتر ناظران خارجی و بسیاری از ایرانی ها این بود که کار رژیم تمام است و به زودی توده ای ها بر اوضاع مسلط می شوند ـ. خوف و هراس در جامعه حکمفرما شده و بسیاری حتی نگران آخر کار خود دکتر مصدق بودند و نگران بودند مبادا سرنوشتی نظیر مازاریک گریبان گیر دکتر مصدق بشود. (۳)

برای درک فضای حکمفرما در بیشتر خانواده ها در آن روزهای آشفته آنچه را که از مهدی خان معاضد الدوله بزرگ خاندان عدل شنیدم از دفتر

خاطراتم نقل می کنم:
خانه ی مهدی خان اثاثیه و فرش های قیمتی را جمع کرده و مانند یک مسافر جامه دان بدست زندگی می کنند. مهدی خان که سرد و گرم روزگار را چشیده و مردی است مسلط بر اعصاب و آرام و معمولاً خوش بین حالا همه اش نگران اوضاع است ـ می گفت والله نه زمان جنگ و زدو خوردهای کوچه به کوچه مشروطه خواهان ستارخان با شجاع الدوله و نه هنگام اشغال آذربایجان توسط روس ها و نه دوران حکومت پیشه وری اینطور خر تو خر نبود...

آخر مرد (اشاره به دکتر مصدق) سازشی گفتند، مصالحه ای گفتند، این چه اوضاعی است که به وجود آورده ای؟ تو یک مرد محترم و رجل سیاسی خوش نام هستی، غلام یحیی و بی ریا نیستی.

***

خانم بتول همسر مهدی خان که همیشه ضرب المثل مناسب ترکی در چنته داشت گفت: «اصولاً مصدق می گوید: بودور کی واردوره ... دوه نظرم بله گذرم... ،شتر نگاهم همین است که هست. (ضرب المثل ترکی که در مورد اشخاص خود کامه ای که فقط طبق نظر و رای خودشان عمل می کنند و توجه و اعتنا به نظریات دیگران ندارند به کار برده می شود.

توضیح درباره شماره های ۱ تا ۴ صفحه گذشته:

توضیح درباره شماره های ۱ تا ۴ صفحه گذشته:
۱- دکتر پرویز مینا کارشناس عالیقدر امور نفت در مجله مهرگان پاییز ۱۳۷۸ پس از شرح چگونگی پیشنهادات اول تا ششم شرکت نفت و دولت های انگلیس و آمریکا می نویسد: رد پیشنهاد هفتم (پیشنهاد مشترک ترومن ـ چرچیل) که تمام آرمان های عالیه ملی کردن نفت را تأمین می کرد یک اشتباه فاحش بود. رد این پیشنهاد که نتیجه تلقین اطرافیان بی اطلاع مصدق بود یک فرصت طلایی را از دست دولت ایران خارج کرد. اگر مصدق با محبوبیتی که داشت این پیشنهاد را پذیرفته و بر اساس آن قراردادی امضا کرده بود، مسیر تاریخ و سرنوشت سیاسی و اقتصادی و اجتماعی ایران تغییر می یافت، دو دسته گی و نفاق که در اثر عوام فریبی و ادامه بحران بین مردم ایجاد شده بود خاتمه می پذیرفت و ملت ستمدیده ایران به بلای انقلاب سال ۱۹۷۹ دچار نمی گشت.
کارشناسان دیگر از قبیل فواد روحانی ـ محمد علی موحد ـ منوچهر فرمانفرمائیان نظریه دکتر مینا را تأیید می نمایند. متأسفانه مصدق و اطرافیانش در اتخاذ تصمیمات شان بیش از هرچیز به حفظ موقعیت و به ویژه محبوبیت بین مردم توجه داشتند.

مهدی خان می گفت موقع جنگ های مشروطه خواهان با عوامل مستبد محمد علی شاه می گفتیم ملت علیه استبداد محمد علی شاه قیام کرده حق است سختی ها را بپذیریم هنگام اشغال تبریز توسط روس ها می گفتیم دشمن خارجی است چاره نیست باید دندان روی جگر بگذاریم. زمان پیشه وری می گفتیم دست نشانده ی خارجی ها هستند و اما تو جناب دکتر مصدق السلطنه جاهل نیستی، تحصیل کرده هستی و اصل و نسب حسابی داری، ملی گرا هستی و با رای مردم سرکار آمده ای از تو این حرکات و لج بازی ها بعید است.

۲- در زمینه فداکردن امتیازات و منافع شخصی در برابر مصالح عالیه ملی، درس وطن پرستی و از خودگذشتگی را احمد قوام السلطنه داده است. وی با وجودی که در مجلس اکثریت داشت بخاطر مصالح عالیه مملکت از نمایندگان مجلس خواست که به دولتش رای عدم اعتماد بدهند تا دولت سقوط کند. به این ترتیب او می توانست به روس ها که به وعده گرفتن امتیاز نفت آذربایجان را تخلیه کرده بودند بگوید من سر وعده و قول دادن امتیاز نفت شمال به شما باقی هستم ولی چه کنم مملکت پارلمان دارد و پارلمان مرا از نخست وزیری بر کنار کرده است.

۳- ژان مازاریک در سال های پیش از جنگ دوم جهانی سفیر چکسلواکی در لندن بود. سیاست سازش چمبرلین نخست وزیر بریتانیا و ملاقات وی با آدولف هیتلر در مونیخ که منجر به این گردید که دست هیتلر را در چکسلواکی باز بگذارند او را سخت از دولت انگلیس بیزار کرد. در سال های بعد از جنگ جهانی دوم استالین فشار می آورد تا چکسلواکی راهم جز اقمار شوروی بنماید. کلمنت گوتوالد کمونیست با حمایت استالین به عنوان نخست وزیر به بنش رئیس جمهوری چکسلواکی تحمیل گردید. مازاریک خوش باور که گمان می کرد می تواند کمونیست ها را کنترل کند در پست وزارت خارجه باقی ماند. هنگامی که آمریکا طرح مارشال را برای بازسازی اروپا به کشورهای اروپایی پیشنهاد کرد. مازاریک سعی کرد این طرح را بپذیرد ولی با مخالفت شدید کمونیست ها روبرو شد.

در شب ۱۰ مارس ۱۹۴۸ پلیس پراک جسد بی جان مازاریک را روی سنگ فرش خیابان زیر پنجره دفتر کارش پیدا کرد و بلافاصله اعلام کرد وزیر خارجه با جستن از پنجره خودکشی کرده است.

واقعیت هنوز با وجودی که واکلاوهاول رئیس کشور چکسلواکی آزاد شده از یوغ شوروی در مراسم بزرگداشت مازاریک در سال ۱۹۹۱ گفت وزیر خارجه را کمونیست ها از پنجره پرت کرده کشته اند در پرده ای از ابهام باقی مانده است.

کرده است.

۴- غلام یحیی وزیر جنگ و فرمانده قوای آذربایجان در زمان پیشه وری بود. بی ریا وزارت فرهنگ را عهده دار بود.

ملت... بازیگر اساسی

نوشته های جراید و سخنان لیدرهای توده ای در تظاهرات روزمره خیابانی شعارهائی که می دادند یک فضای خوف و هراس بوجود آورده و بسیاری می گفتند «بزودی حزب توده قدرت را در دست می گیرد». دهان به دهان می شنیدیم که عده ای دور سرلشگر زاهدی جمع شده دارند تلاش می کنند با براندختن دولت خطر کمونیسم را برطرف نمایند اما با توجه به اینکه مصدق ارتش و پلیس را کنترل می کرد و برای بازداشت سرلشگر زاهدی جایزه تعیین کرده بودند، امیدی به موفقیت آنها لااقل در کوتاه مدت نداشتیم در این مدت هم معلوم نبود توده ای ها با بهره داری از شلوغی و عدم امنیت چه بلائی سرمان بیاورند؟ در این فضای نومیدی طرفداران دولت و هواخواهان توده ای اش از یک عامل مهم و اساسی غافل بودند و هرگز گمان نمی کردند این عامل مهم نقش سرنوشت ساز را عهده دار شده بازیگر اول صحنه بشود.

این عامل اساسی ملت ستمدیده ایران بود. مردم که می دیدند مملکت به لبه ی پرتگاه رسیده و امروز و فردا است که توده ای ها صاحب مملکت

بشوند ، و از سوی دیگر پریشانی وضع اقتصادی جانشان را گرفته بود، ناگهان در روزی که هیچ کس انتظارش را نداشت از چهار گوشه ی تهران به حرکت در آمدند و بپا خواستند ـ خود مصدق همه چیز را پیش بینی می کرد جز اینکه مردم علیه دولتش قیام کنند.

در روزهای پیش از سقوط دولت دکتر مصدق، با توجه به تظاهرات روزمره توده ای ها که نام خیابانها را عوض می کردند ـ شعارهای تند می دادند و مجسمه ها را پایین می کشیدند، ترس و وحشت از آینده مردم را فراگرفته بود ـ ایرانی ها که آگاهی های زیاد از کشت و کشتار کمونیست ها در روسیه مخصوصاً در قفقاز و چگونگی رژیم استالین داشتند از تسلط توده ای ها بیمناک بودند. تبلیغات توده ای ها ابعاد بسیار وسیعی یافته بود. آنها در میدان امجدیه در پایان یک مسابقه ورزشی صدها کبوتر قرمز رنگ را در فضای امجدیه به پرواز در آوردند و با بلندگو شعارهای هیجان انگیز کمونیستی پخش کردند.

ترس و نگرانی از عوامل اساسی برپاخیزی مردم در روز ۲۸ مرداد می باشد، در حالی که در روزها و هفته های پیش از پیروزی انقلاب اسلامی مردم بیشتر نگران جنگ داخلی و ناامنی بودند تا سقوط رژیم، تظاهرات و پیاده روی های چند صدهزار نفری آنها نشان می داد که مردم از سقوط رژیم و یک تغییر بنیادی حسن استقبال می نمایند. باور مردم بر این بود که یک جمهوری پای بند به آزادی و دموکراسی جانشین رژیم می شود.

بنابراین در هردو واقعه مهم تاریخ معاصر ایران مردم نقش اساسی را داشته اند - این تبلیغات فریبنده دستگاه خمینی بود که مردم را با فکر انقلاب همراه کرد و این مردم بودند که موجب پیروزی انقلاب شدند.

***

دولتین آمریکا و انگلیس پس از اینکه دکتر مصدق پیشنهاد هفتم آنها برای حل بحران نفت رد کرد به این نتیجه رسیدند که امکان سازش با

مصدق را ندارند و باید به فکر بر اندازی او باشند...

اقدامات عوامل اطلاعاتی این دو کشور با همدستی عده ای از ایرانی ها علیه دولت مصدق که می شد به آن نام کودتا را گذاشت در شب ۲۵ مرداد با شکست روبرو شد. ظاهر جریان در واقع عبارت بوده از ابلاغ فرمان نخست وزیری زاهدی. البته ساعت دیر وقت ابلاغ آنهم توسط گارد مسلح شاهنشاهی، سوژه تعبیرهای مختلف گردید. ـ لوئی هندرسن سفیر آمریکا در ایران در تلگرافی به واشنگتن به این شکست اعتراف می کند ـ کلیه عوامل خارجی که دراین جریان، مستقیم یا غیر مستقیم دست داشتند از جمله کرمیت روزولت خود ستا و افسانه باف همان شب ۲۵ مرداد به دستور دولت هایشان از ایران خارج شدند ـ سرلشگر زاهدی که از چندی پیش فرمان نخست وزیری را گرفته بود ولی مصدق آن را قبول نداشت و دستور دستگیری او را داده بود در مخفی گاه به سر می برد. وی با اطرافیانش نقشه های دور و دراز برای براندازی حکومت مصدق و رهائی کشور از تسلط توده ای ها برنامه ریزی می کرد. یکی از این برنامه ها این بود که از شهرستانها با قوای نظامی بسوی تهران حرکت کنند. به این منظور سرتیپ فرزانگان را به کرمانشاه فرستاده بودند تا با تیمور بختیار فرمانده ی پادگان این شهر درباره حرکت بسوی پایتخت مذاکره کرده موافقت او را جلب بنماید. اردشیر زاهدی هم با زحمات زیاد و رویارویی با خطرات فراوان خودش را به اصفهان رسانیده بود تا سرهنگ امیرقلی ضرغام فرمانده ی قوای اصفهان را با فکر حمله به تهران همراه کند.

شاه و ملکه همان ساعات اولیه روز ۲۶ مرداد با شنیدن خبر شکست عملیات با هواپیما به بغداد پرواز کردند به این ترتیب در تهران علی مانده بود و حوضش، یک طرف دولت مصدق بود، طرف دیگر ملت ایران .قیام غیر منتظره ی مردم در روز ۲۸ مرداد همه را غافلگیر کرد... حزب توده و آن قسمت از ارتش که زیر فرماندهی سرلشگر ریاحی طرفدار دولت بودند

آن چنان غافلگیر شدند که نتوانستند واکنش نشان بدهند.
عوامل اطلاعاتی خارجی که از ایران گریخته بودند با شنیدن خبرهای قیام مردم تهران دچار شگفتی شدند و بلافاصله به فکر افتادند که این نهضت و خیزش را به حساب خودشان بگذارند. سرلشگر زاهدی و اطرافیانش در مخفی گاهشان با تعجب و سورپریز آمیخته به خوشحالی خبرهای قیام مردم را شنیدند و چون این نهضت بدون رهبری ممکن بود به نتیجه نرسد یا اینکه منحرف شود سرلشگر زاهدی با قبول خطرات از پناهگاه خارج شده و به مردم پیوست ـ مردم هم او را شناختند و پذیرفتند. این است که با کمک مردم توانست شهربانی و مرکز پخش رادیوی تهران و دیگر مراکزحساس را تصرف کرده، دولت مصدق را به تسلیم وادارد. ـ رفتار سرلشگر زاهدی با دکتر مصدق که بازداشت شده بود توام با احترام بود به طوری که دستور داد آپارتمان ویژه ی مهمانان عالیقدر را در باشگاه افسران در اختیار وی قرار بدهند ـ
زاهدی همیشه با دشمنی که تسلیم می شد با مراعات اصول انسانی رفتار می کرد ـ او با مصدق خصومت شخصی نداشت فقط سیاست و رویه ی او را خصوصاً در مورد تکیه بر حزب توده و میدان دادن به آنها را برای آینده ی مملکت خطرناک می دانست. بعد از چند روز مصدق که در همان آپارتمان باشگاه افسران به سر می برد، به دستور شاه به دادرسی ارتش تحویل گردید. رفتاری که با وی شد هرگز طبق خواسته ی سرلشگر نبود.

تلگراف سفیر آمریکا در لندن (آلدریج) به وزارت امور خارجه درباره ی تفسیر اوضاع ایران بعد از سرکار آمدن زاهدی (شماره ۲۱۵۸ مورخ ۱۹ نوامبر ۱۹۵۳) بند ۲ و ۳ به خوبی نشان می دهد که محاکمه ی مصدق طبق اوامر شاه جریان یافته و پای بندی زاهدی به مراعات قانون اساسی، دست و پای او را بسته است ـ با هم بند ۲ و۳ این تلگراف را می خوانیم:
بند ۲) زاهدی بدون اختیاراتی که مصدق داشت تلاش می کند قانون

اساسی را رعایت کند ـ هرچند وی با اوضاع وخیمی روبه رو شده است ولی با توجه به موانع قانون اساسی و دیگر قوانین که مراعات آن ها دست و پایش را بسته است و زاهدی نمی خواهد خارج از محدوده قانون عمل کند، بعید است که بتواند در سال ۱۹۵۴ موفق به اصلاحات اجتماعی و اقتصادی موثر بشود.

بند ۳) مهمترین مساله ی سیاست داخلی ادامه ی روابط حسنه بین شاه و نخست وزیر است.

می توان انتظار داشت که شاه طبق سنت های ایرانی اعتماد کامل به زاهدی نداشته یا بی جهت اعتمادش را از او سلب بنماید. محاکمه ی مصدق که جریان دارد نوعی تاثیر منفی بر دولت گذاشته است. محاکمه طبق اوامر و دستورات شاه اداره می شود.

***

با تشکیل دولت زاهدی و پایان دوران بحران، خاطرها آسوده شد و ما هم خانه ی خیابان فیشرآباد را خریدیم و فیشر آباد هم به زودی شد خیابان سپهبد زاهدی.

و اما هرچند با قیام خودجوش مردم تهران دوران خوف و نگرانی خاتمه یافت ولی از همان فردای روز ۲۸ مرداد ماشین نیرومند تبلیغات توده ای ها و همدستانشان به کار افتاد و خیزش ۲۸ مرداد، شد کودتای آمریکائی.

دوران مصدق که حکومت نظامی حکم فرما بود و نخست وزیر با اختیارات ویژه حکومت می کرد و مجلس شورا و سنا را بسته و دیوانعالی کشور را منحل کرده بود، شد دوران حکومت ملی و آزادی و دوران زاهدی که نظامی بود ولی حکومت نظامی را برچید و همواره قانون اساسی را مراعات می کرد و اختیارات ویژه نخواست، شد دوران خفقان.

پایگاه مردمی... شرط دوام و بقای حکومت ها

بزرگترین زیان تبلیغات بدخواهانه توده ای ها و یاران جبهه ی ملی شان این بود که میان ملت ایران تفرقه و نفاق ایجاد کردند ـ به این ترتیب بخشی از جامعه آماده ی پذیرش افکار ضد سلطنت گردیده ، از شاه فاصله گرفتند ... متاسفانه تلاش و اصرار شاه به اینکه هم سلطنت بکند هم حکومت (در حالی که خمیرمایه ی یک دیکتاتور را نداشت و بیشتر یک اتوکرات بود تا دیکتاتور) عدم رضایت ها و کسری ها را متوجه شاه کرد و به این ترتیب شکاف بین شاه و مردم عمیق تر شد بطوری که هنگام آغاز شورش های انقلابیون اسلامی، رژیم با داشتن نیم ملیون ارتش و تجهیزات کامل از حیث توپ و تانک و هواپیما و ۱۴ میلیارد دلار پول در خزانه از نظر روانی شکست خورده و اراده ی مبارزه و توان ایستادگی را نداشت ـ رژیم پایگاه مردمی اش را از دست داده بود و هیچ رژیمی چه در ایران وچه در دیگر کشورها فرو نریخته مگر اینکه پایگاه مردمی اش سست شده باشد.

اجازه بدهید چند تغییر مهم در تاریخ معاصر ایران وجهان اشاره کنم :

رضا خان فرمانده‌ی قوا و نخست وزیر زمانی توانست به سلطنت قاجاریه خاتمه بدهد که مردم از دودمان قاجار روی گردان شده بودند ... و روزی هم که رفت زمانی بود که محبوبیت‌اش را از دست داده بود.

درست است که قوام السلطنه با تدبیر و مهارت سیاسی قابل تحسین توانست آذربایجان را از حلقوم استالین بیرون بکشد ولی عامل مردمی را در این موفقیت نباید نادیده گرفت... در آن زمان محمدرضاشاه از محبوبیت فوق العاده برخوردار بود، در حالی که حکومت پیشه وری پایگاه مردمی نداشت - زمانی که سلطنت پهلوی مانند کاخ ورق در مقابله با انقلاب اسلامی فروریخت هنگامی بود که مردم به این رژیم پشت کرده بودند.

رژیم تزاری رومانف‌ها در روسیه زمانی بهم پاشید که پایگاه مردمی را از دست داده بود و مردم از فساد دربار و خصوصاً مداخلات ملکه الکساندرا فدروونا و نفوذ راسپوتین در دربار به تنگ آمده و از رژیم تزاری بیزار شده بودند ، به نوبه‌ی خود رژیم کمونیستی که در آغاز از محبوبیت جهانی خصوصاً بین جوانان و روشنفکران برخوردار بود زمانی که نتوانست وعده های کار و بهداشت و آموزش برای همه و رفاه و آزادی را برآورده کند محبوبیت خود را از دست داد و به آسانی در روسیه و کشورهای اروپای شرقی بهم پاشید.

گروه افسران جوان ترک زمانی توانستند به خلافت و سلطنت سلطان های عثمانی خاتمه بدهند که مردم از این سلاطین باب عالی نشین بیزار شده بودند.

- روزی که فیدل کاسترو بساط رژیم باتیستا (Batista) را در هم پیچید آن

چنان محبوبیتی داشت که حتی مطبوعات آمریکا از وی به عنوان یک انقلابی پاکیزه و روشنگر یاد می کردند و این درحالی بود که رژیم باتیستا غرق در فساد شده و کوبا را بصورت جولانگاه مافیای آمریکا در آورده بود.

بطور خلاصه یکایک تغییرات و تحولات مهم در ایران و دنیا خصوصاً از اواخر قرن نوزدهم به این طرف در جهتی صورت گرفته که افکار عمومی با آن همراه بوده است. در بعضی موارد مردم توسط گروههای اقلیت ولی مجهز منحرف می شوند و ملت را دچار وضعی می نمایند که انتظارش را نداشتند این انحرافات مانند تسلط بلشویک ها در روسیه و به روی کار آمدن تندروهای افراطی زمان انقلاب کبیر فرانسه و حکمرانی ملاها در ایران دیر یا زود فروکش کرده جایش را به حکومت دلخواه مردم می دهد. البته در دموکراسی ها که افکار عمومی حاکم است تغییرات با آرامش انجام می یابد در حالی که بی اعتنائی دیکتاتوری ها به افکار عمومی و به حساب نیاوردن مردم باعث می شود که اراده ی عمومی بصورت انفجار خشمگین در بیاید.

ناچیز شمردن اراده و افکار مردم که ناشی از این تصور باطل است که مردم جاهل اند و نمی فهمند خطائی بزرگ است که صدمات و زیانهای جبران ناپذیر آن دیر یا زود دامن گیر آنهائی می شود که از عامل اساسی اراده و افکار مردم غافل بوده اند...

رژیم ولایت فقیه هم چنانچه واقعاً تکیه گاه مردمی اش را از دست داده باشد (باید میلیونها روستائی و افراد بی سواد و جاهل را که فریفته ی روحانیون بوده و ملاها مغز آنها را با خرافات شستشو داده اند به حساب آورد) در سراشیب سقوط قرار می گیرد و شمارش معکوس روزهای عمرش آغاز می گردد. با زور سرنیزه نمی توان در دراز مدت حکومت کرد. مگر زوری بالاتر از زور سران حکومت شوروی سراغ دارید؟ دیدید چگونه فرو ریخت. تالیران سیاستمدار نامی فرانسه می گفت با سرنیزه خیلی

کارها می شود کرد ولی روی آن نمی توان نشست. دکتر مصدق هم از این قاعده ی کلی خارج نبود. اگر تکیه گاه مردمی روزهای نخست حکومت اش را داشت هیچ نیروئی نمی توانست او را پایین بکشد.

حاشیه بر صفحات گذشته

وزارت امور خارجه آمریکا اسناد محرمانه مربوط به روابط خارجی اش را پس از گذشت مدت زمانی که قانون معین کرده است منتشر می نماید:

این اسناد در کتابخانه کنگره ونیزخود وزارت امورخارجه در دسترس پژوهشگران قرار دارد این سندها به خوبی نقطه نظرهایی را که در صفحات پیشین یادآور شده ام تایید می نمایند بیائید با هم این اسناد را بخوانیم:

یادداشت شماره ۳۴۶ تاریخ ۱۸ اوت ۱۹۵۳ قائم مقام وزیر خارجه (بیدل اسمیت) به رئیس جمهوری با این جمله شروع می شود: عملیات با شکست روبرو شد.

در همین راستا در بند ۷ تلگراف شماره ۳۵۳ بکلی سری سفیر آمریکا در ایران هندرسون به وزارت امور خارجه به تاریخ ۲۳ اوت می خوانیم: هنگامی که درباره ی شکست برنامه شب ۱۵ اوت صحبت می کردیم. شاه گفت: حتماً یک نفر در این میان به افراد ما خیانت کرده است و پرسید آیا امکان دارد عوامل انگلیسی این کار را کرده باشند...

در این زمینه تلگراف به کلی سری سفیر آمریکا در تهران به وزارت امورخارجه به تاریخ ۲۳ اوت ۱۹۵۳ حاکی است: ضمن ملاقات و مذاکرات با شاه که به درخواست ایشان صورت پذیرفت شاه گفت برای من باور نکردنی است که چگونه نقشه با شکست مواجه گردید.

این اسناد به خوبی نشان می دهند که کودتای مورد نظر آمریکا و

بریتانیا در شب ۲۵ مرداد با شکست روبرو می گردد به طوری که حتی واشنگتن به فکر نزدیکی به مصدق می افتد. در این زمینه در پاراگراف آخر گزارش ۳۴۶ بیدل اسمیت به رئیس جمهوری می خوانیم: اگر می خواهیم چیزی از مواضع خود را در ایران حفظ کنیم احتمالاً مجبور خواهیم شد با هر تدبیری شده خودمان را به مصدق نزدیک بنمائیم، به این ترتیب معلوم می شود آمریکا پس از شکست برنامه کودتا در شب ۲۵ مرداد به کلی مایوس شده به فکر نزدیکی با مصدق می افتد. در چنین وصفی این ملت است که بطور غیر منتظرانه ی بازیگر صحنه می شود و ورق ها را برمی گرداند.

در واقع سطر اول گزارش جانشین رئیس CIA ژنرال کبل به رئیس جمهوری (شماره ۳۴۸) با جمله شورش غیر منتظره و نیرومند مردم و نظامی ها (که به مردم می پیوندند) ـ شروع می شود ـ بطوریکه در صفحات پیشین نوشتم خبر خیزش مردم در بامداد ۲۸ مرداد برای سرلشگر زاهدی و اطرافیانش در پناهگاهشان یک سورپریز شادی آور بود... چیزی که انتظارش را نداشتند.

در بیان عواملی که مردم را به قیام وا می دارد مقامات آمریکائی هم انگشت روی عواملی گذاشته اند که در صفحات قبلی این کتاب به آن اشاره شده است، منجمله :
تلگراف طولانی شماره ۳۴۹ هندرسون به وزارت خارجه درباره موجبات شورش مردم :
بند الف ـ مردم از هر طبقه از حرکات بزن بهادرهای توده ای با پرچم سرخ و شعارهای کمونیستی منزجر شدند.
بند ب ـ شعارهای حزب توده مردم را به وحشت انداخت.

هنگام بررسی این قسمت از اسناد دو نکته توجه مرا جلب کرد:

نخست اینکه در گزارش سری شماره ۳۵۱ هندرسون به وزارت امورخارجه مورخ ۲۱ اوت ۱۹۵۳ اظهار تاسف و تعجب می نماید که چرا مردم ایران نمی توانند باور کنند که تحولات مهم سیاسی در کشورشان می تواند بدون دخالت بیگانگان انجام یابد.

دیگر اینکه در تلگراف بکلی سری شماره ۳۵۳ هندرسون ضمن شرح ملاقات و مذاکرات با شاه در بند ۵ می نویسد: شاه گفت از هیأت دولتی که پس از ورودش به ایران از طرف زاهدی به او معرفی شده است کاملاً راضی نیست ...
برداشت من...
این گفته ی شاه راز دلش را نشان می دهد که با وجود پیشامد های هفته های اخیر از فکر مداخله در امور حکومت دست بردار نیست و همین اصرار وی به حکومت کردن همراه با سلطنت است که سال ها بعد یکی از موجبات اساسی سقوط وی گردید.
از مطالعه ی دقیق اسناد وزارت خارجه آمریکا چنین بر می آید:

شاه مرتب از اعضای کابینه و رویه ی نخست وزیر زاهدی ایراد می گیرد ـ به هندرسن سفیر آمریکا می گویدمردم از دولت شکایت دارند حتی روحانیون به وی پشت کرده اند (تلگراف ۳۹۸ هندرسن، واشنگتن ۱۸ سپتامبر ۱۹۵۳) شاه شکایت می کند که نخست وزیر افسران بی لیاقت و فاسد بازنشسته را به خدمت فراخوانده است. می گوید در این باره به زاهدی هشدار داده ام توجهی نمی کند.
در همین تلگراف هندرسن می نویسد شاه گفت دولت هیچ اقدامی برای کاهش بیکاری و هیچ تدبیری برای پیشرفت اقتصادی انجام نمی دهد. ارتش به سلاح های جدید نیاز دارد تا روحیه اش تقویت شود.

یادداشت شماره ۳۹۸ درباره یک صد و هفتاد و هفتمین نشست شورای امنیت ملی آمریکا به تاریخ ۲۳ دسامبر گزارش سفر ریچارد نیکسون معاون رئیس جمهوری را در بر دارد: نیکسون در این جلسه گفت در سفر به ایران من احترام زیادی نسبت به زاهدی پیدا کردم او مردی نیرومند است.
شاه در ملاقات با نیکسون راز دلش را فاش کرده با کمال صراحت به نیکسون می گوید:
وقتی مسأله ی نفت حل شود من رهبری را به عهده خواهم گرفت...

به این ترتیب معلوم می شود تمام انتقادات شاه از زاهدی و شکایت ها از بی لیاقتی وزرا از درد این است که دولت به کار حکومت می رسد و نمی گذارد شاه در اموری که به موجب قانون اساسی در جزو مسؤولیت های وی نیست مداخله کند -

تلگراف شماره ی ۴۶۶ مورخ ۲۸ ماه مه ۱۹۵۴ یادآور دردناک این خصلت شاه است که به جای اینکه با در نظر گرفتن مصالح مملکت خودش تصمیم بگیرد از سفرای خارجی در مورد مسائل داخلی ایران کسب تکلیف و نظرخواهی می نماید.

در بند دوم تلگراف ۴۶۶ می خوانیم: طی مذاکرات طولانی با علاء (وزیر دربار)، علاء گفت: شاه ممکن است نظر شما را درباره ی تغییر نخست وزیر جویا گردد ـ عده ای از مشاوران شاه به وی گفته اند آمریکا و مخصوصاً انگلیس دوست ندارند با زاهدی قرارداد نفت به بندند ـ آنها می گویند عقد قرارداد نفت در صورتی که نخست وزیر دیگری سر کار بیایدآسان تر خواهد بود.

هندرسون از این گفته ی علاء تعجب کرده در بند ۳ تلگراف می نویسد:
به علاء گفتم از اینکه شاه در مورد یک چنین مسأله ای نظر مرا می طلبد

تعجب می نمایم.
من اطمینان دارم ایالات متحده آمریکا بریتانیا آماده اند با دولت زاهدی قرارداد ببندند. هندرسن ادامه می دهد: (بند ۴) طی مذاکرات با شاه در ۲۷ ماه مه، شاه از من پرسید آیا تصور می کنم عقد قرارداد نفت آسان تر خواهد بود. چنانچه نخست وزیر تازه ای روی کار بیاید جواب دادم آقای علاء در این مورد با من صحبت کرده است و جواب که به ایشان داده ام هنوز به قوت خود باقی است ـ بریتانیا و آمریکا آماده ی عقد قرارداد با زاهدی می باشند.

یک نکته از سوی من : نظرخواهی شاه از سفیر آمریکا آن قدر شور است که هندرسن را هم به تعجب وا می دارد.
چطور شاه در یک امر داخلی نظر بیگانگان را می طلبد.

در بند ۵ تلگراف می نویسد:
ـ به شاه گفتم احساس من این است که وسط راه اسب عوض کردن صلاح نیست مگر اینکه ناچاری پیش بیاید ـ یک چنین تغییرات آشفتگی سیاسی ایجاد می نماید.
مطالعه ی بند ۶ تلگراف ۴۰۵ مورخ ۷ ژانویه ۱۹۵۴ هندرسون به وزارت امورخارجه نشان می دهد که شاه برای براندازی دولت زاهدی حتی از متهم کردن زاهدی به اینکه قصد کودتا دارد خودداری نمی کرده است و این در حالی است که اگر زاهدی چنین قصدی داشت کافی بود در بازگردانیدن شاه به ایران عجله نمی کرد ـ با هم بند ۶ تلگراف ۴۰۵ هندرسون را بخوانیم : سوم ژانویه علاء به من گفت باتمانقلیچ (رئیس ستاد ارتش) با یک لیست شکایات از زاهدی نزد من آمد و گفت زاهدی مشغول کنترل نیروهای مسلح است تا دستگاه های دولتی و مجلس را زیر نظر گرفته موجبات سقوط شاه را فراهم بیاورد.
به علاء گفتم اعتماد دارم که زاهدی برای تحکیم موقعیت شاه در تلاش

است ـ وی می داند که به حمایت شاه نیاز دارد ـ اگر توطئه ها موجب اختلاف بین زاهدی و شاه بشود وضع بسیار بدی به وجود خواهد آمد.

تفسیر: رفتن شاه به آمریکا با چنین افکاری در سر معلوم می کند که در ملاقات با رئیس جمهوری و مقامات آمریکا چه برنامه ای را دنبال می نماید. در حالی که زاهدی در مورد عواید نفت عقیده داشت این در آمدها باید در درجه ی اول صرف برنامه های عمرانی و آبادانی و تأمین موجبات رفاه مردم شود. شاه قبل از هرچیز خواهان تقویت ارتش و خرید سلاح های مدرن بود در این راستا آمریکایی ها هم باطناً ضمن اصرار در پیوستن ایران به پیمان بغداد بنام هم آهنگ کردن سلاح های اعضای پیمان خواهان این بودند که ایران، سلاح های تازه آمریکایی خریداری نماید. شاه که از محبوبیت فوق العاده زاهدی نگرانی داشت. در واشنگتن با تعهد اینکه نظریات آمریکا را در نظر خواهد داشت، مقامات آمریکایی را با تغییر دولت زاهدی همراه می نماید.

دردناک این است که گروهی ایرانی که نام ملی برخود گذاشته اند با ادعا های پوچ جاسوسان خارجی هم صدا شده و با تبلیغ به مغز ایرانیانی که از بازی های پشت پرده آگاهی ندارند، فرو برده اند که نخست وزیری به وطن خواهی زاهدی که فقط مصالح ایران را در نظر داشت و در برابر آن قسمت از خواسته های آمریکا که خلاف منافع ملی کشورمان بوده تا پای کناره گیری ایستادگی کرد عامل نیات آمریکایی هاست. پس چه زمانی خدمت گزاران واقعی وطن را تشخیص خواهیم داد؟

مادر اصلاحات، جدائی دین از سیاست

درست است که شاهان پهلوی اصلاحات چشم گیری انجام دادند خصوصاً در دوران محمدرضا شاه در جامعه ی ایران، یک طبقه ی متوسط مرفه به وجود آمد که مرتب هم گسترده تر می شد ولی این پادشاهان متاسفانه از مهم ترین اصلاحات که جدایی دین از سیاست باشد غافل ماندند ـ در ترکیه کمال آتاتورک و در مصر محمد علی پاشا خدیو مصر با همه ی خشونت هایی که به کار بردند چون موفق شدند کار دین را از کار سیاست جدا کنند مورد احترام ملت هایشان قرار گرفتند ... آرامگاه آنها به سرنوشت آرامگاه رضا شاه دچار نشده است. پادشاهان پهلوی هرچند ظاهراً نوگرا بودند ولی ناخودآگاه در اثر تاثیر عمیق ریشه ی مذهب کارهائی می کردند که با تیشه به ریشه ی خود زدن برابری می کرد. ـ رضا شاهی که چادر از سر زن ها برداشت مراسم شام غریبان راه می انداخت و کاه گل بر سر می مالید و در تکیه ها سینه زد. محمدرضا شاه شاهنشاه اسلام پناه خواب می دید در حال افتادن از اسب حضرت عباس قاچ زین اش را گرفته است.

هرسال در دربار مراسم عاشورای حسینی و روضه خوانی راه می افتاد و سفره‌ی ابوالفضل چیده می شد. به این ترتیب نشان می دادند که حق با حسین بوده است و شهادت وی باید سرمشق مسلمانان باشد و بدانند که نباید زیر بار زور رفت.

***

اندیشه سرنگون کردن سلطنت ۲۵۰۰ ساله را توده ی مردم ایران از روشنفکران چپ نیاموختند. این آخوندها بودند که از روی منابر به گوش مردم ایران خواندند که انقلاب مقدس است همانطوریکه انقلاب حسینی تا قیام قیامت برپاست - از شاه اسماعیل صفوی تا دکتر شریعتی تا آن زمان که امام در پاریس با زبان عوام پسند مغزها را شستشو می داد، فکر انقلاب توسط ملاها و به قول دکتر شفا دکانداران دین تبلیغ می شد.

در یک جامعه واقع بین فرماندهانی مانند شاه اسماعیل را به محاکمه می کشند و به اتهام بی لیاقتی و بی فکری محکوم می کنند زیرا که احمقانه یک لشگر ۲۵ هزار نفری آن هم بیشتر تعلیم جنگی نیافته ایلاتی را به مقابله با ارتش تعلیم یافته ۲۰۰ هزار نفری ینی چری عثمانی کشانید و باعث شد که از ۲۵ هزار نفر بیش از ۲۴ هزار نفر آن ها کشته شوند... خود شاه اسماعیل فرمانده قوا هم به موقع فرار کرد... وی در روز قبل از نبرد چالدران به جای نقشه کشی و برنامه ریزی به شکار بلدرچین رفته بود ...

فقط یک جامعه مغز شسته توسط آخوند هاست که از شاه اسماعیل صفوی قهرمان می سازد ... نقالان آذربایجانی هنوز که هنوز است در قهوه خانه ها داستان و حکایت خود را با جمله ی شاه عباس جنت مکان و وردی ترازیه تکان شروع می کنند در حالی که اگر بهشت و دوزخی هست جای شاه عباس که خود را سگ علی (کلب علی) می نامید و یکی از سفاک ترین سلاطین تاریخ بشر است باید در ته و قعر جهنم باشد و نه در جنت...

در افسانه پردازی آخوندها شاه عباس شب ها در لباس مبدل به مردم

کوچه و بازار می پیوسته تا از درد ها و شکایت های آنان آگاهی بیابد...
در این قبیل افسانه هاست که پایگاه عقیدتی حاکمان فعلی ایران جا می گیرد ... فرق زیادی بین قهرمان سازی از شاه اسماعیل با آن زن نیست که در اوایل انقلاب اسلامی پسر خود را که از هواداران چپ بود به کمیته لو داد و او را اعدام کردند و این زن در واقع عفریته از طرف مقامات مادر سال انتخاب شد و مورد تقدیر و تحسین قرار گرفت.

***

مخالفت جامعه ی روحانیت شیعه در ایران با آزادی و نوگرائی صحبت امروز و فردا نیست. قرن ها سابقه دارد و برمی گردد به دوران صفویه که دین و سیاست به هم آمیختند و کار به جائی کشید که خود شاهان صفوی بصورت آلت دست علمای دین در آمدند ... روحانیت شیعه از سال ها و بلکه قرن ها پیش چم و خم و فوت و فن راه نفوذ و حاکمیت بر جامعه را به خوبی دریافته و به حکم کدخدا را ببین ده را بچاپ، ابتدا خودشان را به سلطان و پادشاه وقت نزدیک کرده و سلطان را با مدح و ثنا و دعا رام و همراه نموده پس از رام کردن سلطان (ببخشید بخوانید خر کردن)، دمار از روزگار مردم در می آوردند. در کتاب رسائل مشروطیت نوشته ی آقای دکتر زرگری نژاد انتشارات کویر ـ تهران ۱۳۱۴ نقل از رساله انصافیه تالیف ملاعبدالرسول کاشانی آمده است:

«برهان اول اطاعت از سلطان وقت و دعای بقای پادشاه است که حفظ بیضه اسلام و آسایش خاص و عوام منوط به وجود مسعود پادشاه است اطاعت پادشاه واجب است و ترک اطاعت پادشاه به تحقیق ترک طاعت خدای عز و جل می باشد.

ملا احمد نراقی فتحعلی شاه را به عنوان مبانی دین و مروج شریعت ـ سید المرسلین ، نسیم گلستان عدل و انصاف معرفی می کرد. (کتاب سنت

و مدرنیته تألیف صادق زیبا کلام صفحه ۱۹۴)
همکار وی آقا سید محمد اصفهانی معروف به مجاهد عباس میرزا ولیعهد و مردم را به جنگ با ابر قدرت آن زمان تشویق کرده و به جنگ مجدد با روسیه فتوا داد ـ وی آنچنان مردم عوام را تحریک کرده بود که با دست خالی به مقابله دشمن می رفتند و خودش نیز برای عوام فریبی در جبهه حاضر می شد. وی به مردم وعده می داد که بزودی زعفر جنی پادشاه اجنه به یاری قشون شیعه می آید و اگر مردم مرتب روضه صاحب الزمان را بخوانند روس ها دچار اجل معلق می شوند. کسی نبود به ایشان بگوید جنگ مهمات و مرد جنگی آشنا به فنون جنگ می خواهد نه روضه خوان و پیش نماز. نتیجه فاجعه ی بزرگی بود که روی داد و ایران خاکسارانه شکست خورد و ناچار به تسلیم گردید و به موجب عهدنامه ننگین ترکمان چای آبادترین و زیباترین ایالات شمالی اش را از دست داد.

ملا علی کنی به ناصرالدین شاه هشدار داده بود: «قربان این کلمه قبیح آزادی را قدغن فرمایید». پدرم تعریف می کرد زمانی که همکار و مترجم هیأت بلژیکی مامور سامان دادن به گمرکات آذربایجان بود روزی همراه مسیو مولیتور رئیس هیأت بلژیکی به دیدار مظفرالدین میرزا (ولیعهد و حاکم آذربایجان) می روند. مسیو مولیتور صحبت را به مزایای آزادی می کشاند. آیت الله یا حجت الاسلامی که کنار مظفرالدین میرزا نشسته بود، فرصت اظهار نظر نداده با لهجه غلیظ ترکی می گوید: پهه گاو و خر آزادی می دهی باغچه خراب می کند.

شاهزاده مظفرالدین میرزا در زمان پادشاهی مجبور شد زیر فرمان مشروطیت امضا بگذارد ولی این مشروطیت روی کاغذ ماند و هرگز عملی نشد. (مشروطه ای که نبود، تالیف دکتر احمد توکلی، نشریات پر، آمریکا ۱۳۷۲)

تو گوئی سرنوشت ملت ایران این بوده که همواره آزادی و دموکراسی را مانند سراب از دور دیده و به سوی آن بشتابد ولی هرگز به آن دسترسی نیابد.

ناگفته نماند که در طول تاریخ سیاست مداران نیز دین را به خدمت سیاست گرفتند و به نام دین و مذهب نیات خود را پیش می بردند ـ به نام دین چه ستم ها که نمی کردند و چه بیدادها که راه نمی انداختند. چند نمونه از مقاله ی آقای فرامرز شکوری در مجله ی روزگار نو نقل می کنم: (دوره نو شماره ۲ تیرماه ۱۳۸۱)

ـ سلطان محمود غزنوی دشمن فاناتیک آزاداندیشان از تظاهر به اسلام بهره برداری سیاسی و اقتصادی می کرد ـ وی از میگساری و غارتگری و مکیدن خون کشاورزان خودداری نمی کرد وی هر که را که با برنامه هایش مخالفت می کرد به نام قرمطی و معتزلی از بین می برد.

ـ نادرشاه افشار هنگام لشگر کشی به هندوستان آن چنان قتل عامی در دهلی به راه انداخت که نایب السلطنه دکن نزد او آمد و گفت:

دگر نمانده کسی تا به تیغ نازکشی
مگر که زنده کنی مرده را و باز کشی

بهانه ی نادرشاه برای این قتل عام ها اشاعه ی دین بود، وی قبل از حمله به هندوستان به محمدشاه سلطان آن کشور نوشت: به علی مرتضی قسم که به غیر از دوستی و درد مذهب هیچ مقصودی نداشته و ندارم.

ـ شاه عباس که یکی از سفاک ترین پادشاهان تاریخ ایران است و به نام دین و خدا از آدم کشی باک نداشت خود را کلب (سگ) آستان علی می خواند و پیاده به زیارت مشهد می رفت.

چه خوش گفته حافظ:

حافظا می خور و رندی کن و خوش باش
دام تزویر مکن چون دگران قرآن را

تیمور لنگ که در هند صدهزار اسیر را سر برید و در اصفهان ۷۰۰۰۰ نفر را کشت و از کله مرده ها منارها ساخت و در سیواس آناتولی ۴۰۰۰ ارمنی را زنده بگور کرد و اینها فقط نمونه ای از جنایات این تاتار غارتگر و آدمکش بود. پس از هر قتل عام خداوند را سپاس می گفت و نماز می خواند و تمام خون هایی را که ریخت به پای اسلام ناب محمدی گذاشت.

به نوشته شجاع الدین شفا، ۱۴۰۰ سال است که اسلام ما اسلام ترس و ارعاب بوده است، اسلام فردای ما باید اسلام خدایی رحمن و رحیم باشد نه خدای جبار انتقام گیر.

شاه: هرگز بروی ملت ام آتش نمی‌گشایم
کنت دو مارانش: در این صورت، اعلیحضرت کارتان تمام است

برای توجه به ابعاد دستگاه تبلیغاتی خمینی که از کمک توده ای ها و ممالک کمونیستی اروپای شرقی برخوردار بود، قسمتی از مصاحبه کنت دومارانش Maranches رئیس انتلیجنس فرانسه را با خانم اوکرنت Ockrent که بصورت کتاب چاپ شده است نقل می کنم (انتشارات Stock سال ۱۹۸۶ ـ پاریس) خانم کریستان اوکرنت همان خبرنگار فرانسوی است با هویدا در زندان مصاحبه کرد.

خانم اوکرنت در این مصاحبه از کنت دومارانش می پرسد آیا در روزهائی که خمینی در نوفل لوشاتو به سر می برد سعی کردید در اطرفیان ایشان نفوذ کنید؟ جواب می دهد: «این وظیفه ی وزارت کشور بود، زیرا حوزه فعالیت ما بیشتر خارج از مرزهای فرانسه است ولی باید بگویم متاسفانه وزارت کشور آگاهی و اطلاعات صحیح درباره ی فعالیتهای خمینی و اطرافیانش نداشت. در نوفل لوشاتو خمینی نوارهای آتشین در جهت فراخواندن مردم به قیام علیه رژیم و دعوت به پیوستن به انقلاب پر می کرد. خمینی ضمن دادن وعده های آزادی ارتشی ها را تشویق می کرد که از

فرماندهانشان اطاعت نکرده به انقلابیون بپیوندند.
چون این نوارها را به برلین شرقی می فرستادند تا در آنجا تکثیر شود دستور دادم در این باره اطلاعات کسب شود. آگاهی هائی که به دست آوردیم معلوم می کرد که برلین شرقی ستاد عملیات توده ای هاست. نوارها از برلین شرقی توسط دیپلمات های آلمان شرقی با کیسه دیپلماتیک به ایران می رفت. در ایران صدها مامور این نوارها را به صندوق های پستی موسسات و افراد می انداختند و از دیوار خانه ها به داخل منازل پرتاب می کردند. شب ها از پشت بام این نوارها را با صدای الله اکبر پخش می کردند و به این ترتیب یک فضای خوف و ترس به وجود می آوردند، به این ترتیب ما با یک وسیله و سلاح جدید خرابکاری که تا آن موقع سابقه نداشت آشنا می شدیم خانم اوکرنت می پرسد آیا کاخ الیزه (مقر ریاست جمهوری) را مطلع کردید ؟
جواب می دهد بلی و اضافه می کند ترتیبی دادم که محترمانه از آیت الله بخواهند که خاک فرانسه را به فوریت ترک کند. یک دو روز بعد از درخواست من که عذر خمینی را بخواهند رئیس دفترم آقای میشل روسن با لبخند و قیافه ی شاداب اول وقت اداری به دفترم وارد شد و گفت آقای مدیر کل شما برنده شده اید، به خمینی اخطار شده است که باید هرچه زودتر از فرانسه برود. دو روز بعد رئیس دفترم این بار با چهره گرفته در همان ساعات اولیه کار وارد شد و گفت جناب مدیر کل جهت باد عوض شد ، یارو می ماند...
پرسیدم چطور؟ مگر چه پیش آمده؟ گفت از طرف سفارت ایران به وزارت امور خارجه اطلاع داده اند که شاهنشاه با ادامه ی اقامت خمینی در فرانسه مخالفت ندارد - از این خبر نامبارک و تغییر برنامه سخت ناراحت شدم و تصمیم گرفتم شخصاً به تهران رفته ضمن ملاقات با شاهنشاه ته و توی قضیه را در بیاوردم.

۴۸ساعت بعد با یک هواپیمای اختصاصی Myster20 به سوی تهران

پرواز کردم...
رئیس دفترم روسن و یک افسر کارشناس امور ایران همراه من بودند چون به من خبر داده بودند که فرودگاه تهران در اثر اعتصاب کارکنان تعطیل است و کسی نیست به طیاره ها سرویس و یا بنزین بدهد ناچار شدیم در قبرس پایین بیاییم ـ هواپیمای میستر ۲۰ بسیار طیاره خوبی است ولی به قول خلبانان دستش دراز نیست یعنی شعاع عمل اش کوتاه است به این جهت با توجه به تعطیل سرویس های فرودگاه تهران لازم بود در قبرس بنزین گیری کرده مخازن طیاره را پر کنیم ... بر فراز تهران که رسیدیم دود غلیظ که از چند نقطه ی پایتخت بر میخواست فضای شهر را پوشانیده بود ـ برج راهنمائی فرودگاه و دیگر سرویس ها تعطیل و چند نفر ریشو در محوطه ی فرودگاه ول می گشتند ـ من یک سیستم ارتباط ویژه و مستقیم با یکی از نزدیکان شاه داشتم این است که او را از آمدنم با خبر کرده بودم و او با یک اتومبیل جیپ منتظرم بود. به خلبان و کارکنان هواپیما گفتم تا آمدن من طیاره را ترک نکرده و داخل آن بمانند. در جیپ رابط جا گرفتم و پس از عبور از خیابانهای شلوغ و پر جمعیت این شهر بی در و پیکر که در چند نقطه گروه تظاهر کنندگان یا سد ارتشی ها جلو ما را می گرفتند، بالاخره به کاخ سلطنتی رسیدیم و شاهنشاه در دفتری که تا آن روز ندیده بودم مرا پذیرفت.
امپراتور ـ شاه شاهان ـ نور آریائی ها یک عینک بزرگ دودی که نصف صورتش را می پوشاند به چشم زده بود. روشنائی این دفتر از یک چراغ آباژوری بود که در یک گوشه نور کمی پخش می کرد. آباژور این چراغ بسیار بسیار ظریف بوده و با فضای اتاق کار یک امپراتور تناسب نداشت.
پس از تعارفات معمول تعجب خود را از تغییر نظر شاهنشاه به عرض ایشان رسانیدم و گفتم به این ترتیب تمام تلاش هایم برای دور کردن آیت الله خمینی از فرانسه نقش بر آب شده است و اضافه کردم چون تصور می کردم ممکن است یکی از اطرافیان و یا سفیرتان در پاریس خیانت کرده و خودسرانه رفتار کرده است این است که خواستم شخصاً حضورتان

برسم تا بدانم چه می گذرد؟ ضمناً حامل سلام های دوستانه رئیس جمهوری ژیسکاردستن به حضورتان می باشم.
شاهنشاه با خونسردی جواب داد ابداً خیانت و خودسری در کار نبوده است من خودم دستور دادم که به مقامات فرانسوی اطلاع بدهند که من با ماندن خمینی در فرانسه موافق می باشم.
چون شاهنشاه یکه خوردن من را دیدند اضافه کردند که می خواهم بین خودمان دلیل این تصمیم را بگویم. دلیل این است که اگر خمینی از فرانسه برود یا به دمشق می رود که به ایران نزدیک تر است یا اینکه می رود در تریپولی پیش کلنل قذافی. بنابراین ماندنش در یک کشور دوست مانند فرانسه که یقین کنترل لازم را به عمل می آورد بهتر از این است که به دمشق و یا تریپولی برود...
با شنیدن این اظهارات با خود گفتم لابد شاهنشاه از وسایل محدود که یک دموکراسی برای کنترل این قبیل افراد دراختیار دارد بی اطلاع می باشد...
لحظه دراماتیک این ملاقات موقعی بود که شاهنشاه گفتند: کنت عزیز در هر حال این را بدانید که هرگز به روی ملت ام آتش نخواهم گشود.
در راه فرودگاه به کاخ سلطنت دسته جات تظاهر کننده که با مشت های گره خورده به ما نگاه می کردند توجه مرا جلب کرده بود ـ در یکی دو جا بانک و سینما را آتش زده بودند. متاع و وسایل چند مغازه که در و پیکرش را ویران کرده بودند وسط خیابان ولو بود... شاه که می گفت بر روی ملت آتش نمی گشایم. این مناظر از ذهنم عبور می کردند، با نهایت جرئت به ایشان گفتم:
در این صورت کارتان تمام است (VOUS ETES PEDRU) موقع خداحافظی تا در اتاق باز شد نور اتاق مجاور بر رویمان تابید ـ شاهنشاه عینک دودی را برداشتند و نور قوی اتاق مجاور صورتش را روشن کرد. چهره ای دیدم افسرده، چشمان غمگین. این چهره ی افسرده با آن چشمهای غم آلود برای همیشه در ذهن من نقش بسته است.

این بود مردی که خیلی ها او را می پرستیدند، بسیاری هم از او نفرت داشتند ولی در هر حال از بزرگان دورانمان بود.
چون آمدن مان را به خلبان خبر داده بودم موتورهای طیاره را روشن کرده بود و غرش موتورها که میرفت ما را از این پایتخت غمناک برهاند نوای بسیار دلچسبی داشت.
دلم به حال شاه می سوخت . می دیدم خودش و دستگاه اش لبه ی پرتگاه هستند، بی اراده و تسلیم منتظرند تا طوفان ویران گر هستی شان را در هم بپیچد . به یک نحو خودخواهانه شکر می کردم که وطن من یک دموکراسی است و در یک دموکراسی تغییر و تبدیل ها آرام و به دور از طوفان های ویرانگر انجام می یابد.

با شروع تظاهرات در بیشتر شهرهای ایران و سخنان خمینی در مخالفت با شاه، روش چندصدساله علمای اسلام (اطاعت از پادشاه) زیر سؤال می رود. برای درک و توجیه رویه ی خمینی خصوصاً در مورد ترک اطاعت از سلطان وقت می توان به عوامل زیر که از دید خمینی و اطرافیانش پنهان نبود استناد کرد:
الف ـ می دانست که شاه اراده و توان ایستادگی ندارد. رژیم فرسوده روحیه را باخته است، مردم هم دارند از رژیم فاصله می گیرند ـ در نتیجه هر روز از تکیه گاه مردمی رژیم کاسته می شود.
ب ـ قدرت های خارجی دوست و پشتیبان رژیم دارند دوستی و حمایت خود را متوجه مخالف ها که به نظر برنده می آیند ، می نمایند.
ج ـ خوی سوءظن شاه موجب گردیده که شخصیت های قوی خصوصاً آنهائی را که بین مردم و دستگاه های دولتی محبوبیت دارند کنار بگذارد ـ اردشیر زاهدی را که ارتشی ها قبول داشتند و می توانست یک هسته ی نیرومند مقاومت و مبارزه ایجاد بنماید مدت ها بود که به ماموریت خارج فرستاده بود ـ هرچند اردشیر مرتب از واشنگتن می آمد و شاه را به ماندن در کشور و ایستادگی تشویق می کرد ولی تاثیر این سفرها که هر بار از چند روز

تجاوز نمی کرد به پایه اینکه در داخل کشور مستقر بوده و همواره در کنار شاه باشد نمی رسید. یکی دو نفر از قبیل دکتر امیراصلان افشار پیرامون شاه بودند که آنها نیز نمی خواستند شاه مملکت را ترک کند ولی اختیارات لازم را نداشتند در نتیجه میدان خالی و موقع برای قبضه کردن قدرت مناسب بود.

ج ـ جبهه ملی یک طبل توخالی بود که بین خودشان هم اختلاف داشتند ـ آنها نمی توانستند یک آلترناتیو مورد قبول عامه برای رژیم باشند. با یک توپ و تشر خمینی جا می زدند.

د ـ مجاهدین خلق در داخل ایران پایگاه مردمی نداشتند و مردم از آنها بیمناک بودند ـ تبلیغات دستگاه خمینی بطوری که دیدیم از حمایت توده ای های پرتجربه برخوردار بوده و بسیار موثر و قوی بود ـ عوامل خمینی در دستگاههای تبلیغاتی رژیم (روزنامه ـ رادیو و تلویزیون) نفوذ کرده و با توسل به شایعات دهان به دهان (DESINFORMATION) و پخش نوارها وعده آزادی می دادند و با تشکیل پیاده روی های چندصدهزارنفری ابتکار را در دست گرفته و علاوه بر جلب مردم ناظران خارجی را نیز تحت تاثیر قرار داده بودند بطوری که رمزی کلارک دادستان کل آمریکا در پیاده روی های تهران شرکت می کرد و آندریو یانگ سفیر آمریکا در سازمان ملل متحد اعلام داشت خمینی یک روحانی مقدس است.

با همه ی این ملاحظات باز هم خمینی و اطرافیانش گمان نمی کردند رژیم و خصوصاً ارتش به این آسانی متلاشی شود ـ فقط آنهائی که به شاه نزدیک بودند و به روحیه پایین وی آگاهی داشته و می دانستند که اراده ایستادگی و توسل به سرکوب مسلحانه را ندارد حس کرده بودند رژیم روزهای آخرش را می گذراند در این مورد هم باز عده ای تصور می کردند ارتش خودی نشان خواهد داد.

به طوری که دیدیم رئیس سازمان اطلاعات مخفی فرانسه پس از ملاقات با شاه و آگاهی بر اینکه شاه قصد سرکوب انقلابیون را ندارد به خود وی

گفت « به این ترتیب کارتان تمام است ـ در همان روزها در وزارت خارجه آمریکا بخش ایران اظهار عقیده نمودند که پشتیبانی از شاه بمانند رهبری ارکستر در کشتی تای تانیک می باشد.

در کتاب کنت دو مارانش تفسیر جالبی درباره ی فرق بین کاراکتر رضاشاه با محمدرضاشاه یافتم و آن این است که می نویسد : هیچ کس جرئت نداشت به رضا شاه دروغ بگوید ، در حالی که هیچ کس جرئت نمی کرد به محمدرضا شاه راست گفته و حقایق را بازگو کند.

تبلیغات عامل سرنوشت ساز

شاهنشاه وزارت جنگ و ارتش را زیر کنترل خود گرفته، از اهمیت تبلیغات غافل مانده بود و این در حالی است که اگر ارتش به مانند سر باشد تبلیغات رل گردن را دارد که میتواند سر را در هر جهت که می خواهد برگرداند. ممکن است گفته شود در هر حال این سر است که فرمان می دهد، اما با تبلیغات می توان فکر و مغز را فریفت تا در جهت خواسته ی ما بیاندیشد و فرمان بدهد و این همان تکنیک موثر شستشوی مغزی است.

هم مسخره شدیم و هم لجن مال

در تبلیغات دو اصل اساسی هست اول اینکه به قول ژنرال دوگل نباید کاری کرد که موجب مسخره بشود، وی همیشه می گفت LE RIDICUL TUE مسخره کشنده است کاری نکنید که مردم به شما بخندند ـ دیگر اینکه بیسمارک صدر اعظم آلمان ملقب به آهنین می گفت در رویاروئی با دشمن

قوی پنجه اول لجن مالش بکنید، خودش فرومی ریزد. این دو اصل یعنی مسخره شدن (به دست خودمان) و لجن مال گشتن (توسط دشمنان) موجبات فروریزی رژیم ایران را فراهم آورد.

تبلیغات نادرست درباره ی چگونگی وقایع بین ۲۵ تا ۲۸ مرداد خصوصاً به کاربردن کلمه کودتا در مورد خیزش خودجوش مردم در روز ۲۸ مرداد صدمات جبران ناپذیر به رژیم وارد آورد. این کلمه ی کودتا را توده ای ها که سخت از غافلگیر شدن و شکست شان ناراحت بودند سرزبان ها انداختند.
ادعاهای خودستایانه ماموران اطلاعاتی خارجی مانند کرمیت روزولت یا دونالدویلبر سران رژیم را لجن مال کرده موجب شد شاه پایگاه مردمی اش را از دست بدهد. تبلیغات دولتی نه فقط نتوانست این ادعاها را رد کرده پوچی آن ها را نشان بدهد بلکه در بعضی موارد (نقش رادیو تلویزیون در روزهای آشوب انقلاب اسلامی) آب بر آسیاب تبلیغات بدخواهان ریخته و باد بر بادبان کشتی آنها می دمید.

در زمینه تبلیغاتی که موجب مسخره می شد دستگاه ها کم نمی آوردند. یک نمونه از خاطراتم را نقل می کنم (۶ بهمن ۱۳۴۶): فرمانداری شاهی در مازندران به مناسبت سالگرد ششم بهمن (روز تصویب انقلاب سفید توسط مردم) لیست خدمات عمرانی فرمانداری را زیر پرچم انقلاب شاه و مردم در یک صفحه ی تمام روزنامه ی کیهان بصورت اعلان به چاپ رسانیده است:
ماده ۱۷ این فهرست خرید یک دستگاه اتومبیل سواری بیوک برای فرماندار است. ماده ۳۳ عبارت است از خرید یک دستگاه نردبان فلزی. ماده اول البته نصب مجسمه ی شاهنشاه در میدان شهرداری است و از این قبیل.

با این گونه تبلیغات مسخره است که کار را به جائی رسانیدند که حتی در مواردی که اصولاً می بایستی غرور ملی بیافریند واکنش وارونه ایجاد کرده سوژه جوک و مسخره گردید. بهترین نمونه آن جمله شاهنشاه برابر آرامگاه کورش کبیر است که گفتند کورش بزرگ آسوده بخواب ما بیداریم .مردم با تغییر عبارات این جمله را به یک سوژه شوخی و جوک تبدیل کردند.

در مورد لجن مال شدن شایعات مربوط به سوءاستفاده های خاندان سلطنت و وابستگان به آنها به ویژه شهرام فرزند والاحضرت اشرف که در مطبوعات خارجی منجمله مجله تایم منتشر شد. در بی اعتقاد کردن طبقات بالایی از مردم که به مطبوعات خارجی دسترسی داشتند، بسیار مؤثر بود.
علیرضا نوری زاده ژورنالیست ایرانی که در زمینه ی شناخت روحانیون ایرانی و دست اندرکاران کشورهای خلیج فارس همتا ندارد می گوید تیرباران کردن دکتر محمدرضا عاملی به جهت اطلاعات دقیقی است که وی درباره ی آتش سوزی سینما رکس آبادان داشت ـ آنچه سر در نمی آوردم این است که چرا رژیم با داشتن این اطلاعات ساکت می ماند؟ نوری زاده می نویسد: در آخرین ملاقات با دکتر عاملی تهرانی وی پرونده ای را به من نشان داد بسیار سری و گفت این پرونده شرح بازجویی از شخصی است به نام عاشور. این مرد در عراق دستگیر شده و به ایران تحویل گردیده است . وی عامل به آتش کشیدن سینما رکس آبادان است ـ کلیه مدارک مربوط به این جنایت وحشتناک و مجریان آن در این پرونده گردآوری شده است. به موجب این پرونده طرح آتش سوزی سینما رکس در منزل آقای خمینی در نجف تدارک شده است. عاشور و سه نفر دیگر همدستانش که آنها هم دستگیر شده اند با دریافت مبلغ پنج هزار دینار عراقی و یازده هزار دلار به ایران می آیند تا مأموریت تخریبی خود را انجام بدهند . مواد منفجره و آتش زا را در آبادان شخصی به نام فواد کریمی در اختیار آنها میگذارد. جزئیات طرح با حضور احمدخمینی،

شیخ هادی غفاری و مدرسی بررسی می شود، همان جا برنامه ی دقیق چگونگی متهم کردن دولت را به این جنایت آماده می نمایند.
از خانه ی فواد کریمی اعلامیه هائی پیدا می شود که قبل از آتش زدن در چاپخانه حصیری خرمشهر چاپ کرده بودند ـ اعترافات مدیر چاپخانه در پرونده هست. وی یک هفته قبل از فاجعه ی سینما رکس با دریافت ۷۰ هزار تومان اعلامیه ها را چاپ کرده بود ـ نوری زاده می نویسد این اعلامیه با چنین جملاتی آغاز می شود : سلام بر ملت قهرمان و مسلمان ایران ـ جلادان شاه بار دیگر جنایت تازه ای مرتکب شدند. آنها به هنگامی که به همت جمعی از دانشجویان مردم مبارز آبادان مشغول تماشای فیلمی از جنایات شاه بودند سینما را به آتش کشیده و به دستور رئیس شهربانی جلاد آبادان درهای سینما را به روی مردم روزه دار بستند.»

دکتر عاملی سپس اعترافات رئیس چاپخانه را که در مقابل هفتادهزار تومان اعلامیه ها را یک هفته ی قبل از فاجعه ی سینما به چاپ رسانده بود به ما نشان داد.
پشتم درد گرفت. به یاد آوردم چگونه تبلیغات جهنمی خمینی تقریباً به همه ی مردم حتا طرفداران دولت تلقین کرده بود که آتش زدن سینما رکس کار ساواک و شهربانی بوده است . حال آنکه اگر در شرایط هیستریک آن روز این مسأله بررسی می شد با توجه به سابقه ی کار «آتش زدن سینما قم» روشن می شد که دولت هرگز از این کار نفعی نبرده است و با توجه به این که در سینما رکس فیلم «گوزن ها» را نشان می دادند مسأله نمایش فیلم ضد رژیم نیز بی پایه و اساس بود. با توجه به این مدارک از دکتر عاملی پرسیدیم : به چه دلیل این ها منتشر نشد؟ با حالتی متاثر گفت: متاسفانه با توجه به جوی که ایجاد کرده اند برای ما مسلم بود که مردم حرف ما را قبول نخواهند کرد، از طرفی آقای شریف امامی نمایندگانی نزد روحانیون فرستاد و عین این مدارک را به آنها داده است آنها قول داده اند پس از بررسی کلی نظر خود را ابلاغ کنند. من فکر می کنم کسانی

مثل آقای شریعتمداری که با دیدن این مدارک به گریه افتادند و خمینی را لعنت کردند، مسلما واکنش نشان خواهند داد. ما امروز اگر مدارک را منتشر کنیم بدون آن که پشتوانه کافی داشته باشیم، مسلماً به عنوان توطئه علیه روحانیت و توهین به مرجعیت شیعه مورد خشم مردم قرار می گیریم. وقتی مردم زلزله را به ما نسبت می دهند معلوم است که آتش سوزی سینما را به دستور خمینی باور نخواهند کرد. آن روز خیلی بحث کردیم و در پایان هر سه اعتقاد داشتیم که مدارک باید منتشر شود.

یک بار دیگر عاملی را در شبی دیدم که بر پای سند آزادی مطبوعات همراه با آزمون و نمایندگان مطبوعات امضاء گذاشت و فردا روزنامه ها نوشتند : پایان سانسور! یادم هست روزی که توطئه آتش زدن در آن یکشنبه شوم به انجام رسید نخستین نقطه ای که به آتش کشیده شد، وزارت اطلاعات بود و مخصوصاً دفتر وزیر را سوزانده بودند تا همراه نقش ها و یادها، پرونده آتش سوزی سینما رکس را که دکتر عاملی تهرانی، در اختیار داشت به شعله ها بسپارند و ننگ افشای این راز از دامان عاملانش پاک کنند.

نوری زاده ادامه می دهد:
دو هفته ای بود که آقای خمینی قدرت را در دست داشت، نخستین تیرباران ها، ۴ ژنرال را در خون نشانده بود حالا همه نگران بودند، و هر روز هر که در گذشته نقشی هر چند صالح در اداره امور داشت بیمناک و مضطرب چشم انتظار بود که به سراغش بیایند. بعدازظهر یک روز اسفند بعد از گفتگوئی طولانی با بازرگان همراه با یکی از بستگان دکترعاملی بدیدنش رفتم. بازرگان افسوس میخورد که چرا باید این آدم با رژیم قبلی همکاری کند حال آنکه او از صالحین است.

همین گفته برای ما قوت قلبی شده بود که دکتر همین روزها آزاد می شود، مطمئن بودیم حتا در یک دادگاه بلشویکی هم عاملی از هر مجازاتی معاف است. تازه شروع کرده بودند زندانی ها را در قصر و اوین مستقر کردن،

اما عاملی بین آنها نبود. به صباغیان تلفن کردیم. شماره برادرش را داد که با محمد غرضی زیر نظر برادران چمران ساواک را تحویل گرفته بودند. با کمیته «فردوست» و یکی از روسای نظامی ساواک مشغول منظم کردن اسناد و بیرون بردن مدارک وابستگی بعضی از روحانیون انقلابی!!! وسران رژیم به ساواک بودند.

صباغیان بعد از چند پرس جو تاکید کرد که دکتر عاملی در کمیته سلطنت آباد است.

به راه افتادیم و بعد از ساعتی در یکی از اتاق های ضلع شمالی ساواک، او را دیدیم. ناسیونالیست بزرگ، ایران چشمانش از اشک پر می شد. لباس کارگری به تنش کرده بودند با جارو و سطلی در دست. آنقدر در همین چند روز لاغر شده بود که نمی شد او را شناخت. موقع ملاقات دو یا سه پاسدار که از خطابشان به یکدیگر به عنوان رفیق می شد فهمید کجایی هستند بالای سر دکتر ایستادند و وقتی تاثر مرا دیدند، یکیشان گفت: رفیق به حال این ها متاثر می شوی؟ این ها زالوهائی هستند که خون خلق را مکیده اند!

دکتر نگاهی به او کرد و گفت: «من خون خلق را مکیده ام؟» و بعد بی آنکه اعتنائی به خنده ی آنها کند گفت: خردم کرده اند، فکرش را بکن با مسلسل مرا می برند تا توالت ها را تمیز کنم. زمین ها را بشویم. فکرش را بکن اینها همه عراقی اند که دارند انتقام شکست هایشان را از ایرانیان می گیرند. باور کن از زندگی خسته شده ام!

نتوانستم طاقت بیاورم، بیرون آمدم و ماجرا را به بازرگان گفتم، زنده یاد داریوش فروهر در مورد دکتر عاملی به دلیل لحظات مشترک که در گذشته داشتند خیلی تلاش کرد اما دکتر رازی با خود داشت که نمی شد حفظش کرد.

ساعت ۱۱ شب بود که او را آوردند، آنقدر لاغر شده بود که به زحمت خود را سر پا نگاه می داشت. آن شب شوم ترین شب زندان قصر بود. در

بازجوئی به دکتر عاملی قول داده بودند اگر در دادگاه سخنی از سینما رکس نگوید حداکثر به دوسال زندان قابل عفو محکوم خواهدشد. آن شب خیلی از ژنرال ها هم بودند، چهره های سیاسی گذشته را نیز شکسته و ویران شده می توانستی ببینی. با این همه چهره ی عاملی با همه ضعف و شکستگی، با همان لبخند جاودانه از دیگران متمایز بود. خلخالی رئیس دادگاه بود. زواره ای بازپرس و منشی و برادر خلیل طهماسبی تروریست فدائی اسلامی و ربانی املشی اعضای دادگاه، هادی غفاری نیز حاضر بود. ادعانامه ای که علیه دکتر عاملی تنظیم شده بود آن قدر مسخره بود که حتا تماشاچیان دادگاه که اغلب پاسدار و یا از خانواده چریکها بودند، خنده شان گرفت. «دکترعاملی تهرانی یکی از عوامل کشتار ۱۷ شهریور، و از افرادی بوده که پایه های رژیم را مستحکم تر کرده و او با فساد اخلاق...» جملات را نمی شنیدم. دکتر مثل سیاوش پاکیزه و مطهر آماده بود که به میانه آتش برود. آرام برخاست و با شهامت تحسین برانگیزی گفت: شما مرا محاکمه نمی کنید بلکه شما دارید ایران را محاکمه می کنید. سلمان پارسی ما شما را از جهالت و گمراهی بیرون آورد. امروز نیز انسان ها را در سینما رکس زنده به گور کردید و به آتش کشیدید تا از بوی گوشت سوخته پانصد ایرانی سرمست شوید.

دکتر می گفت و می خروشید. چند بار خواستند ساکتش کنند حتا یک بار خلخالی گفت: به جای این حرف ها توبه کن تا محکوم به زندان بشوی و در زندان ما تبدیل به آدم گردی!

دکتر فریاد زد: «شما، شما مرا آدم کنید مرا که با یزدانم الفت و عشق هست، آدم کنید؟!»

ساعت ۲ آراء را خواندند. دکتر را به ده سال محکوم کرده بودند. برادرزاده بازرگان آمده بود که به خلخالی دستور بازرگان را ابلاغ کند. روی کاغذی بازرگان با عجله نوشته بود «حجت الاسلام خلخالی با موافقت امام هیچکس را تیرباران نکنیدو آقای عاملی تهرانی را به سلطنت آباد عودت دهید.»

صدای تیر بلند شد. همه وحشتزده به طرف حیاط دویدند. دکتر روی زمین افتاده بودو خلخالی با هفت تیری که از خانه هویدا دزدیده بود بالای سرش!
یکی از افسران زندانی ساعتی بعد با چشم گریان گفت: وقتی دکتر را از دادگاه به سلول باز می گرداندند خلخالی گفته بود: توی وزیرهای شاه تو خیلی خوشگل بودی.
لحظاتی بعد به دستور خلخالی او را به حیاط آورده بودند و قبل از بقیه کسانی که قرار بود اعدام شوند، به دست خود خلخالی تیرباران شده بود. می گریستم و راه می رفتم. تا سه راه زندان پیاده آمدم، جمله دکتر توی گوشم زنگ می زد. آخرین جمله اش: به همسرم و یارانم بگوئید دیگر به من نیاندیشند فقط در اندیشه ی ایران باشند!

بهترین نمودار ناتوانی تبلیغات دولت در برابر تبلیغات آخوندها این است که سینمای رکس آبادان را به موجب مدارک که در کشو میز وزیر اطلاعات بود آتش زدند و برای بدنام کردن دولت آن را به گردن عوامل دولتی انداختند. دولت نتوانست خلاف این مطلب را نشان داده ثابت کند که این آخوندها بودند که برای بهره برداری تبلیغاتی بی رحمانه صدها نفر مردم بی گناه منجمله زن و بچه را با فجیع ترین وضع به قتل رسانیدند.

خیاط پاناما و مأمور ما در هاوانا

افسانه بافی و گزافه گویی خودستایانه ماموران اطلاعاتی و یا حتی نمایندگان سیاسی تازگی ندارد... جان لوکاره در کتاب خیاط پاناما و گراهام گرین در کتاب مامور ما در هاوانا، ما را با چنین مامورانی آشنا می نمایند ـ در زمان تصدی اداره کل اطلاعات وزارت خارجه روزی گزارشی از یکی از نمایندگان سیاسی مان در اروپای شرقی به دستم رسید که در آن سفیرمان با کمال جرئت نوشته بود در جشن چهارم آبان سفارت که حضرت رئیس جمهوری شرکت نمودند، موقع خداحافظی مرا به کناری کشیده گفتند من دستور داده ام کتاب تمدن بزرگ شاهنشاه را ترجمه بکنند و هر شب فصل های ترجمه شده را که بالای سرم گذاشته ام می خوانم ـ واقعاً شاهکار بزرگی است. رئیس جمهوری با اشاره به عکس لنین و استالین که بالای سرش بدیوار نصب بود گفت ایکاش این حضرات در مکتب شاهنشاه تربیت می شدند.

کتاب سرتاسر افسانه بافی و خصوصاً خودستایانه کرمیت روزولت، بدون اینکه آن را به دقت بخوانند مرتب مورد استناد مخالفان رژیم قرار می گرفت و شده است برای خیلی ها به مانند قران کریم که در سوره هایش و آیاتش تردید روا نیست.

نوشته های کرمیت روزولت را باهم مرور می کنیم:
ضعف بزرگ کتاب کرمیت روزولت (چاپ آمریکا) ۱۹۷۹ نشریات Mc Grau-Hill در این است که وقایع سال ۱۹۵۳ را در ۱۹۷۹ با ذکر جزئیات بمانند یک شاهد عینی شرح می دهد ـ جزئیاتی که حافظه بسیار قوی لازم دارد، مگر اینکه در همان موقع یادداشت برداشته باشد که در این باره اطلاع نمی دهد.

باید دانست چاپ اول کتاب کرمیت روزولت به شکایت همکار انگلیسی اش وودهاوس و حکم محکمه جمع آوری و از گردونه خارج شد نسخه ای که در ۱۹۷۹ چاپ و توزیع گردید هم زمان با پیروزی انقلاب اسلامی است که نسبت به توزیع وسیع آن و ای بسا تغییرات در نوشته ها نظر خاص داشت.

ـ در حالی که یک مامور اطلاعاتی باید مسیر راه آهن کشور محل ماموریتش را بداند. کرمیت روزولت می نویسد راه آهن ایران از آبادان شروع و از کرمانشاه می گذرد و به دریاچه ارومیه می رسد و از آنجا به مرز شوروی...

ـ پس از شرح سوابق تشکیل سازمان CIA می نویسد من رساله دکترایم را درباره تاثیر پروپاگاند در جنگ داخلی آمریکا نوشته ام. درباره تکنیک پروپاگاند مقاله ای نوشتم و توضیح دادم در جنگ جهانی آینده آمریکا به چه نوع تشکیلات پنهانی احتیاج خواهد داشت ـ این مقاله را آقای Donavan دیده و خوانده بود. وی از طرف رئیس جمهوری FDR مامور تشکیل یک سازمان مخفی شده بود و تا مقاله مرا می خواند مرا احضار و دعوت به همکاری می نماید.

کرمیت می نویسد موقعی که دوناوان از او می پرسد درباره ایران چه می دانید جواب می دهد هیچ و بلافاصله بسراغ آنسیکلوپدی ها می رود تا بداند ایران کجاست و چه جور جایی است ؟

(فکرش را بکنید چنین کسی را مامور ایران می کنند و او مدعی می شود که شاه و سران قوم را در سرانگشت می چرخانید)

ـ به او پیشنهاد می کنند چین برود، نمی پذیرد و خودستایانه می نویسد

اگر چین می رفتم تکلیف ایران و AJAX چه می شد؟ می نویسد در کوتاه مدت معلومات کافی درباره ایران حتی ادبیات آن بدست آوردم.
ـ در باره ادبیات ایران فقط به ذکر یک افسانه قناعت می کند و آن اینکه تیمور لنگ در شیراز با حافظ ملاقات می کند ـ حافظ خرقه کهنه درویش به تن داشت تیمور می گوید من دنیائی را به ستایش سمرقند و بخارا واداشته ام تو با چه جرئت آنها را به خال لب یارت می بخشی؟ حافظ جواب می دهد : با همین حاتم بخشی هاست که به این روز افتادم و فقیر شدم.

ـ وقایع آذربایجان را در حالیکه ۶۰۰۰ مایل دور از آنجا بسر می برد مورد بررسی قرار داده است.
می نویسد : احمد قوام که به مسکو رفت شاه می ترسید مبادا تمام مناطق شمال غربی ایران را به روس ها بدهد. این است که خواهرش اشرف را به مسکو فرستاد. فاصله بین مسافرت این دو شخصیت ناقض این ادعا است به علاوه آنموقع شاه از قوام بدگمانی نداشت.
ـ از ملاقات با شاه هنگامی که شاه ۲۸ سال دارد وخودش ۳۱ در سال ۱۹۴۷ یاد می کند... ولی به هنگام ماموریت در ایران که مخفیانه به دیدار شاه می رود می گوید تا آن تاریخ شاه را ندیده بودم.

ـ در صحنه سیاست ایران چهار عامل تشخیص می دهد ـ شاه ـ ارتش ـ دستگاه اداری و چهارم عشایر (عامل مهم روحانیون و مردم را فراموش می نماید)ـ در مورد عشایر می نویسد آنها قوی ـ ثروتمند و مجهز Well Armed می باشند (ص ۶۲)... چون اشاره اش به قشقائی هاست گمان نمی رود آنها وسایل جنگی سنگین (توپخانه ، تانک و هواپیما) داشته باشند بنابراین منظور از Well Armed چیست؟
ـ درباره قشقائی ها و ملاقات با خسروخان (که آبجو سرد تعارف می کند) با تفضیل قلم فرسائی کرده شرح می دهد چگونه خسروخان مهمات و

۱۰۰۰۰۰ دلار ارسالی آلمانی ها را گرفته مهمات را به انگلیسها تحویل داده دلارها را به جیب می گذارد. (ص ۶۴ و ۶۵)
صدهزار دلار در آن تاریخ مبلغ سرسام آوری بود و ممکن نیست آلمانی ها چنین مبلغی را به خسروخان داده باشند. نمونه ای از سخاوت آلمانی ها این است که به جاسوس بسیار ارزنده شان در ترکیه بنام مستعار سیسرون یک دهم این مبلغ را ندادند. تازه اسکناس های لیره انگلیسی شان تقلبی از آب درآمد. سیسرون که پیشخدمت مخصوص و محرم سفیر انگلیس در ترکیه بود نقشه و محل دقیق و تاریخ پیاده شدن نیروهای متفقین را در سواحل فرانسه گزارش داده بود.

- می نویسد در ایران خود شاه دست به انقلاب زد و انقلاب او موفق بود (قضاوت درباره موفقیت انقلاب سفید با خوانندگان است)

- آنچه درباره احمد قوام می نویسد روشن می کند که به هیچ وجه متوجه ترفند ماهرانه قوام نشده است.

از طرف دیگر در بررسی اقدامات شاه ابداً از علاقه شاه به حکومت کردن همراه با سلطنت و نیز عدم توجه وی به جدا کردن دین از سیاست اشاره ای نمی نماید. (ص ۶۹) فقط در ص ۷۰ می نویسد اقدامات شاه با مخالفت ملاها روبرو شد.

- در زمینه خودستائی در صفحه ۱۰۹ می نویسد من اولین کسی هستم که به PHILBY که از طرف انگلیس به عنوان رابط با CIA به واشنگتن آمده بود سوءظن پیدا کردم.

- خودستائی را در صفحه ۱۱۰ به اوج می رساند و از قول کیم فیلبی خودش را اینطور تعریف می کند : مردی با فرهنگ و تربیت و الا ـ مبادی آداب ـ به آرامی و با آگاهی حرف می زند ـ روابط اجتماعی بسیار گسترده دارد ـ هم میزبان خوبی است و هم مهمان مجلس آرا، از تواضع برخوردار است، نمی توان حدس زد که در کار جاسوسی است.

- با همه مطالعات و بررسی نقشه شهرها و خیابانها بازهم خیابان روزولت را نزدیکی سفارت شوروی قرار می دهد و با خود بزرگ بینی می نویسد اسم خیابان را بخاطر رئیس جمهوری FDR روزولت گذاشته اند و نه

بخاطر من.
دونالدویلبر که همکار کرمیت روزولت است و به او جاسوس جنتلمن لقب داده اند در افسانه بافی دست کم از همکارش ندارد - نوشته های این افسانه باف در دو سال پیش از طرف خانم مادلن آلبرایت وزیرخارجه بیل کلینتن بصورت سند قاطع مورد استناد قرار گرفت تا با این وسیله از جمهوری اسلامی دلجوئی کرده باشد،آنچه این مامور می نویسد انجام داده دوچیز است:
یکی اینکه می گوید من به مدیران جراید رشوه دادم تا مقالات علیه مصدق بنویسند دیگری اینکه فرمان نخست وزیری سرلشگر زاهدی را ما تکثیر کرده در اختیار خبرنگاران خارجی قرار دادیم. هر دو این ادعاها پوچ و سرتاپا دروغ است.
در مورد مقالات علیه دولت مصدق در آن روزها فقط دو روزنامه شدیداً به دولت مصدق حمله می کردند یکی کیهان بود که استاد عبدالرحمن فرامرزی سرمقالات آن را می نوشت و مردم سخت خواهان این نوشته ها بودند و دیگری دانش نوبخت در روزنامه سیاست ما که کاریکاتور پتیاره سال او در اشاره به انتخاب مصدق به عنوان مرد سال از طرف مجله تایم دست به دست می گشت.

اگر ادعای آقای ویلبر را در مورد اینکه استادی به فرهیختگی عبدالرحمن فرامرزی از آمریکا دلار می گرفته تا مقاله بنویسد قبول کنیم یک توهین نابخشودنی را نسبت به قاطبه نویسندگان شرافتمند ایران پذیرا شده ایم. اما دانش نوبخت در خیابان سوم اسفند در یک آپارتمان ملکی پدرزن من جعفر اتحادیه بسر می برد و کرایه خانه اش هفته ها به تاخیر می افتاد و آه نداشت که با ناله سودا کند، مرا واسطه می کرد تا از جعفر آقا مهلت بگیرم.
در بساط وی آثاری از دلارهای آقای ویلبر نمی دیدم .
و اما درباره تکثیر فرمان نخست وزیری بهتر است به نوشتار آقای

اردشیر زاهدی در اطلاعات ماهانه زیر عنوان ۵ روز بحرانی مراجعه کنیم: بالاخره ساعت ۷ فرارسید و اعلامیه دولت در رادیو خوانده شد. ولی ابداً اشاره ای به فرمان نکردند و جریان را به عنوان یک کودتای نظامی که با شکست روبرو شده عنوان نمودند ـ به این جهت ما فوری دست به کار شدیم و مشغول عکسبرداری از فرمان شدیم تا آن را به دست نمایندگان خبرگزاری های خارجی برسانیم. آن زمان فتوکپی مانند امروز وجود نداشت یا اینکه فقط شرکت های بزرگ و سفارتخانه ها داشتند. این است که مهندس شاهرخشاهی با دوربین عکاسی دقیق که داشت چند عکس از فرمان گرفت و اما پس از ظهور نگاتیوها دیدم خط فرمان خوانا نیست، این است که شاهرخی و مهندس ابوالقاسم زاهدی مأمور شدند به یک عکاسی مورد اطمینان در شهر مراجعه کرده به تعداد کافی عکس از فرمان بگیرند ـ هشت و نیم صبح آنها حرکت کردند (از محل پنهان شدن سرلشگر زاهدی) و ساعت ۱۱ تلفن کردند که عکس ها آماده است.
من جریان تهیه عکس از فرمان را به اطلاع پدرم رسانیدم. چون وضع مطبوعات داخلی از حیث ارتباط با دم و دستگاه مصدق زیاد روشن نیست و به علاوه ممکن است جلو انتشار مطالب را بگیرندقرار شد فقط با نمایندگان خبرگزاریهای خارجی مصاحبه بکنیم و عکسهای فرمان را در اختیار آنها بگذاریم. برای محل مصاحبه تپه های ولنجک را که یک نقطه ی دورافتاده است و از بالای زعفرانیه بسوی مغرب و دامنه کوه می پیچد تعیین کردیم. چون خبرنگاران خارجی در پارک هتل خیابان یوسف آباد جمع می شدند ـ از یک جای مطمئن به پارک هتل زنگ زده پرویز رائین نماینده آسوشیتد پرس را که هم کلاس من بوده و به وی اعتماد کامل داشتم پای تلفن خواسته از ایشان خواهش کردم، نمایندگان خبرگزاریها را برای یک مصاحبه ی مهم آماده نماید.

ـ اردشیر زاهدی جزئیات چگونگی راهنمایی خبرنگاران را توسط پرویز یارافشار به ولنجک شرح داده می نویسد محل مطمئن برای ارتباط

تلفنی با پارک هتل حائز اهمیت بود. این است که مطب دکتر سعید حکمت را که از یاران صدیق و وفادار است انتخاب کردیم ـ با تلفن به پرویز رائین نماینده آسوشیتدپرس مشخصات اتومبیل یارافشار را داده و گفتم اتومبیل در نیم بعدازظهر در ایستگاه اتوبوس چهارراه یوسف آباد منتظر خواهد بود تا دنبال آن به محل مصاحبه بیایید. از خبرنگاران آن زمان آقای یوسف مازندی خوشبختانه هنوز زنده است.

همسر آقای پرویز رائین، خانم سریه رائین هم در قید حیات هستند و از چگونگی این مصاحبه تاریخی آگاهی دارند. دراین باره می توان از آنها تحقیق کرد ، با این اوصاف ادعای آقای ویلبر جز خودستایی و دروغ بافی پایه دیگری ندارد.

ـ افسانه بافی کرمیت روزولت در مورد چگونگی ملاقات با شاه به اوج می رسد ... در ص ۱۵۴ می نویسد ابتدا توسط یکی از نزدیکان شاه به ایشان پیام فرستادیم که یک نفر که اجازه دارد از طرف وینستن چرچیل نخست وزیر انگلیس و آیزن هاور رئیس جمهوری آمریکا حرف بزنند.

می خواهد شرفیاب بشود ـ کرمیت روزولت می نویسد برای این شرفیابی پیراهن یقه بسته و شلوار خاکستری و یک جفت گیوه پوشیدم . روز شنبه بود اول اوت یک دو دقیقه قبل از نیمه شب به اتفاق بیل راه افتادیم او چراغ قوه ای به دست داشت، باغ را طی کردیم. به درب آهنی که رسیدیم بیل در را باز کرد و خودش از من جدا شد ـ من تنها آمدم بیرون ـ یک اتومبیل سیاه رنگ آنجا در انتظار بود ـ در عقب را باز کرده وارد اتومبیل شدم ـ راننده ابداً کنجکاو نبوده حرف نمی زد. در نیمکت عقب اتومبیل یک پتو گذاشته بودند به درب آهنی کاخ سلطنتی که رسیدیم به اشاره راننده کف اتومبیل دراز کشیده پتو را روی خودم کشیدم. دربان در را باز کرد و ما وارد شدیم، نیمه راه بین درب آهنی و پله های کاخ اتومبیل ایستاد و راننده ماشین را ترک کرد ـ یک شبح باریک اندام از پله های کاخ پائین می آمد ـ شبح به ما نزدیک شد و درب عقب ماشین را باز کرد و کنار من نشست . من پتو را جمع کردم تا برایش جا باز شود ـ صورت

همدیگر را که دیدیم من شاه را شناختم او هم مرا شناخت.

خدایا مگر می شود این همه چرندیات بافت ـ تاسف در این است که بسیاری از ایرانی ها حتی آنهایی که خودشان را روشنفکر می دانستند، پذیرای این افسانه ها شدند. یکی نبود بپرسد گیوه برای چه پوشیدی؟ ـ تو که با وضع کاخ آشنا نبودی چگونه فهمیدی وسط راه بین درب آهنی و پله ها توقف کرده اید ؟ تو که در شب زیر پتو کف اتومبیل پنهان بودی چطور شبح را دیدی از پله ها می آید پایین؟ با این قبیل لاطائلات است که یکی دیگر از جنبش های ملت ایران را کردند کودتای آمریکایی.
خوشبختانه به هنگام نبردهای دلیرانه مردم تبریز زیر فرماندهی ستارخان در راه آزادی مشروطیت کرمیت روزولت در آنجا نبود و گرنه اینها فداکاریهای رشیدانه را هم به حساب C IA می گذاشتند.

***

کرمیت روزولت می نویسد: در آن شب، توی اتومبیل مدت ها با شاه مذاکره کردم و بالاخر در این ملاقات درباره انتخاب سرلشگر زاهدی به نخست وزیر به توافق رسیدیم ؟!
این هم از آن حرف ها است.
مدرک درباره رسانیدن فرمان نخست وزیری به خبرنگاران خارجی
شماره ۳۴۴
از کاردار در ایران (ماتیسون) به وزارت خارجه ـ واشنگتن
توزیع محدود

تهران، ۱۶ اوت ۱۹۵۳ ـ ساعت ۳ بعدازظهر
۳۴۲. دونالد شویند خبرنگار آسوشیتدپرس و کنت لاو خبرنگار نیویورک تایمز به تقاضای پسر سرلشگر زاهدی به تپه های شمالی تهران رفتند تا با سرلشکر مصاحبه مطبوعاتی به عمل آورند. زاهدی حضور نداشت ولی پسرش فرمان امضا شده شاه را به آنان نشان داد و فتوکپی آن

را بین خبرنگاران توزیع کرد.
فرمانی که شاه امضا کرده تاریخ ۱۳ اوت را دارد و بدین شرح است :
«جناب فضل الله زاهدی، نظر به اینکه اوضاع کشور ایجاب می نماید که شخص مطلع و با سابقه ای برای در دست گرفتن زمام امور مملکت تعیین نماییم، لذا با اطلاعی که به کفایت و شایستگی شما داریم، به موجب این دستخط به سمت نخست وزیر منصوب می شوید و مقرر می داریم که در اصلاح امور کشور و رفع بحران کنونی و بالا بردن سطح زندگی مردم اهتمام وسعی کافی به عمل آوردید.
۲۳ مرداد ۱۳۳۲ ، محمدرضا پهلوی
پسر زاهدی گفت طبیعی است که پدرش مخفی شده است.
مترجم سفارت که به خاطر شغل قبلی خود با امضای شاه به خوبی آشناست، فتوکپی فرمان را دید و تصدیق کرد امضا واقعی است.
توضیح:
این تلگراف که جزو اسناد روابط خارجی آمریکامنتشر شده است به خوبی نشان می دهد که تکثیر فرمان و رسانیدن آن در کوه پایه های ولنجک به خبرنگاران خارجی کار آقای اردشیر زاهدی بوده است و ادعای ویلبر در این مورد که فرمان را ما (یعنی عوامل CIA) تکثیر و به خبرنگاران دادیم مانند دیگر ادعاهای خودستایانه ایشان دروغ محض است.

ملکه ثریا صادقانه در خاطراتش (صفحه های ۹۶ و ۹۸ ترجمه فرانسوی کتاب) چگونگی پیدا شدن فکر انتخاب سرلشگر زاهدی را به نخست وزیری شرح می دهد:

می نویسد: شاه دچار افسردگی Depression شده حوصله هیچ کس و هیچ چیز را نداشت... وی از ترک ایران و آغاز یک زندگی تازه در اروپا یا آمریکا صحبت می کرد. بالاخره هم تصمیم می گیرد ایران را ترک کند ولی آیت الله بهبهانی و کاشانی آگاهی یافته با تجهیز مردم که جلو کاخ

اختصاصی گرد آمده، دست به تظاهرات به جانبداری از شاه می زنند، از ترک ایران صرف نظر می کند ... ملکه ثریا می نویسد : یک روز ناگهان سیگاری که در دست داشت در زیر سیگاری له کرده و با یک حرکت که نشان می داد انرژی تازه یافته است. رو به من کرده گفت فقط یک نفر می تواند از عهده مصدق بر آمده و به ما کمک کند آن هم ژنرال فضل الله زاهدی است.

ملکه ثریا ادامه می دهد : با این همه شاه نمی توانست تصمیم بگیرد تا آن که آن شب دیگر نتوانستم خودم را کنترل کنم و فریاد زنان به او گفتم تو قابل ترحم هستی You Are Pitiful دلم می خواهد آن مردی باشی که می شناختم و دوست داشتم اگر اجازه بدهی مصدق سرکار بماند ایران را دودستی به شوروی فروخته ای. شاه با شنیدن این حرف ها مدتی اندیشید و بالاخره گفت بسیار خوب. فرمان برکناری مصدق را امضا می کنم و سرلشگر زاهدی نخست وزیر تازه خواهد بود.

این نوشته های ملکه ثریا صادقانه و عاری از ملاحظات سیاسی و خودستایی است، خاطرات ایشان احساسات زنی را نشان می دهد که در جستجوی خوشبختی و عشق واقعی است ملکه با صراحت از امیدها و ناامیدی ها وخوشی ها و ناخوشی هایش سخن می راند و در همه موارد صریح و ساده و بدون قصد تاثیر درخواننده فراز و نشیب های زندگی اش را شرح می دهد.

با این ملاحظات است که من نوشته ایشان را در مورد سرزنش شوهرش که منجر به امضای فرمان برکناری دکتر مصدق شد قبول دارم و ان را به دیگر گفته ها و نوشته ها ترجیح می دهم.

با خوانندگان است که بین نقل قول مأمورانی که جز خودستایی و ملاحظات سیاسی و جاه طلبی و خوش آیند این و آن اندیشه دیگر ندارند و نوشته ی صادقانه یک زن درباره آنچه بین یک زن و شوهر گذشته است یکی را انتخاب کنند.

آنچه کرمیت روزولت در ص ۲۰۷ نوشته نمودار دیگری است از بیماری خودستایی این مأمور دروغ گو می نویسد در لندن با چرچیل ملاقات کردم

وی که از ماجراهای من اطلاع داشت موقع خداحافظی گفت ای مرد جوان من اگر چند سالی جوان تر بودم آرزو می کردم زیردست فرماندهی مانند توکار بکنم.

- کرمیت روزولت می نویسد برای نشان دادن مشروعیت ماموریت که از جانب پرزیدنت آمریکا آیزنهاور ونخست وزیر بریتانیای کبیر وینستن چرچیل داشتم قرار شد پرزیدنت در سخنرانی که در ظرف ۲۴ ساعت آینده در سانفرانسیسکو به عمل می آورد جمله خاصی را ادا نماید. ضمناً به دستور نخست وزیر چرچیل بناشد رادیوی بی بی سی در برنامه فارسی شب معینی به جای اینکه فرمول همیشگی «حالا نیمه شب است» را بکار ببرد با مختصر تغییر بگوید :

«حالا ... مکث ... دقیقاً نیمه شب است»

درجستجوی صحت این نوشتار به قسمت فارسی رادیوی بی بی سی نامه سفارشی دو قبضه نوشتم که فتوکپی آن پیوست است. آنها از امضای رسیدنامه خودداری کردند ولی اداره پست آمریکا طی نامه ای بتاریخ ۴ فوریه ۲۰۰۳ نوشت که اداره پست بریتانیای کبیر اطلاع می دهد که پاکت شماره BRO51719520US را حدود ۲۱ اکتبر به گیرنده تحویل داده است.

بی بی سی هرگز به نامه من جواب نداد و رسید نامه را هم امضا نکرد. پنجاه سال بعد دلیل بی جواب گذاشتن نامه من آشکار شد و پرده از روی یکی دیگر از ادعاهای دروغ کیم روزولت برداشته شد. جریان این است که در عصر روز ۲۲ اوت ۲۰۰۳ آقای راجر هاردی تحلیل گر مسایل خاورمیانه رادیوی بی بی سی طی گفتاری که در ساعت ۱۶۰۴۶ بوقت گرینویچ پخش گردید درباره ارسال پیام رمز توسط بی بی سی در برنامه فارسی با اضافه کردن کلمه دقیقاً به اعلام ساعت نیمه شب اظهار داشت در آن تاریخ اصلاً بی بی سی در نیمه شب برنامه فارسی نداشت که با آن پیام رمز بفرستد.

BBC WORLD SERVICE
Persian Section
Bush House_Strand
London WC2B4PH
England

10 OCTOBER 2002

Dear Mr . Bagher Moeen,
Mr.Kermit Roosevelt, in his book, COUNTERCOUP,The Struggle for the Control of Iran, published by McGraw Hill, copyright 1979 , on pages 156-157, after describing his extraordinary meeting of the Shah (copy of pages 156 & 157 included) writes, I was there representing U.S President Eisenhower and Prime Minister Churchill. Establishing his credentials he writes: "President Eisenhower will confirm this himself by a phrase in a speech he is about to deliever in San Fransisco actually within twenty-four hours. Prime Minister Churchill has arranged to have a specific change made in the time announcement on the BBC broadcast tomorrow night. Instead of saying "It is now midnight the announcer will say, 'It is now '- Pause - exactly midnight'."
As this subject is referred to by many historians and researchers, kindly inform us about the validity of the above mentioned story. By so doing you will help to calrify an episode of contemporary Iranian history.
We appreciate your cooperation and thankyou in advance.

Dr.Parviz Adle

آقای باقر معین عزیز،

در کتاب **Counter Coup** ناشر Mc Grow Hill نوشته ی آقای کرمیت روزولت، کپی رایت ۱۹۷۹ نویسنده در صفحه های ۱۵۶ و ۱۵۷ پس از شرح چگونگی ملاقات با شاهنشاه (فتوکپی این صفحات پیوست است) می نویسد:
برای تحکیم اعتبار و مشروعیت ماموریت که از جانب پرزیدنت آیزنهاور رئیس جمهوری آمریکا و نخست وزیر انگلیس وینستن چرچیل داشتم قرار شد پرزیدنت در سخنرانی که ظرف ۲۴ ساعت آینده در سانفرانسیسکو ایراد می نماید جمله خاصی را ادا نماید ... و نیز به دستور نخست وزیر چرچیل بناشد رادیوی بی بی سی در برنامه فردا شب خود به جای اینکه فرمول همیشگی «حالا نیمه شب است» را بکار ببرد با مختصر تغییر بگوید: «حالا... مکث... دقیقاً نیمه شب است»
نظر به اینکه این نوشتار مورد استناد بسیاری از تاریخ نویسان و پژوهشگران قرار گرفته و می گیرد خواهشمند است دستور فرمایند صحت و سقم این مطلب اعلام گردد . موجب مزید امتنان بوده و کمکی خواهد بود برای روشن کردن قسمتی از تاریخ معاصر ایران...

با تشکرات قبلی و مراتب احترام
دکتر پرویز عدل

زمینه‌های حکومت یا روسری یا توسری

در سال‌های بین سوم شهریور ۱۳۲۰ تا وقایع بین ۲۵ تا ۲۸ مرداد ۱۳۳۲ و بعد از آن به نحو دیگری رسم بود که دانشجویان و جوان‌های تشنه آگاهی‌های تازه و نگران از اوضاع مملکت و متاثر از عقب ماندگی جامعه ایرانی پیرامون اندیشمندان و نویسندگان نامی و سیاستمداران جمع می شدند.

این شخصیت‌ها مانند جمال امامی ـ علی دشتی ـ نظام السلطنه مافی ـ فروزانفر ـ دکتر رضازاده شفق ـ تقی‌زاده ـ سیدضیاالدین طباطبایی ـ موتمن الملک پیرنیا مصدق السلطنه و بسیاری دیگر هر کدام یک روز هفته در خانه از علاقمندان شان پذیرایی می کردند و در این اجتماع ها از آینده کشور و سرنوشت جامعه ایرانی و چاره جویی برای رفع عقب ماندگی و فقر و نیاز به آزادی بحث و مذاکره می شد ـ البته در محفل کسانی که نام بردم بحث‌ها بیشتر محافظه کارانه بود ـ توده ای ها و چپی ها هم گرد هم

آیی های خودشان را داشتند، مذهبی ها پیرامون آیت الله هایی مانند بروجردی و شریعت مداری و بهبهانی و کاشانی و در حوزه های مذهبی اجتماعات خودشان را داشتند ـ یک نفر هم که تازه اسم اش سر زبانها افتاده بود به نام علی شریعتی بین دانشگاهیان طرفدارانی پیدا کرده بود. این ها از دیدگاه تازه ای با نوآوری و زندگی ماشینی مخالفت می کردند ـ می گفتند ورود ماشین به یک جامعه ی سنتی حیات خلاقه را از بین می برد ـ مردم نیازهائی دارند که مادی نیست، معنوی است ـ آنها دکترین های مذهبی را در قالب مارکسیسم که خوشایند نسل جوان بود عرضه می داشتند ـ دسگاه دولتی از اهمیت و خطرات ترویج این افکار غافل بود به طوری که در سمپوزیوم تخت جمشید ۱۹۷۵ با حمایت شهبانو پای موسسه آسپن را به سمپوزیوم باز کردند و در آنجا اعلام گردید که صنعتی کردن (یعنی برنامه شاه) میراث فرهنگی مملکت را از بین می برد. از همان موقع بعضی از دختران دانشجو با روسری در دانشگاه حاضر شدند (زمینه سازی برای حکم فرمائی حکومت یا روسری یا توسری)... شریعتی با جملات فریبنده مرگ را برای فرار از دنیای مادی تجویز می کند ـ شریعتی می نویسد:

آیا دقت کرده اید یک شهید با چه صلح و شیرینی و صفا جان می سپارد (نطفه آمادگی خودکشی جوانان با ترکانیدن بمب)... هرمز فرهت استاد دانشگاه در این سمپوزیوم گفت: با توجه به گرایش جوانان به زندگی معنوی معتقدم زمینه برای یک قیام ملی بر اساس حقیقت و عدالت فراهم گردیده است.

آنکه از او در آن سال ها نام و نشانی نبود یا من نشنیده بودم. روح الله خمینی بود.

***

شخصی که توجه مرا جلب کرده و سخت به وی علاقمند شده و تشنه شنیدن افکار و گفته هایش بودم، مردی بود اندیشمند ، عاقبت اندش ،

خردمند که هر هفته بدیدارش می رفتم و از سخنان فیلسوفانه و واقع بینانه اش لذت می بردم ـ وی محمد حجازی مطیع الدوله بود ـ قیافه ای داشت مهربان، با آهستگی و شمرده حرف می زد... سخنانش سنجیده و آرام بخش و بسیار منطقی بود. شعارهای فریبنده و آتش افروزانه را دوست نمی داشت... می گفت باید واقع گرا و مثبت بود... عوام فریبی را کنار گذاشت ـ جامعه ایرانی را خوب می شناخت و به خوبی آن را تجزیه و تحلیل و روانکاوی می کرد ـ به تاثیر و اهمیت تبلیغات عقیده راسخ داشت. سرنوشت طوری چرخید که خانه تازه ما در کوچه صدر خیابان فیشرآباد درست روبروی کوچه ای بود که مطیع الدوله در آن زندگی می کرد و از خانه ما تا منزل ایشان پیاده کم تر از پنج دقیقه راه بود.

به این سبب به جای هفته ای یکبار... رفته رفته هفته ای چندبار عصرها به دیدار ایشان می رفتم و به این ترتیب است که نزدیکی خانه فیشرآباد به منزل آقای حجازی بطوریکه خواهیم دید مسیر کاری مرا معین کرد. (دلیل گزینش نام این کتاب).

ساعت ها همراه عده ای دیگر به سخنان خردمندانه ایشان گوش می دادم. حجازی می گفت افکار و مغز ایرانی به کلی تحت تاثیر تبلیغات بدخواهانه توده ای ها و عناصر وابسته به سیاست های خارجی از یک طرف و اثرات عمیق و ریشه دار فرهنگ اسلامی عرب قرار گرفته ـ فکرش را بکنید ایرانی با داشتن گواراترین چشمه سارها که از کوه ساران میجوشد و روان است، آب زمزم را که آبی است آلوده در ته چاه در عربستان مظهر آب پاک و گوارا می داند. ممکن هم نیست این باور غلط را از مغز او بیرون کشید ... به همین ترتیب نمونه ایستادگی و عظمت برای ایرانی ها که دماوند و سهند و سبلان دارند شده است، کوه احد... کوهی در عربستان که از تپه الهیه هم ناچیزتر است... ایرانی متاسفانه در اثر تبلیغات بدخواهانه، رجال و خدمتگزاران وطن اش را خوار می شمارد و به جای اینکه در بزرگ داشت آنها بکوشد آنها را مزدور خارجی می داند اگر من نوعی هزاران هزار دلار به صندوق مبارزه انتخاباتی یک سناتور آمریکایی

واریز کنم کسی نمی گوید این سناتور مزدور شده، ولی اگر خدای نکرده یک سفارت خارجی صدجلد از کتابهای مرا خریداری کند می شوم مزدور خارجی.

محمد حجازی هنگام بحث از دستگاه حکومت اغلب می گفت حکومت کردن، پیش بینی کردن و عاقبت اندیشی است. چیزی که حکومت های ما فاقد آن می باشند ـ هرسال در زمستان برف می بارد و ترافیک تهران به هم می ریزد و شهرداری اعلام می کند که غافلگیر شدیم ـ دولت هایمان نیز در رویارویی با مسائل مهم و روابط با همسایگان و ابرقدرت ها دوراندیش نمی باشند و آلترناتیو های مختلف را در نظر نمی گیرند... در مملکت ما از سپور گرفته تا وزیر هر یک در کارهائی مداخله و اظهار نظر می نمایند که مربوط به وظایف آنها نیست.

روزی که فقط من و دو تن از محارم مورد اعتمادش درمحضرش بودیم گفت: در کشور ما که قانون اساسی قوای اجرائیه و مقننه و قضائیه را از یکدیگر سوا کرده است متاسفانه قوای اجرائیه اغلب تلاش دارد ارگان های قانون گذاری و دستگاه قضایی را زیر کنترل قرار بدهد ... بهترین مثل که میخواهم بین ما باقی بماند این است که پادشاه مان که به موجب قانون اساسی یک مقام غیرمسئول است می کوشد وظایف حکومت و نخست وزیر مملکت را هم به عهده بگیرد ـ هم سلطنت بکند و هم حکومت. هر نخست وزیری که خواسته در برابر این خواسته شاه مقاومت کند و برای مصلحت مملکت هم شده به شاه بگوید بهتر است سلطنت بفرمایید تا از نارضایتی مصون باشید گوش نداده است... حالا هم که تیمسار زاهدی می خواهد دست به یک رشته اصلاحات اساسی بزند مرتب با کارشکنی شاهنشاه روبرو است.

امیر اسداله خان علم و جهانگیر تفضلی دست نشانده اش و دکتر امینی و آقای ابتهاج به تشویق شاه از موش دوانی در کار حکومت یک لحظه غافل نمی باشند و وقت ذی قیمت آقا باید صرف دفع کردن این انتریک ها

بشود.
روزی از روزها که درباره اهمیت تبلیغات بحث می کردیم رو به من کرده گفت از آنچه درباره تاثیر تبلیغات از شما شنیده ام تصور می کنم در این باره نظریات جالبی دارید خواهشمندم اگر نظریه یا طرحی در این باره دارید به روی کاغذ بیاورید.
من بنا به خواسته ایشان چندین روز در این مورد به مغزم فشار آورده و خلاطه نظریاتم را در دو صفحه تهیه کرده به ایشان دادم:
گزارش من چند اصل اساسی را در بر می گرفت اول اینکه نباید عالم بی عمل باشیم... یعنی اگر از مردم می خواهیم کالای وطن مصرف کنند در درجه اول باید خودمان جز کالای وطن متاع دیگری را خریدار نشویم... دوم همان طور که اجازه نمی دهیم ارتش مان زیر کنترل عناصر خارجی باشد. دستگاه های تبلیغات را نیز از نفوذ عناصر خارجی برحذر بداریم... ارتش مان و تبلیغات هردو نه فقط باید از نفوذ سیاست های خارجی مصون نگهداشته شوند، بلکه نباید اجازه داد که گروه های داخلی که به حزب یا دسته ویژه ای بستگی دارند در آن نفوذ بنمایند. در این زمینه مخصوصاً باید از دخالت مذهب جلوگیری شود ـ بدون اینکه به باورهای مذهبی مردم توهین شود باید به تدریج بنام حفظ اصالت مذهب از دخالت مذهب در امور حکومت جلوگیری به عمل آورد. بزرگ داشت قهرمانان ملی جزو برنامه دروس مدارس بوده و خیابان ها بنام آنان نامگذاری شود. ملی گرایی و وطن پرستی در کتابهای درسی تبلیغ شود ـ آنچه مهم است این است که باید توجه داشت که تبلیغ صفات عالیه انسان دوستی و وطن پرستی از سال های اول دبستان شروع می شود ـ از همان سال های آموزش ابتدایی است که باید کتاب های درسی طوری تنظیم کرد که نوجوانان احترام به سالمندان و دستگیری از ضعفا و پاکیزه نگهداشتن محیط زیست و مهربانی با حیوانات را یاد بگیرند.
من نمی دانستم آقای حجازی گزارش مرا درباره تبلیغات برای چه می خواهند ؟ یک هفته پس از اینکه گزارشم را به ایشان دادم گفت من

گزارش شما را خواسته بودم تا آن را به تیمسار سپهبد زاهدی بدهم زیرا ایشان علاقه دارند، کارها به تدریج به جوانان با استعداد سپرده شود ـ ایشان نوشته و نظریات شما را در مورد امور تبلیغاتی پسندیده اند ـ به زودی حکم معاونت اداره کل انتشارات و رادیو که خبرگزاری پارس هم جزو آن است برایتان صادر می شود تا اگر لیاقت نشان دادید مدیریت کل این اداره حساس به شما سپرده شود.

سرپرست اداره کل انتشارات و رادیو
اداره کل انتشارات و رادیو در میدان ارک نزدیکی بازار و سبزه میدان بود.
در قسمت شمالی این میدان مستطیل شکل ساختمان های دوران قاجار و درب ورودی کاخ گلستان قرار دارد. هر دو پادشاهان پهلوی در این کاخ تاجگذاری کردند.
در محوطه ورودی باغ کاخ ادارات و دفاتری بود که بعضی از ادارات نخست وزیری از آن استفاده می کردند ـ نخست وزیر هم در آنجا دفتری داشت ـ طرف شرقی میدان ساختمان استانداری و اداره مرزبانی بود. اداره کل انتشارات و رادیو و ساختمان نسبتاً مدرن وزارت کشور و مسجد ارک در ضلع غربی قرار داشتند. اداره کل انتشارات و رادیو فضای باز و باغچه گل کاری شده و یک حوض دراز مستطیل شکل داشت ـ این حوض موازی دیوار کوتاه محوطه بود و به این سبب از آن یاد می کنم که بمناسبت موقعیت اش در وقایع خرداد ۱۳۴۳ اهمیت زیادی یافت ـ یکی از کارمندان تعریف می کرد که در این روز با ترس و لرز از پنجره هایمان می دیدیم که مردم خشمگین مثل مور و ملخ از دیوارهای کوتاه پریده و با دشنه و چماق بسوی ساختمان اصلی پیش می آیند ـ عده ای میله های آهنی روی دیوار کوتاه را کنده مانند سلاح از آن استفاده می کردند ـ ما مرگ را نزدیک می دیدیم ـ از درب عقب که به خیابان خیام راه داشت نمی شد فرار کرد زیرا آنجا تعداد زیادی از تظاهر کنندگان جمع شده بودند و شعارهای تند

می دادند ـ در این لحظات خطرناک که انبوه مردم بسوی ما سرازیر می شدند. چند سرباز دو سه تا مسلسل این طرف حوض کار گذاشته شروع کردند به تیراندازی بسوی مردم ـ مسلسل ها را به راست و چپ هم می چرخاندند و می دیدیم صف مردم را درو می کند و خیلی ها مانند برگ خزان به زمین می افتند.

جنگ بین مسلسل و مردم دشنه و چماق به دست بود. خدایا اگر فشنگ این مسلسل ها تمام شود چه بلائی سرمان می آید... مردم بطرف سربازهای پشت مسلسل ها آجرو سنگ و میله های آهنی پرت می کردند ـ نکند سربازها زخمی شده بیافتند ـ خدایا خودت کمک کن!
مثل اینکه خدای گلوله مسلسل ها تواناتر بود! زیرا مردم شروع کردند به فرار و عقب نشینی و ماها که از ترس نیمه جان شده بودیم بی حال بر روی صندلی ها افتادیم ـ عده ای را هم که ناراحتی قلبی داشتند، بردند مریضخانه ... سپهبد محسن مبصر رئیس سابق شهربانی که در آن روزها معاون کل شهربانی بود، در کتاب خاطراتش (بنام پژوهش چاپ لندن ۱۹۹۶) می نویسد حوادث ناگوار خرداد ۱۳۴۳ باعث شد از آن تاریخ جامعه روحانیت در برابر رژیم صف آرایی کرده و جبهه واحد تشکیل بدهند، این صف آرایی زاییده سیاست غلط دولت و شخص اسداله علم است که آن زمان نخست وزیر بود ـ این حوادث کاملاً قابل پیش بینی و در نتیجه پیشگیری بود... موقعی که این نوشته های سپهبد مبصر را می خواندم یاد صحبت های شادروان محمد حجازی افتادم چقدر راست می گفت و چقدر حق داشت که بگوید حکومت کردن پیش بینی کردن است ... موقعی که این حرف ها را می زد گوش می دادم ولی نمی دانستم چقدر عمیق و مهم است . زنده یاد حجازی با تاثر می گفت افسوس که حکومت های ما فاقد تشکیلات لازم برای پیش بینی وقایع می باشند. با پیش بینی به موقع می توان از پیش آمد های ناگوار پیشگیری و چاره جویی کرد. حجازی این بیت سعدی را هم شاهد می آورد:

سرچشمه شاید گرفتن به بیل　　چو پرشد نشاید گرفتن به پیل

دفاتر رادیوی تهران که در بی سیم قصر جاده ی قدیم شمیران قرار داشت و هم چنین ادارات مختلف اداره کل انتشارات برای من بیگانه نبود - از یک سال پیش هر هفته یک روز ساعت ۷ شب به مدت ۱۵ دقیقه برنامه ای از رادیو پخش می کردم که در آن از تشکیلات سازمان ملل متحد و سازمان های مختلف آن مانند یونسکو - یونیسف - کمیسارهای عالی برای پناهندگان و دیگر سازمانها، مجمع عمومی و شورای امنیت و طرز کار هرکدام سخن می راندم - این برنامه با آهنگ سمفونی نهم بتهوون، سنفونی مورد علاقه ام شروع می شد و بسیاری از دانشگاهیان شنونده آن بودند. برنامه را قبلاً در دفاتر میدان ارک روی نوار ضبط می کردم و صبح زود روز برنامه در - بی سیم قصر تحویل می دادم تا عصر پخش کنند..
دفتر بشیر فرهمند مدیر کل اتاق کوچکی بود در طبقه بالای ساختمان بی سیم قصر. صبح گاه روز ۲۶ مرداد این اتاق پر از کارمندانی بود که با عجله می آمدند و می رفتند و اوضاع شبیه روزهای دیگر نبود - تا آمدم نوار را در آن صبح گاه به آقای فرهمند بدهم رو به من کرد و به ترکی گفت: امروز برنامه یوخ دور پرسیدم مگر چه شده ؟ گفت: شاه و ملکه از ایران فرار کردند و دیگر هم بر نمی گردند.
حیرت زده و مضطرب و هیجان زده دفتر آقای فرهمند را ترک کرده پله ها را دو تا یکی کرده پایین آمده سوار شورلت آبی رنگم شدم و بسوی خانه (تجریش - خیابان مقصودبیگ) راه افتادم... رادیوی اتومبیل مرتب اعلامیه دولت را پخش می کرد خلاصه آن این بود که می گفت دیشب گروهی از ارتشیان قصد کودتا داشتند ولی کودتایشان با شکست روبرو شده و عاملین دستگیر شده اند. آنقدر با ناراحتی اتومبیل می راندم که در سرازیری مقصود بیگ خوردم به یک پسربچه که وسط خیابان فوتبال بازی می کرد - با وجودی که هیچ چیزش نشده بود خودش را زد به موش مردگی و پدر و مادرش هم فوری در صحنه حاضر شده داد و قال راه انداختند - چندین

هفته گرفتار ادعاهای آنها بودم و طمع شان اندازه نداشت. فکرش را بکنید در این اوضاع درهم و برهم نمی دانستم تکلیف جشن عروسی مان چه می شود ـ برای روز ۲۸ مرداد به بیش از ۲۰۰ نفر دعوت به امضای احمد حسین عدل که قیم من بود فرستاده بودیم. عمه ها و عزیز جان (نامادری ام) از یک هفته پیش دور هم جمع شده شیرینی های خانگی می پختند ـ احمد حسین عدل همراه همسرش ضیاء خانم آمدند تا به اتفاق من و آقای جعفر اتحادیه (پدرنامزد عقد کرده ام، هما) سعی کنیم هما را از برگزاری جشن عروسی منصرف بنمائیم ولی به هیچ وجه حاضر نشد و دست زد به گریه.

اوضاع وقتی بدتر شد که یکی از شاگرد نانواهای محله مان آمد و گفت من رعیت سابق شما هستم و نان و نمک تان را خورده ام و حالا عضو حزب توده هستم و دیشب در کمیته و گردهم آئی تصمیم گرفته شد که در شب ۲۸ مرداد که جشن عروسی بر پا می کنید با چوب و چماق حمله کرده عروسی را به هم بزنیم. این خبر را می دهم تا مراقب باشید. می گفت در کمیته گفته شد که سرلشگر زاهدی که دولت برای دستگیری اش جایزه تعیین کرده در خانه شما قایم شده است. با شنیدن این خبرها بازهم هما نامزدم از برقراری جشن عروسی منصرف نشد و بالاخره قرار شد آقای اتحادیه در روزنامه ها اعلان کند که اولاً مهمانی شب ۲۸ مرداد جشن عروسی صبیه ام هما با آقای پرویز عدل است و ثانیاً به مناسبت کمی جا به هتل دربند منتقل می شود.

قرار شد دم درب آهنی باغ دو مامور بگذاریم تا به کسانیکه از خبر تغییر محل عروسی آگاه نشده اند بگویند مهمانی و عروسی در هتل دربند است. همان صبح به هتل دربند رفته برای پذیرایی از ۲۰۰ نفر منو تهیه کرده و با ارکستر قرار گذاشتم و مبلغی هم بیعانه دادم.

از صبح روز ۲۸ مرداد خبرهایی که از تهران می رسید نشانه این بود که باد دارد در جهت دیگری می وزد. همگی تشنه اخبار رادیو را باز گذاشته بودیم. بالاخره طرف های عصر رادیو خبر داد که نخست وزیر تازه سرلشگر

زاهدی زمام امور را در دست گرفته است و حکومت نظامی و منع عبور و مرور در شب اعلام گردیده است ـ به این ترتیب جشن عروسی هرگز برپا نشد ولی به حساب بیعانه ای که به هتل دربند داده بودم یک هفته در این هتل ماندیم و بعد هم رفتیم رامسر.

بیم و نگرانی از توده و آینده مملکت برطرف شده و با خوش بینی و خوشحالی است که، ایام ماه عسل را در رامسر گذرانیدیم.

اسفندیار بزرگمهر که جانشین بشیر فرهمند شده بود مردی بود نسبتاً چاق، با صورت گرد که به کله شقی شهرت داشت. روزی که با حکم معاونت اداره کل انتشارات و رادیو به دیدن ایشان رفتم در اتاق وسیع مدیر کلی کنار میز عریض و طویل ویژه کمیسیونها نشسته بود و میز خودش بالای اتاق خالی بود. سلام که کردم با بی اعتنایی جواب داد و به رئیس دفترش که کنارش ایستاده بود گفت ببینید آقای عدل چه می خواهند؟ گفتم آقای بزرگمهر مرا خوب می شناسید و لابد شنیده اید که به سمت معاونت فنی اداره تعیین شده ام خواهش من این است که دستور بفرمایید وسایل کار در اختیارم بگذارند ـ جواب داد: من که معاون نخواسته ام. اینجا هم ما اتاق اضافی نداریم فردا مراجعه بفرمایید فکری به حالتان می کنم. فردا که رفتم رئیس دفترش حکمی بامضای اسفندیار بزرگمهر به دستم داد و گفت مرا خواهید بخشید، اخلاق ایشان را که می دانید ـ در این حکم به من ماموریت داده بود که همه روزه در ساعت ۱۰ در کمیسیونی که در سازمان برنامه درباره مسایل ایران تشکیل می یابد شرکت کرده و گزارش مذاکرات کمیسیون را به ایشان بدهم ـ پرسیدم میز و صندلی و وسایل نوشتن یک جایی هست که این گزارشها را بنویسم؟ گفت در این مورد دستوری نداده اند، ولی اگر خواستید میز من در اختیارتان هست. وی در عالم خودش به من احترام می گذاشت و گفت آقای مدیر کل شما را مراعات کرده اند زیرا به دربانها دستور داده اند که از ورود معاون دیگر آقای نصرت الله معینیان به محوطه اداره جلوگیری بنمایند. چون چند روز

گذشت و آقای بزرگمهر به هیچ وجه از خر شیطان پیاده نمی شد با صلاحدید آقای مطیع الدوله از تیمسار سپهبد زاهدی نخست وزیر وقت گرفتم تا حضورشان رفته، جریان را به عرض ایشان برسانم. در دفتر نخست وزیری تا خودم را معرفی کردم. مامور پشت میز گفت : ای آقا ! کجا هستید؟ ما دو روز است به دنبالتان می گردیم تا حکم جناب نخست وزیر را ابلاغ کنیم ـ شما به سمت سرپرست اداره کل انتشارات و رادیو تعیین شده اید. حکم را که جزو کارهایش روی میز بود بدستم داد ـ خودش به اداره کل انتشارات و رادیو تلفن کرد و خبر انتصاب مرا داد ـ تا دم در مشایعت ام کرد و با یکی از اتومبیل های نخست وزیری به محل تازه کارم فرستاد ـ تمام روسا و مدیران قسمت های مختلف دم درب ورودی منتظرم بودند.

با وجود اهمیت کار و مسؤولیت بزرگ که همراه آن بود، بودجه اداره از دو میلیون تومان تجاوز نمی کرد ـ رادیو از حیث صفحات موسیقی خصوصاً موزیک خارجی مورد علاقه جوانان آن چنان در تنگنا بود که صفحات موجود را آنقدر زده بودند که فرسوده شده خرخر می کردند. اداره اطلاعات سفارت آمریکا آماده بود همه گونه موسیقی آمریکایی در اختیارمان بگذارد ولی مردم هر چند در سال های جنگ با موسیقی آمریکایی که رادیوی نیروهایشان از امیرآباد پخش می کرد آشنا شده بودند ولی به آن خو نگرفته بودند و طبقه به اصطلاح فرنگ رفته و متجدد آهنگ های فرانسوی را ترجیح می دادند. در واقع هنوز سیل تحصیل کرده های آمریکایی که نحوه زندگی آمریکایی را در ایران رواج دادند، روان نشده بود... برای جواب گویی به برنامه موسیقی به درخواست شنوندگان که بیشتر موسیقی اروپایی می خواستند از سفارت فرانسه و شرکت ارفرانس، مقادیری صفحات تازه گرفتم.

در همان ساعت اول کارم به آقای نصرت اله معینیان که بزرگمهر دستور

داده بود به اداره راه ندهند زنگ زده خواهش کردم، آمده مشغول کار بشود... انصافاً شخص بسیار لایقی بود. میان سر و صدا و رفت و آمد مردم و کارمندان گوشه میز کنفرانس می نشست سرمقاله های رادیو را می نوشت، در بحبوحه جنگ سرد تبلیغاتی با شوروی مقالاتی زیر عنوان تاریخ را ورق می زنیم تهیه می کرد که در آن تجاوزات و زورگویی های شوروی ها را به رخ شان می کشید... این نوشته ها از رادیو پخش می شد و از چند نقطه مرزی با بلندگوهای بسیار قوی به آن سوی مرز نفوذ می کرد. این مقابله ضعیف با همسایه ابرقدرت در تقویت روحیه مردم، مخصوصاً مرزنشینان اثر بسیار مثبت داشت.

معینیان خیلی زود ترقی کرد و مدیر کل و وزیر شد و من شدم معاونش... روابط بسیار گرم و خوبی باهم داشتیم. متاسفانه بعد از انقلاب از ایشان رفتاری دیدم که انتظارش را نداشتم. مدیر بسیار لایقی بود - چرا بعد از انقلاب به دوستانش پشت کرد و صدمه زیاد به بعضی از آنها رسانید برایم بصورت معما باقی مانده است...

دوتن از کسانی که در رادیو برنامه هایشان مورد علاقه شنوندگان بود و در اثر تندخویی بزرگمهر قهر کرده به اداره نمی آمدند با خواهش و اصرار بسیار به اداره برگردانیدم تا برنامه هایشان را از سر بگیرند این دو نفر عبارت بودند ازآقای راشد که شب های جمعه با صدای بم و گیرنده اش برنامه مذهبی اجرا می کرد. سخنرانی های ایشان بسیار وزین و متین و به دور از خرافات گوئی های ملاها بود و شنوندگان بسیار داشت. دیگری آقای صبحی بود که برای بچه ها برنامه قصه گویی اجرا می کرد و بچه ها سلام او زبان زد همه شده و بچه ها و البته پدر و مادرها و بزرگترها سخت خواهانش بودند.

برای آقای داود پیرنیا که نمی توانست از پله ها بالا و پایین برود در گوشه ای از باغ استودیو مجهزی ساختیم و در این استودیو است که ایشان برنامه های بسیار اصیل و جالب و مورد علاقه بزرگان عالم موسیقی ایرانی را تهیه کردند این برنامه ها عبارت بودند از گلهای رنگارنگ وگل های

جاویدان...

چون بیشتر تصنیف های تازه که می ساختند مایه عربی و یا هندی داشت دستور دادم اداره رادیو از پخش این قبیل آوازها خودداری کند تا آهنگ سازان به ساختن آهنگ های اصیل ایرانی تشویق شوند.

رقیب سخت ما بویژه در آذربایجان و گیلان و مازندران رادیو باکو بود. باکو، با فرستنده های قوی آهنگ هایی پخش می کرد که مورد علاقه مردم این نواحی بود.

دست ما نه فقط از حیث نداشتن فرستنده قوی بسته بود بلکه در ایام عزاداری ماه محرم و ماه رمضان، ناچار موزیک پخش نمی کردیم و این درحالی بود که رادیوی باکو به پخش آهنگ های شاد و بزن و بکوب های هیجان انگیز ادامه می داد... خیلی ها هم گوش می دادند ـ در واقع موزیک بسته به احوال و احساسات شنوندگان می تواند با زنده کردن خاطره ها یک حالت غم زدگی دلچسب در شنونده ایجاد کند:

البته در اوضاع و احوال آن زمان که هرهفته نامه هایی به دستمان می رسید که به پخش اخبار با صدای زن اعتراض می کردند صلاح نبود درباره پخش موسیقی در ایام عزاداری تصمیم بگیریم ـ کاری که کردیم این بود که در مسافرت به تبریز و گیلان به چند قهوه خانه پرمشتری ا زمحل بودجه محرمانه پول دادم که بجای پخش صدای باکو تا آنجایی که ممکن است صدای تهران و یا تبریز را پخش بکنند...

اداره تازه ای برای راهنمایی خبرنگاران و مهمانان خارجی دولت ایجاد کردم ـ کارمندان این اداره به عنوان مهمان دار و راهنما کسانی بودند که به زبانهای فرانسه ـ انگلیسی ـ عربی و آلمانی تسلط داشتند...

چون کار این عده توام بود با مسافرت به نقاط توریستی مملکت به هزینه دولت و شرکت در مهمانی های شرکت نفت و یا دولت و سفارت های خارجی این است که با حقوق کم راضی بودند و داوطلب هم زیاد داشتیم.

البته به مناسبت کم تجربه گی بعضی تصمیمات و کارها را با عجله انجام

می دادم و بعداً متوجه می شدم که اشتباه است و از اینکه قبلاً با چراغ راهنمایم آقای حجازی مشورت نکرده ام خودم را سرزنش می کردم ـ یکی از کارهایی که نمی دانستم چگونه با آن برخورد کنم مسأله توزیع آگهی های دولتی ثبت اسناد و املاک و احوال بود ـ این آگهی ها را هنگام تشکیل اداره تبلیغات (انتشارات و رادیو فعلی) در اختیار آن اداره گذاشته بودند تا وسیله ای باشد برای نفوذ در جراید و همراه کردن ارباب مطبوعات با سیاست دولت ـ در عمل پخش این آگهی ها موجب شده بود که به موازات روزنامه های معتبر نشریه هایی مثل قارچ روئیده شود که تنها هدف آنها استفاده از درآمد اعلانات دولتی بود.

این روزنامه نگاران پارازیت که با پول آگهی های دولتی سرپا مانده امرار معاش می نمودند، هرروز در راهروها و دفتر متصدیان توزیع آگهی ها ولو بوده و با سماجت زیاد آگهی بیشتر می خواستند.
روزی یکی از آنها که در پرروئی نمونه بود نزد خود من آمد و چون گفتم که شما سهمیه آگهی تان را گرفته اید و دیگر حق ندارید، گفت: به سر مبارکتان قسم تا اعلان نگیرم از اینجا بیرون نمی روم ـ چون گفتم مرا ناچار نکنید از ماموران بخواهم شمارا به بیرون راهنمایی کنند، گفت: پس از جیب مبارکتان کمک بفرمایید تا از محضرتان دست خالی نروم.

عده ای از این قبیل روزنامه چی ها خودشان را با سماجت و چاپلوسی به نمایندگان مجلس و دیگر شخصیت ها نزدیک کرده از آنها سفارش نامه و توصیه گرفته، می آوردند ـ تلفن هم زیاد می شد... اگر به این توصیه ها که اغلب بی جا و غیرقابل انجام بود مانند مثلاً استخدامی که بودجه و یا محل باز برای آن نداشتیم، ترتیب اثر نمی دادیم به انواع مختلف شکایت و بدگویی می کردند.

برای استخدام مترجم و گوینده زبان فرانسه اعلان کرده بودیم ـ آقای جعفر

بهبهانی که از حیث توصیه مزاحم درجه یک بود، جوانی را که نوشته بود لایق و شایسته است برای استخدام بعنوان گوینده برنامه فرانسه نزد من فرستاد و برای اینکه فشار را بیشتر کند، تلفنی بدون اینکه اسم ببرد گفت ایشان مورد علاقه قم می باشند منظورش سربسته این بود که بفهماند در این مورد آیت الله بروجردی نظر دارند. جوان داوطلب را خواستم حدود ۲۵ و ۳۰ ساله بود و ته ریش هم داشت ـ وارد که شد نیم تعظیمی کرد بفرانسه تعارف کردم صندلی کنار میزم بنشیند. احوال پرسی کردم همینطور زل زل به من نگاه می کرد و ایستاده ماند ناچار پرسیدم فرانسه بلدید ؟ می دانید که مترجم و گوینده ی کاملاً مسلط به زبان فرانسوی می خواهیم جواب داد: قربان زبان فرانسه نمی دانم ولی خوب یاد می گیرم. گفتم: در هر حال بروید فرانسه و یا انگلیسی یاد بگیرید برای استخدام نزد ما هم نباشد به دردتان می خورد. گفت: پس دستور درباره کار بنده نمی دهید. گفتم: دستور همان است که بروید زبان یاد بگیرید. چون آقای جعفر بهبهانی دست بردار نبود و از توصیه های ایشان کلافه شده بودم تصمیم گرفتم در موقع مناسب شخصاً به قم رفته، و به چگونگی روابط وی با آیت الله بروجردی و راست و یا دروغ توصیه ها از جانب آیت الله پی ببرم.

روزی از روزها که معاونم آقای معینیان هم شکایت داشت که آقای بهبهانی با توصیه های پی در پی مزاحم است دکتر شاه حسینی رئیس هیات تحریریه و مشاوران رادیو که می گفت یکی از نزدیکترین دوستانش همه کاره آیت الله بروجردی است همراه کرده سه نفری با اتومبیل به قصد قم راه افتادیم... هنگامی که از محوطه خارج می شدیم آقای صبحی را دیدم که دارد سلانه سلانه وارد می شود ـ او را هم سوار کردم. حیرت زده پرسید چه خبر است کجا می رویم گفتم دکتر شاه حسینی توضیح خواهد داد. البته ریسک بزرگی بود زیرا با اینکه ظاهر امر زیارت بود و شاه حسینی هم با دوست اش صحبت کرده زمینه را آماده کرده بود. بازهم ممکن بود آیت الله به بهانه کسالت ما را نپذیرد و خبر بپیچد و به کلی بی اعتبار شوم.

فکر اینکه مبادا آیت الله ما را نپذیرد سخت نگرانم می کرد و باصطلاح دل توی دلم نبود...

من راننده را مرخص کرده و خودم رانندگی می کردم. معینیان صندلی پهلوی من نشسته بود و صبحی و دکتر شاه حسینی صندلی عقب شورلت قهوه ای رنگ مدیر کل انتشارات و رادیو جاگرفته بودند.

فرورفته در افکارم با هیچ یک از هم سفرها حرف نمی زدم و ساکت می راندم. هرچه آقای صبحی با لطیفه گویی سعی می کرد مرا مشغول کرده و بقول خودش گره از قیافه عبوس من بگشاید فایده نمی کرد.

نزدیکی های قم بود که دکتر شاه حسینی گفت قربان صبحی عرض می کند: چون آخرین لحظه سوار شدنش نتوانسته ودکایش را بیاورد یا باید ودکا پیدا کند و یا اینکه جلوی اولین گاراژ نگهدارید تا با اتوبوس به تهران برگردد. اینجا بود که خنده ام گرفت در این گیر و دار با نگرانی از اینکه چه پیش خواهد آمد باید حالا در شهر مقدس قم دنبال ودکا بگردیم. باخودم می گفتم همین اش کم بود، در یگانه هتل نسبتاً خوب قم توقف کردیم و بنا شد برنامه صبحی از ما جدا باشد. در هر حال صبحی را دیدم که دارد با دربان هتل گفتگو می کند و اسکناس لای دست دربان می گذارد ـ فهمیدم دربان مشکل اش را حل کرده برایش ودکا خواهد آورد.

دکتر شاه حسینی را فرستادم برود با همان آشنایی که در دفتر آقای بروجردی داشت مذاکره کند و بگوید چون آقای عدل برای زیارت به قم آمده اند نمی خواهند بدون فیض دستبوسی حضرت آیت الله به تهران برگردند اجازه می خواهند حضورشان برسند.

شاه حسینی در کوتاه مدت برگشت ولی در نظر من ساعت ها طول کشید. مژده آورده بود که حضرت آیت الله ما را می پذیرند . مثل این بود که دنیا را به من داده باشند.

یک ساعت بعد با معینیان و شاه حسینی به محضر آیت الله رفتیم. ایشان بالای اتاق همراه چندتن از محارم شان روی زمین، تکیه داده به یک متکا نشسته بودند. جلو رفته دستشان را بوسیده با راهنمایی آن آشنای

شاه حسینی عقب عقب برگشته نزدیکی های درب روی زمین نشستیم. برایمان چای آوردند.

در حالی که ما چای می نوشیدیم میدیدم آن بالا، آشنای شاه حسینی که یک مرد با عمامه سفید حدود پنجاه ساله بود و قیافه مهربانی داشت مرتب یک چیز هایی در گوشی به آیت الله می گوید و ایشان نیز بعلامت تایید سر تکان می دهند. پس از مدتی آشنای شاه حسینی به من اشاره کرد که نزدیک بشوم ـ پا شدم. جلو رفتم و نزدیکی آیت الله و عده ای که اطراف شان بودند زمین نشستم شاه حسینی به آشنایش گفته بود که برای چه آمده ایم.

آشنا که اطرافیان حجة الاسلام خطاب اش می کردند و معلوم بود واقعاً از محارم و نزدیکان حضرت آیت الله است، در گوشی حرف زدن هایش و رفت و آمدش نشان می داد که کارگردانی اوضاع را در دست دارد با صدایی که همگی می شنیدیم رو به آیت الله کرده گفت: آقای عدل مدیر کل رادیو که از سادات آذربایجان می باشند آمده اند تا دست مبارک را بوسیده و در مورد توصیه های بعضی از آقایان کسب تکلیف بنمایند. آیت الله زیر لب مطالبی بیان کردند که من نشنیدم ولی حجه الاسلام آشنا در تعبیر این بیانات رو به من کرده گفت حضرت آیت الله می فرمایند در این مورد نظری ندارند طبق صلاح ملک و ملت عمل کنند. با شنیدن این حرف ها بصورت آیت الله نگاه کردم لحظه ای نگاه هایمان به یکدیگر دوخته شد. واقعاً چهره روحانی داشت، چشم هایمان که بهم نگریستند سری به علامت تایید و خوشامد تکان دادند.

همان شب که به تهران برگشتیم تلفنی جریان را به آقای حجازی اطلاع دادم و گفتم با اجازه جنابعالی از فردا توصیه های جعفر آقا را می اندازیم دور... گفت بسیار کار خوبی می کنید این را هم بدانید که همین جعفر آقا مانند آقای علم و تفضلی درباره ضدیت با دولت از دربار دستور می گیرند.

تحریکات زیاد است. دنیای عجیبی است. چه شانسی دارد این پادشاه که یک افسری می‌آید جانش را به خطر می‌اندازد تا سلطنت را به ایشان برگرداند و ایشان به جای شکر نعمت به خدمتگزارش که در واقع ولی نعمت است پشت کرده، لگد می‌زند.

همین که خبر مسافرت من به گوش جعفر آقا رسید حساب کارش را کرد و دست از سر ما برداشت، و دیگر بنام آیت‌الله پشت سر هم توصیه نفرستاد و از دستش راحت شدیم.

***

بعضی از روزنامه نگاران دوست به من خبر می‌دادند که از طرف آقای علم از دربار اخبار دو پهلو بودار که به زیان دولت است به روزنامه‌ها می‌دهند و بعد از اینکه چاپ شد به اداره رادیو تلفن کرده فشار می‌آورند که این اخبار همراه سایر خبرها از رادیو پخش شود ـ چون آقای حجازی در مورد این قبیل تحریکات مخالفان به من هشدار داده بود. گوشی دستم بود و حواسم جمع ... تا آنجا که می‌توانستم جلو پخش این قبیل اخبار را از رادیو می‌گرفتم. فشار و اصرار مخالفان برای پخش این قبیل خبرها نشانگر تلاش همه جانبه آنها برای برکناری نخست وزیر بود... نخست وزیری که در دو مجلس اکثریت داشت و در ارتش و دستگاههای دولتی دوستان وفادارش فراوان بودند و از محبوبیت بین مردم و ارتش برخوردار بود ـ اتفاقاً همین محبوبیت زاهدی بود که دربار را ناراحت و نگران می‌کرد. سپهبد زاهدی با قدرت و قاطعیت کار می‌کرد و برخلاف مخالفان‌اش اهل دودوزه بازی کردن نبود بعدها آشکار شد که شاه میخواست خودش محور قدرت باشد، وی در مسافرت آمریکا و ملاقات آیزنهاور رئیس جمهوری و دیگر مقامات آمریکایی موضوع برکناری زاهدی را که در برابر خواسته‌های آمریکا ایستادگی می‌کرد مطرح می‌نماید ـ زاهدی در مورد خرید اسلحه و ورود به پیمان بغداد نظریات خودش را داشت. وی شرایط آمریکا را در این موارد به سود ایران نمی‌دانست. در مورد

اسلحه مخصوصاً می گفت در آمد نفت در درجه اول باید صرف بهبود وضع مردم و برنامه های آبادانی بشود. شاه در آمریکا تعهد می کند که حافظ منافع سیاسی و اقتصادی آمریکا خواهد بود.

در موقعی که شاه سرگرم این توطئه ها بود زاهدی بودجه سال ۱۳۳۴ و برنامه دولت را آماده می کرد ـ در این بودجه ارقام قابل توجهی برای سدسازی ـ گسترش بهداشت عمومی ـ راه سازی به روستاها ـ افزایش حقوق کارمندان و کارگران ـ تقویت کشاورزی و استخراج معادن ـ توسعه صنایع داخلی ـ پاک سازی دستگاههای دولتی و تامین آزادی های فردی و اجتماعی اختصاص داده شده بود.

با توجه به برنامه هایی که دولت زاهدی داشت چنانچه فرصت می یافت می توانست منشاء اصلاحات بنیادی بزرگی بشود. متاسفانه آنقدر چوب لای چرخ دولت گذاشتند و با تحریکات روزمره او را خسته کردند که ناچار ۱۶ فروردین ۱۳۳۴ تصمیم گرفت کناره گیری بنماید وی پیش از پخش خبر استعفا از رادیو ۱۷ فروردین به مسافرت اروپا رفت و چون بسیاری می دانستند این آخرین سفر ایشان در مقام نخست وزیری است هزاران نفر در فرودگاه برای خداحافظی جمع شده بودند. از همه طبقات آمده بودند کارگر، کارفرما، بازاری، اداری، لشگری، دانشگاهی، دانشجو... من هم متاثر و حیرت زده از این بودم که چرا باید نخست وزیری که مورد احترام و علاقه مردم است و در مجلس هم اکثریت دارد در بحبوحه انجام برنامه های عمرانی اش رفتنی بشود.

این هم از نگون بختی ماست که هرگاه صدراعظم و نخست وزیر توانا و خیرخواه و اصلاح طلبی پیدا شده که خواسته است دست به اصلاحات بنیانی بزند به جای اینکه از حمایت سلطان برخودار بشود در اثر توطئه های درباریانی که اصلاحات دایره قدرت و ثروت آنها را محدود می کرد. به کارشکنی در کارش و بالاخره بر کناری اش همت گماشته اند .
این را مقایسه کنید با رفتار ملکه ویکتوریا با نخست وزیرش دیزرائیلی

که نتیجه آن شکوفایی و عظمت امپراتوری بریتانیا بود ـ ثمره تلخ برکناری نخست وزیران توانا و درستکار و اصلاح طلب در ایران آنچنان عیان است که نیازی به شرح و تفصیل ندارد.

در مورد پخش خبر استعفای سپهبد زاهدی از رادیو احساسات را مهارنکرده دست به کاری زدم که از نظر مقررات اداری زیاد قابل دفاع نبود. آن این است که در روزهای اخیر جسته و گریخته خبرهایی درباره کناره گیری نخست وزیر به گوشم می رسید. سه روز پیش هم در مراسمی که به یاد ندارم به چه مناسبت برگزار شده بود تا وارد شدم چشم سلطان زاده مدیر روزنامه نهضت به من افتاد و باصدای بلند که توجه عده ای از حاضرین را جلب کرد خطاب به من گفت انا الله و انا علیه راجعون...
خیلی عصبانی شدم و توی دلم گفتم فلان فلان شده انشاالله دروغ است و و دولت می ماند و من پدری از تو در می آورم که در داستانها بنویسند...
روز شانزدهم که خبر برکناری دولت شدت یافت چون کسی به من رسماً خبر نداد به حساب شایعات گذاشتم و خدا خدا می کردم دروغ باشد. به یک نحوی از دسترسی به واقعیت گریز داشتم... این است که به آقای حجازی هم زنگ نزدم که بپرسم جریان از چه قرار است. بگذار یک شب بیشتر با فکر اطمینان بخش اینکه سپهبد زاهدی نخست وزیر است بسر ببرم. دستور من به رییس رادیو این بود که اخبار را فقط با پاراف من می توانند پخش کنند. صبح زود ۱۷ فروردین که اولین بولتن اخبار را آماده کرده بودند تلفنی برایم خواندند. بین اخبار خبری بود درباره اجتماع نمایندگان عشایر در کاخ نخست وزیری و هیچ خبری از استعفای دولت نبود. چطور؟ اگر دولت استعفا داده چرا به خبرگزاری پارس اطلاع نداده اند؟ به رئیس رادیو آقای پاشا سمیعی گفتم خبر اجتماع عشایر را به این صورت پخش کنید: دیروز نمایندگان عشایر کشور برای ابراز احساسات وطن پرستی در کاخ نخست وزیری اجتماع کرده با تیمسار سپهبد زاهدی نخست وزیر ملاقات کردند.

روی کلمه نخست وزیر تکیه کردم. گفتم یادتان باشد بگوئید تیمسار سپهبد زاهدی نخست وزیر، خبر به همین صورت پخش شد. فکر می کنم که تردیدهایی که درباره سفر تیمسار به اروپا درمقام نخست وزیر یا پس از استعفا ایجاد گردید، در نتیجه این گونه پخش رادیویی خبر بوده است.

لازم به یاد آوری است که بعد از سقوط دولت مصدق در همان اوایل حکومت زاهدی به تدریج با کشف شبکه های سری و پنهانی حزب کمونیستی توده آشکار شد که تا چه حد خطرناکی این حزب در سازمانهای فرهنگی، دانشگاهی. ادارات دولتی، کارخانه ها بویژه در صفوف ارتش ریشه دوانیده است. حکومت مصدق که بتدریج پایگاه مردمی اش را از دست می داده، ناچار به حزب توده متکی شده و میدان را برای فعالیت و نشو و نمای آنها بازگشاده بود. چنانچه جلوگیری نمی شد مملکت طبق پیش بینی خروشف مانند میوه رسیده به دامان شوروی می افتاد. حزب توده برای ترور شاه هم نقشه کشیده بود. یکی از اعضای فاناتیک حزب به نام ناصر فخرآرائی مامور ترور شاه شد. وی در دانشگاه به روی شاه آتش گشود (۴ فوریه ۱۹۴۹) ولی در اثر مهارت شاه که مرتب سرش را این ور و آن ور می چرخانید و ناشیگری ضارب در نشانه گرفتن از این سوقصد جان سالم به دربرد. بعد از این حادثه شاه به منظور افزایش اختیاراتش تصمیم گرفت در اصول ۴۴ و ۴۸ قانون اساسی تجدید نظر بشود. بزرگ مرد سیاست احمدقوام قوام السلطنه مردی که با فداکاری و تدبیر و مهارت سیاسی آذربایجان را از حلقوم استالین بیرون کشیده به مام وطن برگردانیده بود طی دو نامه تاریخی با کمال شهامت و با وطن پرستی و خیراندیشی شاه را از تغییر قانون اساسی و مداخله در امرحکومت برحذر داشت.

شاه از نامه ها عصبانی شده، دستور می دهد ابراهیم حکیمی وزیر دربار جوابی به قوام السلطنه بفرستد که ای کاش هرگز چنین جوابی را با چنان الفاظ نمی نوشت.

از نظر اهمیت تاریخی که این نامه ها دارند آنها را از سال نامه پارس گزارش یک ساله کشور ۱۳۳۰ نقل می کنم:

عریضه سرگشاده آقای احمد قوام از پاریس

«پیشگاه اعلیحضرت همایون شاهنشاهی»

با کمال تاسف فدوی مجبور است به عرض حضور مبارک برساند که جریان فعلی امور مملکت و تزلزلی که اخیراً در امور به علت عدم اعتنا به قانون اساسی پدیدارگشته خطرات عظیمی را فراهم ساخته است که نه تنها بر ارکان کشور بلکه بر اساس سلطنت نیز لطمه کلی وارد نموده است.
فدوی به واسطه عارضه کسالت و لزوم معالجه در اروپا بودم که اطلاع حاصل کردم تصمیم به انعقاد مجلس موسسان گرفته شده است. حاجت به توضیح نیست که در حاضر نمودن اشخاص به نام موسسان و تحصیل آرایی از ایشان به هیچ وجه رعایت لازمه حقوق ملت ایران که پایه و اساس حکومت ملی و مشروطیت است نشده است.
حیرت برحیرت افزوده شده است که در افتتاح مجلسین اعلیحضرت همایونی تاکید فرموده اند در پاره ای از اصول قانون اساسی نیز تجدید نظر شود و مخصوصاً اصل ۴۹ قانون اساسی را تغییر دهند. بنده از نظر پنجاه سال تجربه و سابقه خدمتگزاری صریحاً به عرض می رسانم که برای مملکت هیچ خطری بزرگتر و لطمه ای عظیمتر از این نیست که تنها وثیقه ی بقای ایران یعنی قانون اساسی دستخوش تغییر و تبدیل گردد و متاسفم که در طی عرایض مکرر چه باواسطه و چه بلاواسطه نتوانسته ام توجه اعلیحضرت را به طرف خود معطوف نمایم تا بتوانم حقایقی را درخیر مملکت و صلاح شخص اعلیحضرت به عرض برسانم.
باید اعلیحضرت قبول فرمایند که ماحصل قانون اساسی که حاوی حقوق ملت ایران است در این اصل ۴۹ مندرج شده و در زمانی که سلاطین مستبد و حکومت مطلقه مملکت را تحت استیلای قادرانه خود داشتند و هیچ گونه حقی برای مردم نمی شناختند و خود را صاحب هر نوع حقی می دانستند، بالاخره حق خداداد مردم را طبق این قانون اساسی تصدیق نموده خود را نماینده ملت ایران و سلطنت را ودیعه ای از طرف ملت برای خود تشخیص دادند و اعلیحضرت پادشاه فقید نیز در طی بیست سال سلطنت با قدرت مطلقه به هیچ وجه تغییر مواد مربوط به حقوق ملت ایران را در مخیله خود راه ندادند. اینک با صدور منشور ملل متفق و اعلامیه حقوق بشر که از طرف ممالک معظمه منتشر گردیده و دنیا حقوق بیشتری برای مردم گیتی شناخته است

اعلیحضرت همایونی که حفظ و صیانت قانون اساسی را بر عهده گرفته و سوگند یاد فرموده اند چگونه امر می فرمایند این وثیقه محکم را که در دست مردم ایران است از ریشه و بنیان برهم زنند و قوانین مصوبه مجلس شورای ملی را که از در بند مجلس سنا هم با اشکالات متصوره گذشته قابل تعویق یا تعلیق یا توقیف گردانند و توجه نفرمایند که وقوع چنین فکر در حکم تعطیل قوانین و محو و الغای مشروطیت است و بالفرض اگر امروز به سکوت بگذرد و معدودی برای خوشامد اعلیحضرت یا در نتیجه تهدید و تطمیع در پیشرفت آن موافقت نمایند وای بر حال امروز و آتیه آنها که سکوت و موافقت کرده اعلیحضرت را به مخاطرات عظیم آن متوجه ننموده اند. باید بی پرده عرض شود که اگر می گویند در تمام مدت مشروطیت ایران قوانین برخلاف مصالح کشور از مجلس گذشته است که اکنون تغییر اصل ۴۹ را ایجاب نموده توضیح دهند کدام قانون که به جریان طبیعی گذشته و فشار حکومت در آن راه نداشته مخالف مصلحت بوده است تا در آن تجدید نظر شود نه این که به بهانه موهوم حق مسلم و معلوم ملت را طوری از پایه و ریشه قطع کنند که از حکومت ملی و مشروطیت نام و نشانی نماند و در موارد معلوم که حاجت به توضیح نیست جز ندامت و افسوس اثری باقی نگذارد.

برای بنده فرض است به حکم تجربیات گذشته و خدمتگزاری طولانی در این موقع که چنین اراده ای فرموده اند علناً و بالصراحه به عرض برساند که این تصمیم از هر جهت مضر و خطرناک و برخلاف مصالح عالیه کشور است و اشکالات بسیار و عواقب ناگواری را نه فقط برای شخص اول مملکت ایجاد خواهد کرد و از نظر سیاست بین المللی نیز برای کشوری ضعیف مانند ایران در حکم سمی مهلک است و به همین نظر بوده است که در قانون اساسی ایران طبق اصل ۴۴ شخص پادشاه را از مسؤولیت مبری دانسته اند و در نتیجه همین عدم مسؤولیت است که تمام مواردی که مربوط به فرماندهی کل قوا و عزل و نصب وزرا و سفرا و اعلام صلح و جنگ و صحه و امضای فرامین و آنچه ا زاین قبیل هست عموماً دارای جنبه تشریفاتی می گردد و این حقوق فقط و فقط ناشی از ملت ایران است که بودجه عمومی مملکت را از دسترنج و محرومیتهای خود پرداخته و تمامی این حقوق را در محیط اختیار و اقتدار نمایندگان خود گذارده است.

با توضیحات معروضه استدعا دارد به گفته های مغرضین و متملقین توجه نشود و از چنین تصمیم خطرناک تا زود است انصراف فوری حاصل فرمایند زیرا قوانینی که از مجلس شورای ملی می گذرد به مجلس سنا خواهد رفت. در سنا که اعضای آن از طرف اعلیحضرت تعیین می شود مراقبت لازم را نسبت به حدود مسؤولیت خود خواهند نمود. فدوی مکلف است به عرض برساند و خاطر مبارک را متوجه کند که تغییر اصل ۴۹ قانون اساسی که عملاً انشاء قانونگذاری را موقوف و به دست قوه مجریه می سپارد کار ساده ای نیست و

یک چنین خطای ملی و گناه سیاسی را منتخبین سنا و نمایندگان مجلس شورای ملی مرتکب نخواهند شد زیرا این فکر در حکم بازگشت حکومت مطلقه در ایران است که در زمان محمدعلی میرزا نیز جرات پیشنهاد و تصویب آن را نداشته اند و این تعطیل مشروطیت هنگام بسط و توسعه آزادی در دنیا نتایجی را در بر خواهد داشت که از مشاهده دورنمای وحشتزای آن لرزه بر اندام دوستداران مقام سلطنت می افتد.
در موقع تشکیل مجلس موسسان بنده در ایران نبودم و الا در توضیح کامل و اقدام به انصراف اعلیحضرت همت می گماشتم و در ایام اخیر هم به نیت این که توضیحات لازمی را به عرض برسانم با شدت مرض به تهران آمدم ولی مسافرت اعلیحضرت مانع انجام وظیفه شد. از طرف دیگر ناخوشی به بنده مجال نداد در تهران توقف نمایم ناچار اکنون وظیفه خود را نسبت به مصلحت ملک و ملت و شخص اعلیحضرت به این وسیله انجام می دهد. در صورتی که به عرایض صادقانه فدوی ترتیب اثر ندهند و مصر بر چنین اقدامی باشند دیری نخواهد گذشت که ملاحظه خواهند فرمود این عمل موقتی و زودگذر، و نتایج آن بسیار وخیم و بی شبهه به خشم و غضب ملی و مقاومت شدید عامه منتهی خواهد گردید و آن روز است که سرنیزه و حبس و زجر مدافعین حقوق ملت علاج پریشانی ها و پشیمانی ها را نخواهند نمود.

معروضه ۲۶ اسفند ۱۳۲۸ احمد قوام

نامه وزارت دربار شاهنشاهی
در پاسخ عریضه سرگشاده آقای احمد قوام

« جناب آقای احمد قوام، عریضه سرگشاده ای که به پیشگاه اعلیحضرت همایون شاهنشاهی تقدیم داشته بودید وصول داد و مطالعه مندرجات آن در پیشگاه ذات شاهانه با تعجب و تاسف تلقی گردید.
تعجب از این ناشی می شود که چرا نخست وزیر سابقی که قسمت اعظم مشکلات موجود کشور از دوران زمامداری او به یادگار باقی مانده و جریان نامطلوب فعلی اکثرا نتیجه طبیعی و منطقی عملیات خودسرانه و مغرضانه ی آن زمان است حال به خود اجازه می دهد که به عنوان دلسوز ملت و غمخوار مردم، همان مردم و ملتی که در مدت زمامداری او دستخوش مطامع و اغراض خود و اطرافیانش بوده و آشفتگی اوضاع و بیچارگی عمومی را در نتیجه ترویج ارتشاء و توسعه فساد در تمام شؤون کشور موجب و مسبب بوده و حقا می بایستی حال به کیفر سیئات اعمال خود در پنجه عدالت مقهور و گرفتار باشد و بقیه ایام زندگانی پلید خود را در گوشه ای از زندان سپری نماید، اکنون مجدداً از فراموشی و جنبه رافت و شفقت مردم سوء استفاده نموده و در میدان سیاست اسب تازی و با ریختن اشک تمساح به حال عموم دلسوزی و به تزلزل خیالی

ارکان مشروطیت نوحه سرایی نماید.
اگر خود شما فراموش کرده اید و یا تظاهر به فراموشی می نمایید عواقب سوء سیاست و بنا به عقیده پاره ای خیانت ورزی شما در امور کشور به این کیفیت داشت تجلی می نمود که اگر خواست و تفضل خداوندی و غیرت ملی و شهامت افراد آذربایجانی همراهی نمی کرد و مجاهدات و فداکاریهای و از خود گذشتگیهای افراد ارتش دلیر این کشور تحت هدایت و فرماندهی مستقیم شاهنشاه نبود و صبر و بردباری و متانت و همت خستگی ناپذیر ذات شاهانه تایید نمی نمود، حال نام آذربایجان از تاریخ این کشور زدوده شده بود و این ننگ و بدنامی محونشدنی تا ابد دامنگیر این کشور می گردید.

اگر جناب عالی تا این درجه رشته افکار و خاطرات خود را از دست داده اید که نسبت به اصلاح قانون اساسی و عمل مجلس موسسان که از نخبه ترین افراد و صالح ترین و علاقمند ترین رجال این کشور که شماری از آنان از صدر مشروطیت به یادگار مانده اند تشکیل یافته به خود اجازه ایراد و خرده گیری می دهید و این عمل را که مکمل تاریخ مشروطیت کشور شاهنشاهی است به زعم خود باعث تزلزل موهوم ارکان مشروطیت می خوانید وخود را از این فکر بری و بی اطلاع و بدون سابقه نشان می دهید ناگزیر هستم که یادآوری نمایم که شخص جناب عالی کسی بودید که نغمه اصلاح قانون اساسی را ساز کردید و آن در موقعی بود که از مسافرت مسکو مراجعت و از جهت اجرای تعهدات شومی که به عهده داشتید از لحاظ آماده ساختن نقشه تحویل آذربایجان به پیشه وری و رفع مانع قانونی آن، لزوم توسل به چنین اقدامی را تصریحاً به پیشگاه مبارک متذکر شدید و بعد هم که اوضاع تغییر کرد و آذربایجان دوباره به مادر میهن بازگشت نمود و آرامش و سکونی در اوضاع پدید آمد و درجه علاقه نسبت به ذات شاهانه در دلها فزونی یافت از آن جا که خود نخست وزیر بوده و لازم می دیدید که از فکر اصلاح طلبانه شاهنشاه تبعیت و پیروی نمایید این عنوان را به نحو دیگر تعقیب و با اذعان به لزوم رفع نواقص موجود در قانون اساسی و تطبیق دادن آن با مقتضیات زمان حاضر و احتیاجات فعلی کشور و همچنین تعدیل قوای ثلاثه مملکت به شهادت نطقها و بیانات خود در مجلس شورای ملی ضرورت این عمل را خاطر نشان و دو نفر از وزیران کابینه خود را مامور مطالعه و تهیه طرحهای لازم نمودید.
حتی شما که دعوی احترام به قانون را می نمایید در کابینه اول خود بعد از شهریور درهمان موقع که اختیار انحلال به موجب قانون اساسی هنوز به شاهنشاه تفویض نشده بود از مقام سلطنت اختیار انحلال مجلس را با وجود موانع قانونی آن درخواست می نمودید.
حال چگونه می شود که اصلاح و تکمیل قانون اساسی را که با توجه به سنت طبیعی یعنی اصل تکامل و ارتقا صورت گرفته برخلاف مصالح عالیه کشور

می خوانید و خود را از آن به کلی بی اطلاع قلمداد می نمایید و حقوق و اختیارات مقام سلطنت را بی ادبانه و جسورانه تشریفاتی و بی پایه و مایه تلقی می کنید!

اگر این حقوق و حدود بنا به آرزوی شما تشریفاتی می بود اکنون بنیان ارتش این کشور نیز از بیخ و بن کنده شده بود. باز مگر به خاطر ندارید که برای ترفیع افسران خائن و فراری متجاسرین آذربایجان و اعطا درجه آنها چقدر پافشاری داشتید و تنها ذات شاهانه به اتکا همین حقوق و اختیارات بود که از صدور چنین فرامینی که اصل مسلم تشویق خادم و تنبیه خائن را به کلی واژگون می ساخت خودداری نموده و فرمودند حاضرم دست های خود را قطع نمایم تا این که به چنین خیانتی نسبت به کشور تن در دهم.

اینها و سایر خاطرات تلخی که از زمامداری شما باقی است که ذکر موارد دیگر آن تحریر کتابی را لازم دارد ایجاد تعجب می نماید که چرا حال که از مسؤولیت دور هستید مطالبی را به عنوان خیرخواهی و صلاح اندیشی عنوان می کنید که خود دوران حکومتتان القاءکننده آن فکر بوده اید. آیا ممکن نیست تصور شود که اصلاحات مقرره در قانون اساسی غیر از آن بوده است که شما می اندیشیده اید و بدین جهت موجبات عدم رضایت و شکایت شما را فراهم آورده ؟

به هرحال جناب آقای قوام باید بدانید که اوضاع قبل از مجلس موسسان یعنی حکومت مطلقه طبقه محدود و معدودی بر مبانی اغراض و مطامع فردی و استفاده جویی و منفت طلبی به ضرر توده ملت دیگر تکرار نخواهد شدو این عده نخواهند توانست با نان قرض دادن و قرض گرفتن هایی منافع ملی را دستخوش هوی و هوس شخصی قرار داده و دوران حکومت خودسری و رسم خویشتن خواهی را تجدید و احیا نمایند. ضمناً نیز مطمئن باشید که به موجب همان اصل آزادی مطلق ملی که اکنون سنگ آن را به سینه می زنید دیگر تجربه تلخ گذشته تکرار نخواهد شد و این عده نخواهند توانست با نان قرض دادن و قرض گرفتنهای منافع ملی را دستخوش هوی و هوس شخصی قرار داده و دوران حکومت خودسری و رسم خویشتن خواهی را تجدید و احیا نمایند. اما موضوعی که موجب تاسف گردید این است که با اوضاع کنونی جهان و سختی وضعیت کشور که مقداری از آن همان طور که توضیح داده شد معلول سیاستهای غلط گذشته و پاره ای ناشی از اضطراب اوضاع سیاسی دنیا و انعکاس آن در محیط کشور ماست چرا زمینه ی فکری پاره ای از افراد به این درجه محدود و غرض آلود است که در عوض فداکاری و از خودگذشتگی و تشویق مردم به اتحاد و یگانگی با اغراضی پلید و افکاری مسموم در مقام القاء فتنه و فساد بر آمده بخواهند وحدت کلمه ملی را تبدیل به تشتت و تفرقه نموده و تیشه بر ریشه هستی کشور بزنند تا شاید ا زاین اغتشاش اوضاع

بیچارگان به نوایی برسند و یقین است این نمونه فکر حتی در پست ترین و عقب افتاده ترین ملل گیتی نظیر ندارد.

در قسمت اصلاح اصل ۴۹ قانون اساسی اگر باز منصفانه قضاوت می نمودید قطعاً تشخیص می دادید که به هر حال اجرای این اصلاح به عهده نمایندگان مجلسین که طبعاً علاقه مند به کشور و سعادت متوکلین خود هستند محول گردیده و بر مجلسین است که تصمیم شایسته در اجرای دستور مجلس موسسان اتخاذ نمایند و هرگونه تصمیم که از مجلسین مقرر گردید البته به خیر و صلاح کشور خواهد بود.

ضرورت اجرای پاره ای از اصلاحات دیگر از قبیل تمدید مدت مجلس برای جلوگیری از تشنجات انتخاباتی که هر دوسال یک بار گریبانگیر کشور می شود و با افزایش عده نمایندگان مجلس برای تقویت بنیان حکومت ملی که به عهده مجلسین محول گردید به حدی روشن است که محتاج به توضیح بیشتری نیست.

این که عنوان تاسف نموده اید که در ظرف این مدت نتوانسته اید نظریات مصلحانه ی خودرا چه با واسطه و چه بلاواسطه به عرض مبارک برسانید حیرت بر حیرت این جانب افزود، آیا توجه ذات شاهانه غیر از برگزیدن به نخست وزیری و اعطا عنوان جناب اشرفی و دادن مجال برای خدمتگزاری به کشور نحو دیگری می توانست مصداق پیدا نماید؟ در دوران زمامداری خود که مصادف با ایام فترت مجلس بود آیا مجالی برای عرض عرایض مشفقانه نداشته اید؟ یاللعجب مجالس شرفیابیهای ممتد شما در پیشگاه مبارک چگونه برگزار می شد، مجال و فرصت آیا چگونه ایجاد و تولید می شود که هم بتوانید عرایض خود را خیرخواهانه به عرض برسانید و هم این که نظریات اصلاح طلبانه را در امور کشور به کار بندید . آیا نمونه ی این عرایض و نصایح جز استقرار مظفر فیروزها بر مسند معاونت نخست وزیری و شرکت افراد اجنبی پرست و مرتبط با بیگانه در دولت و صدور جوازهای رنگارنگ چیز دیگری بوده است. پس چرا از عدم مجال و فرصت و فقدان توجه و عنایت شکایت دارند؟

اما این که در عریضه خود اشاره ای هم به متملقین نموده اید باید گفته شود که این خصیصه نیز مانند سایر خصائل مذموم در شخص شما و در دوران حکومت شما بیشتر از دیگر مواقع تجلی داشته است. این خود شمایید که پاره ای از وزرای کابینه خود را به تملقات بی رویه که منطبق با اخلاق زشت خودپسندانه ی شما بود وا می داشتید و خود به شخصه نیز همین که احساس ضعف و فتوری در کار می نمودید به تضرع پرداخته و به تملق گویی که خلاف رویه رادمردان است شاهنشاه را از کیفیت اخلاقی و روحی خود مشمئز می کردید.

پس کسی که خودآلوده به تملق و خشنود و از تملق گویان است چنین صفتی را در دیگران نباید مورد ذم قرار دهددر صورتی که همه می دانند که شاهنشاه دموکرات و آزادمنش ما نه گوشی به تملق دارد و نه رویی با تملق گویان. خلاصه باید بدانید که این قبیل عناوین و اظهارات دیگر به اندازه خردلی در پیشگاه افکار عمومی وقع و اهمیت نخواهد داشت و چون از حلقوم اشخاصی خارج می شود که اگر امر دائر شود که در کشور مبارزه با فساد همان طور که سرلوحه ی برنامه دولت است به نحو موثر و قاطع آغاز گردد. اولین هدف این مبارزه آنها خواهند بود. مردم به خوبی واقف هستند که چه کسانی در مدت حکومت خود میلیونها اندوخته و ذخیره نموده و چه اشخاصی نیز میلیونها پول در راه رفاه عموم مصرف نموده اند.

ضمناً به شما نصیحت می کنم که در عوض تشبث به این حیل و طرح فتنه در کشور بهتر این است بگذارید دست زمانه پرده فراموشی بر روی اعمال شما بیفکند و خود را با آن همه مفاسد و معایب که مرور آن رعشه بر اندام وطن پرستان می اندازد تجدید ننموده و یا این که اگر فعالیتی می خواهید ابراز کنید، در مقام برائت ذمه خود از اتهامات و اعلام جرمها بر آیید.
در خاتمه لزوماً توجه می دهد که در آتیه باید از عرض این قبیل عرایض که گاهی جنبه تملق و تضرع دارد و گاهی رنگ ریا و تزویر به کلی خودداری نمایید زیرا بر مفسدین نمی سزد در امور کشوری که به آن درجه بی علاقگی به تمامیت و استقلال آن نشان داده اند عنوان نظری نمایند و سالکان طریق خدمتگزاری کشور را بخواهند با این عناوین از صراط مستقیم باز دارند و چون خود موجب شده اید که پرده از روی اعمال و افعال مفسدت آمیز شما برداشته شود و بالطبیعه صلاحیت داشتن خطاب جناب اشرف را فاقد می شوید. بدین جهت بر حسب فرمان مطاع مبارک از این تاریخ عنوان مذکور از شما سلب می شود.

وزیر دربار شاهنشاهی - ابراهیم حکیمی

پاسخ قوام السلطنه به نامه ابراهیم حکیمی

در جواب عریضه ی سرگشاده که چندی قبل به حضور همایونی عرض کرده بود نامه ای به امضای جناب آقای حکیم الملک به این جانب رسید که تاریخ آن ۱۹ فروردین بود و در روزهای آخر فروردین که به دستور طبیب در جنوب فرانسه بودم به این جانب ابلاغ گردید. در آن موقع به شهادت جمعی از آقایان قریب بیست روز بیمار و بستری بودم و بعد هم بر حسب وقتی که از جراح متخصص لندن گرفته بودم بایستی روز ۲۷ مه (۱۶ اردی بهشت) برای عمل جراحی به لندن می رفتم. این بود که پس از رفع کسالت برای ویزای

گذرنامه به پاریس آمدم و روز ۱۶ اردیبهشت وارد لندن شدم. بدیهی ست در جریان عمل جراحی امکان خواندن و نوشتن و فرصت جواب غیر مقدور بود.

اکنون که از بیمارستان بیرون آمده با حال ضعف و نقاهت تحت نظر طبیب و جراح در لندن اقامت دارم و فرصت محدودی برای مطالعه جراید طهران حاصل است، با کمال تعجب ضمن شایعات جراید در روزنامه اطلاعات ملاحظه شد که این جانب نامه ای به علیاحضرت ملکه مادر به طهران فرستاده و تقاضا کرده ام اجازه داده شود به طهران مراجعت نمایم و نیز به وسیله مقربین بارگاه همایونی خواسته ام تقاضای عفو و اغماض کرده باشم. این نوع انتشارات سبب شد که با حال کسالت اولاً شایعات مزبور را تکذیب کنم، زیرا درخود گناه و خطایی نمی بینم که مورد عفو و اغماض ملوکانه واقع گردم و بنابراین هر وقت طبیب اجازه دهد به وطن عزیز مراجعت خواهم کرد. ثانیاً چنان که نامه جناب آقای ابراهیم حکیمی را بی جواب می گذاشتم مثل این بود که مندرجات آن را تصدیق کرده باشم و از مدلول جواب واضح بود که آنچه را شرح داده اند بر حسب ابتکار شخص ایشان نبوده. چه عمری است با ایشان رفاقت و خصوصیت داشته ام و در تمام این مدت کلمه ای بر خلاف نزاکت و احترام از ایشان نسبت به خود نشنیده ام. پس مسلم است که آنچه را ایشان امضا نموده اند ابلاغ فرمایشات همایونی بوده و بنابراین روی سخن و عرض جواب به پیشگاه ملوکانه است نه به جناب آقای ابراهیم حکیمی، و چون در خاتمه نامه ابلاغ نموده اید که حسب الامر در آتیه از عرض عرایض به حضور همایونی خودداری شود ناچار جواب تقریرات به وسیله رجال خیرخواه و جراید به عرض می رسانم تا برخلاف اراده مبارک عمل و اقدامی نکرده باشم.

آنچه در عریضه سرگشاده به عرض رسانده ام تنها عقیده فدوی نبوده، بلکه نظر علمای اعلام و متفکرین عالیمقام و وطن پرستان ایران بوده است که جز خیر و سعادت مملکت و صلاح شخص شخیص سلطنت نظری نداشته اند و جای بسی تاسف است که عرایض خیرخواهانه به جای حسن قبول تولید ملال و کدورت نمود، تاحدی که قسمت اعظم مشکلات موجود را نتیجه ی دوران زمامداری فدوی دانسته اند. اعلیحضرت همایونی اگر اندکی صرف وقت نموده به تاریخ قرن اخیر ایران مراجعه فرمایند توجه خواهند فرمود که دوران زمامداری فدوی از جهاتی مشکل ترین و هولناک ترین ازمنه ی تاریخ ایران بوده و اگر فدوی به وظیفه ی میهن پرستی جرات نموده قبول مسؤولیت کرده ام و مصدر خدمت بوده یا مرتکب خیانت گردیده ام تاریخ ایران و بلکه تاریخ دنیا قضاوت آن را کرده و خواهد کرد و جای تعجب و تاسف است که اعلیحضرت که حامی و نگهبان مقام و احترام خدمتگزاران کشور هستند به

جای تشویق و تقدیر می فرمایند بقیه زندگانی پلید خود را باید در گوشه ی زندان سپری نمایم، در صورتی که اگر جسارتی کرده ام از این نظر بوده است که چون مملکت را مشروطه و اعلیحضرت را متجدد و شاهنشاه دموکرات می دانستم لازم دیدم نظریات عموم را در کمال سادگی و صراحت برای خیر مملکت و صلاح شخص اعلیحضرت به عرض برسانم. لیکن از جوابی که امر به صدور فرموده اند جا دارد تصور شود که اوضاع امروز ایران با هفتصد سال قبل فرقی نکرده است، چنان که شیخ سعدی می گوید: «از تلون طبع پادشاهان برحذر باید بود که وقتی به سلامی برنجند و دیگر وقت به دشنامی خلعت دهند».

می فرمایند اگر فدوی فراموش کرده یا تظاهر به فراموشی می نمایم عواقب سوء سیاست و خیانت ورزی فدوی به این کیفیت تجلی می نمود که اگر تفضل خداوند و غیرت ملی افراد آذربایجانی همراهی نمی کرد و فداکاریهای ارتش دلیر این کشور تحت فرماندهی مستقیم اعلیحضرت نبود حال نام آذربایجان از تاریخ کشور زدوده شده بود.

افسوس و هزار افسوس که نتیجه ی جانبازیها و فداکاریهای فدوی را با کمال بیرحمی و بی انصافی تلقی فرموده اند. پس ناچارم برخلاف مسلک و رویه ی خود که هیچ وقت دعوی حسن خدمت نکرده ام و هر خدمتی را وظیفه ی ملی و وطن پرستی خود دانسته ام در این مورد با کمال جسارت و با رقت قلب و سوز دل به عرض برسانم که به خدای لایزال قسم روزی که تقدیرنامه ی اعلیحضرت به خط مبارک به افتخار فدوی رسید که ضمن تحسین و ستایش فرموده بودند سهم مهم اصلاح امور آذربایجان به وسیله فدوی انجام یافته است متحیر بودم که چگونه افتخار ضبط و قبول آن را حایز شوم، زیرا غیر از خود برای احدی در انجام امور آذربایجان سهم و حقی قایل نبودم و فقط نتیجه ی تدبیر و سیاست این فدوی بود که بحمدالله مشکل آذربایجان حل شد و اهالی رشید وغیرتمند آذربایجان با سیاست فدوی یاری و همکاری نمودندو بعد که بحمدالله اعلیحضرت با جاه و جلال تشریف فرمای آذربایجان شدند و برخلاف انتظار اعلیحضرت در بعضی نقاط استفاده جویی و غارتگری شروع شد با تلگراف رمز عرض کردم اگر نتیجه زحمات و اقدامات این است از این تاریخ فدوی مسؤول امور آذربایجان نیستم و ای کاش به جای این تهمتها و بی انصافیها که برخود اهالی آذربایجان معلوم است در آبادی و عمران و رفع خرابیها و خسارتها توجه بیشتری مبذول شده بود که اهالی رنجدیده و فلک زده ی آن جا به اطراف و اکناف پراکنده نمی شدند و مال و حشم خود ررا برای معاش یومیه به ثمن بخس نمی فروختند و امروز بعد از چهارسال آذربایجان به صورت بهتر و آبرومندتری عرض اندام می نمود.

جناب آقای ابراهیم حکیمی به اطاعت امر مطاع ملوکانه انواع تهمت و افترا را نسبت به این فدایی ملت و مملکت ابلاغ نمودند، پس چرا تکمیل و تصریح ننموده اند که تعهدات شوم این جانب درمسافرت مسکو چه بوده و با این که گزارش مسافرت خود را به تفصیل در مجلس شورای ملی مطرح کردم؟ تجزیه آذربایجان چگونه طرح شده و کی و چه وقت درمجلس شورای ملی لزوم تغییر قانون اساسی را پیشنهاد کرده ام؟ و اگر هم وقتی اشارتی کرده باشم راجع به تفسیر بعضی از مواد قانون اساسی بوده است نه تغییر آن، آن هم به این نظر بوده است که حدود مسؤولیت وزراء دستخوش پاره ای مداخلات غیر قانونی نشود و امور حکومت من جمیع الجهات به وسیله وزراء و تحت نظارت دقیق مجلس اداره شود و این که می فرمایند دو نفر از وزرای کابینه را برای تغییر قانون اساسی مامور نموده ام بر حسب امر و فرمایش همایونی بوده است که خواستم به عرض برسانند راهی برای تغییر قانون اساسی پیش بینی نشده است. آیا تمام این مقدمات دلیل می شود که به ترتیبی که بر همه معلوم است جمعی را به نام مجلس موسسان دعوت نموده قانون اساسی را تغییر دهند، یعنی همان قانون اساسی که اعلیحضرت موقع قبول سلطنت حفظ و حمایت آن را تعهد نموده و سوگند یاد فرموده و کلام الله مجید را شاهد و ناظر قرار داده اند و مرحوم فروغی رئیس دولت وقت تصریح نموده که اعلیحضرت طبق قانون اساسی موجود سلطنت خواهند فرمود و اما اینکه می فرمایند در کابینه اول خود از مقام سلطنت انحلال مجلس را درخواست نموده ام اولا در آن موقع اکثریت مجلس طرفدار فدوی بوده است، ثانیاً البته در نظر مبارک هست که یک روز فرمودند فلان نماینده خارجی عرض کرده است فدوی دعوی انحلال مجلس را کرده ام و فرمودند اگر این طور باشد پس من چه کاره هستم. فدوی عرض آن شخص را تکذیب کردم و به عرض رساندم نه اعلیحضرت همایونی و نه رئیس دولت هیچ کدام حق انحلال مجلس را ندارند و با اصرار تمام استدعا نمودم آن شخص را بخواهند و با حضور فدوی مواجهه فرمایند تا صحت و سقم مطلب معلوم شود و با این که دو مرتبه عرض خود را تجدید نظر کردم اقدامی نفرمودند و استدعای فدوی به دفع الوقت گذشت.

در نامه مزبور نوشته شده است اصلاح و تکمیل قانون اساسی با توجه به سنت طبیعی یعنی اصل تکامل و ارتقاء صورت گرفته. فدوی با هوش و ذکاوت فوق العاده اعلیحضرت چطور قبول کنم که اعلیحضرت همایونی چنین فرمایشی را فرموده باشند، زیرا قانون تکامل و ارتقا را نمی توان به این طریق تاویل نمود که حقوقی را که بیش از چهل سال قبل ملت ایران دارا بوده اکنون که افکار عموم ملل روشن تر و مبانی آزادی در همه جا محکم تر و کاملتر شده و برای مردم دنیا در تمام ممالک حقوق بیشتری شناخته شده است، حقوق مردم ایران را به عنوان اصل تکامل و ارتقا یعنی به طور معکوس لغو کرده و قانون اساسی کشور را به نفع قوه مجریه تغییر داده و ملت ایران را

از حق مشروع و مسلم خود محروم نمود.
امر فرموده اند در عریضه سرگشاده حقوق و حدود مقام سلطنت را بی ادبانه و جسورانه و بی پایه و مایه تلقی نمودام و می فرمایند اگر این حقوق تشریفاتی می بود اکنون بنیان نظام کشور از بیخ و بن برکنده شده بود. فدوی آنچه را به عرض رسانده ام معمول ممالک مشروطه ی دنیا و مدلول قانون اساسی ایران بوده است و چنانچه عده ای از قضات محترم و عالیمقام کشور و متخصصین خارجی را مامور می فرمودند که عرایض فدوی را با قانون اساسی موجود تطبیق نمایند صحت و سقم عرایض فدوی معلوم می شد، و نظری جز این نداشته ام که اعلیحضرت سالهای فراوان با کمال محبوبیت بر اریکه ی سلطنت برقرار باشند و مقام شامخ سلطنت را آلوده امور حکومت نفرمایند و به معمول سلاطین مشروطه و قانون اساسی ایران از مسؤولیت و طرفیت با مردم مصون و محفوظ مانند.
می فرمایند ضرورت پاره ای از اصلاحات از قبیل تمدید مدت مجلس برای جلوگیری از تشنجات انتخاباتی که هردوسال گریبانگیر کشور می شود و یا افزایش عده نمایندگان مجلس برای تقویت بنیان حکومت ملی به حدی روشن است است که محتاج به توضیح نیست. خاطر مبارک مستحضر است که در قانون اساسی موجود عده نمایندگان تا دویست نفر پیش بینی شده است وبرای تمدید مدت مجلس نیز هر وقت از طرف ملت تقاضای تمدید شد و آزادیخواهان و صلحای قوم تقاضای مجلس مؤسسان نمودند و مجلس مؤسسان در کمال آزادی و بی مداخله ی مامورین دولت تشکیل یافت راجع به تمدید مجلس نیز تصمیم ملت معلوم خواهد شد.
می فرمایند که در دوره زمامداری فدوی حبس و زجر عناصر آزادیخواه به حدی بود که عده ای از آنان در توقیفگاه در گذشتند و پاره ای دیگر نزدیک به این خطر گردیده بودند، خوب بود یکی از آنان را که در توقیفگاه درگذشته بودند معلوم فرموده بودند. به علاوه ایام زمامداری فدوی به حدی با پیشامد های هولناک مصادف بود که ناچار بعضی از دوستان عزیز و حتی از منسوبین خود را با کمال احترام در عمارت شهربانی پذیرایی نمودم.
می فرمایند مردم به خوبی واقف هستند چه کسانی درمدت حکومت خود میلیونها اندوخته و دخیره کرده و چه اشخاصی نیز میلیونها در راه رفاه عموم صرف نموده اند و در جای دیگر نیز اشاره به جواز فروشی و رشوه خواری فرموده اند. اولاً اگر در تمام اوقات حکومت فدوی اهل رشوه و استفاده بوده ام یا اندوخته و دخیره ای در بانکهای داخله یا خارجه دارم تمام دارایی خود را به دولت تقدیم می کنم، ثانیا راجع به موضوع جواز چنان که مکرر به عرض رسانده ام و در محافل عمومی اظهار داشته و درمجلس شورای ملی به دفعات تصریح کرده ام فدوی چیزی از کسی نخواسته ام. مقداری برنج و غیره اضافه بر احتیاجات کشور بود که اگر خارج نمی شد می پوسید و ضرر آن بر رعیت و املاک می رسید و از طرفی برای آسایش مردم و رفع نگرانیها

حزب دموکرات ایران تشکیل شده بود و لازم بود با عجله و شتاب پیشرفت کند، این بود که خود مردم برای سرعت جریان و پیشرفت حزب دموکرات ایران و هم برای صرفه دولت و صرفه رعیت ومالک و پیشرفت امور آذربایجان برای مقداری برنج و جو با تصویب هیات وزرا اجازه صدور گرفتند و ارز آن را به دولت پرداختند و هدایایی نیز به حزب دموکرات ایران دادندو این که می فرمایند اشخاصی میلیونها در راه رفاه عمومی صرف نموده اند این قسمت را هم مردم خود می دانند که این میلیون ها را خود دارا بوده اند یا از اموال و املاک مردم فقیر و غنی این مملکت اندوخته و بعد که حفظ آن اموال غیر مقدور شد مقداری از آن را به چه مصارفی رسانده اند.

در خاتمه عرض می کنم که اعلیحضرت همایونی البته عرایض مکرر فدوی را فراموش نفرموده اند که فدوی با وضع حاضر داوطلب هیچ نوع منصب و مقامی نبوده ام و آنچه را که با کمال وضوح وخلوص به عرض رسانده ام در راه خیر مملکت و صلاح شخص اعلیحضرت بوده و بازهم عرض می کنم که دوام و بقای سلطنتها و موفقیت ها درحفظ و حراست حقوق ملت و احترام به افکار عامه است و در این موقع انتظار عمومی از پیشگاه مبارک این است که حقوق ملت ایران طبق قانون اساسی موجود محفوظ بماند و امور کشور به مبعوثین ملت، و وزاری مسؤول واگذار شود و دولتها مانند همیشه با رای تمایل مجلس انتخاب شوند و اعلیحضرت همایونی طبق روح قانون اساسی سلطنت فرمایند و آنچه برخلاف این منظور در بیست سال سلطنت شاهنشاه فقید معمول بوده از جزیی و کلی منسوخ و متروک گردد.
بدیهی است با پیروی مراتب فوق عموم افراد ملت را به وفاداری و فداکاری تشویق ترغیب فرموده و قلوب مردم را به مهر و محبت وجود مبارک تسخیر خواهند فرمود. برعکس چنانچه حقوق مردم نادیده گرفته شود و دلها شکسته و مجروح گردد جز یاس کلی و ناامیدی عمومی که موجب بغض و عناد و مقدمه مقاومت و طغیان است نتیجه ای نمی توان انتظار داشت.

ما نصیحت به جای خود کردیم — چندوقتی دراین ره به سر بردیم
گر نیاید به گوش رغبت کس — بر رسولان پیام باشد و بس

با خواندن این نامه ها به خوبی به روحیات پادشاه پی می بریم - واکنش تند شاه در برابر تذکرات خیراندیشانه یکی از برجسته ترین نخست وزیرانش هر ایرانی را دچار تاثر و نگرانی می نماید، تا قوام السلطنه این نامه را ننوشته بود حضرت اشرف مورد عنایت و افتخار آفرین بود تا آمد یک تذکر خیرخواهانه بدهد شد مغرض و خودسر و شایسته گوشه زندان.

یک رجل استخوان دار دیگر که با شهامت آنچه را که به صلاح مملکت و پادشاه می دانست بر روی کاغذ آورد و به این مناسبت مورد غضب قرار گرفت جمال امامی است. این یکی را چون هم ولایتی بود در تهران و رم زیاد می دیدم ... خودش را جمال آقا و برادرش نورالدین را زیرناچی امامی خطاب می کردیم به بازی رولت علاقه فراوان داشت و نمره مورد علاقه اش ۲۱ بود ... اگر مهره می چرخید و شماره دیگری مثلاً ۱۷ یا ۳۱ در می آمد با لهجه غلیظ ترکی آذربایجانی می گفت پهه ۱۷ هم شد نمره ... مردی بود تنومند و با شهامت و وطن خواه ... موقعی که شاه تصمیم گرفت برای مواد ششگانه انقلاب سفیدش به رفراندوم متوسل شود، جمال امامی نامه مفصل به شاه نوشت و تقاضا کرد که از این کار انصراف بنمایند : در این نامه نوشته بود ما با رفراندوم دکتر مصدق مخالفت کردیم زیرا در کشوری که ۹۵ درصد مردم سواد نوشتن و خواندن ندارند رفراندوم صلاح نیست زیرا که فردا هر صاحب قدرت از این وسیله علیه مقامات ثابت مملکت استفاده می نماید.
بعد از اینکه رفراندوم انجام یافت، جمال امامی یادداشتی به شاه فرستاد ونوشت:

قبلاً عریضه فرستاده عقیده ام را درباره رفراندوم در ایران به عرض رسانیدم ـ ترتیب اثر داده نشد و رفراندوم به عمل آمد ـ من فوق العاده نگران رفراندوم بودم ـ اعلیحضرت نباید خودشان را سپر بلای دولت ها بنمایند ـ مقام سلطنت باید همواره مصون بماند.
این نامه را جمال امامی از رم که در آنجا سفیر بود می فرستد و نتیجه این می شود که احضارش می کنند و در تهران هم مورد بی اعتنایی قرار می گیرد.
پس از حادثه سوءقصد به جان شاه در کاخ مرمر (۲۱ فروردین ۱۳۴۳)، جمال امامی همراه گروهی از شخصیت های کهن سال خیر اندیش که نگران آینده مملکت بودند روانه دربار می شوند تا بقول خودشان در محضر

شاه چاره جویی بنمایند و ترتیبی داده شود که شاه تا این اندازه به مناسبت دخالت در امور حکومت در معرض خطر قرار نگیرد... برخورد شاه با این عده بسیار سرد بوده و پس از اینکه از جلسه خارج می شوند از آنها با الفاظ تحقیر آمیزی یاد می نمایند.

آنچه در واقع دولت مردان وطن خواه مانند قوام السلطنه، دکتر مصدق، سپهبد زاهدی می خواستند این بود که شاه سلطنت بکند و کارحکومت را به دولت ها واگذار بنماید تا عدم رضایت ها متوجه مقام سلطنت نشود ـ منتهی هریک ا زاین نخست وزیران برای پیاده کردن این اصل قانون اساسی روش خودشان را داشتند ـ دکتر مصدق به بازی خطرناک همدستی با حزب توده متوسل شد و با استفاده از اختیارات ویژه و بستن پارلمان و برقراری حکومت نظامی و بگیر و ببند و رد حتی بهترین پیشنهادات برای حل بحران نفت وضع آشفته ای بوجود آورد. قوام السلطنه و دولت اش به شاه اعتنای زیاد نمی کردند شاه هم از کارشکنی در کار دولت قوام خودداری نمی کرد ـ سپهبد زاهدی با در نظر داشتن این سوابق روش متانت را پیش گرفت احترام شاه را همواره رعایت کرده هروقت شاه به سفر می رفت در فرودگاه استقبال و یا بدرقه اش می کرد ولی سرنخ های حکومت را بدست گرفته رها نمی کرد. متاسفانه این رویه نیز به نتیجه نرسید و شاه بدون توجه به عواقب کار از هوس ویرانگر حکومت کردن دست بردار نبود.

ای کاش قبل از اینکه صدای انقلاب را مردم بشنوند ... گوش شنوا به اندرزهای دولتمردان خیر اندیش اش می دادند.

پس از رفتن تیمسار زاهدی آقای حسین علاء نخست وزیر شد و به فاصله یکی دو روز برای عمل جراحی پرستات به اروپا رفت و کارهای نخست وزیری را سپرد به آقای عبدالله انتظام می گفتند مرد درویش صفتی است ـ البته من فرصت کافی برای شناخت خصوصیات اخلاقی ایشان نداشتم ـ اگر منظور از درویشی بی اعتنایی به امور دنیوی باشد نمی دانم با

کار نخست وزیری که ناچار بیشتر کارهای این دنیا است چگونه جور در می آید ـ با بازگشت آقای علاء هم ایشان و هم آقای اسداله علم به فکر کنترل و تسلط بر رادیو بر آمدند ـ آن زمان تلویزیون نبود و روزنامه ها تیراژ محدود داشتند و از سوی دیگر میزان بی سوادی بالا بود و رادیو نیرومندترین رسانه به شمار می رفت بنابراین طبیعی است که سیاستمداران می خواستند این رسانه قو ی در اختیارشان باشد.

آقای علاء آقای حمزاوی را بعنوان رابط بین من و نخست وزیری تعیین کرد وی سالهای زیاد در سفارت ایران در لندن عضو محلی و وردست آقای حسین علاء سفیر بود . با سبیل های چخماقی و صورت گرد و موهای جو گندمی شبیه کارمندان بازنشسته کمپانی هندشرقی انگلیس بود. همکارانش به او لقب می جر« MAJOR » را داده بودند او هم از اداهای انگلیس کم نمی آورد در هر حال دنیایی با مطیع الدوله حجازی فاصله

یادداشت درباره سه شماره صفحات گذشته:

۱- تفضلی به هردو هدف رسید - سفیر در کابل و وزیر اطلاعات ... در هر یک از این ماموریت ها نارضایتی ایجاد کرد.

۲- حمزاوی معاون وزارت خارجه و سفیر در تایلند و ژاپن شد ـ با وجودی که کتاب تمدن بزرگ را به ژاپنی برگردانیده و همراه آورده و مدت ها دنبال آقای علا دوید ولی به سناتوری انتصابی دلخواهش نرسید.

۳- در زندگی اداری ام یک عده انگشت شمار را دیده ام که با علو طبع و بزرگواری اگر کار خوبی با بازتاب مثبت انجام می یافت کارمندان شان را جلو می انداختند تا از پی آمدهای آن برخوردار شده ترقی بنمایند ـ در این راستا اردشیر زاهدی نمونه بود. او بیشتر خوشحال می شد که از همکارانش تعریف کنند تا از خودش، او مرا به یاد رهبر ارکستر می انداخت. ملاحظه کرده اید که رهبران ارکستر به موقع تحسین و دست زدن و آفرین گویی تماشاچیان تعظیم کرده تک نوازها و هیات ارکستر را نشان می دهند.

نصر الله انتظام و سرلشگر حسن پاک روان هم از این صفت بالا برخوردار بودند ـ از همکاران آقای دکتر امیراصلان افشار شنیدم ایشان هم چنین خصلتی داشتند. در سطح همکاران در ماموریت قاهره آقای جواد وکیلی که به عربی تسلط کامل داشت زیر بال من تازه وارد را گرفته گزارشهایی می نوشت و به من می داد تا با امضای خودم به تهران بفرستم.

در این راستا باید از هوشنگ باتمانقلیچ و منوچهر عظیما نام ببرم ـ خوشبختانه همکاران یاری رسان و خوش نیت کم نبودند ـ ذکر اسامی آنها در این مختصر نمی گنجد. و اما درباره نخست وزیران دوران خدمت اداری ام نام سپهبد زاهدی از لحاظ بزرگواری و علو طبع و آقایی و گذشت در یک سطح بالا و کهکشان جداگانه جای دارد.

داشت. در تمام مدت که آقای حجازی رابط بین نخست وزیر و من بود ندیدم در جزئیات امور مداخله کرده و یا اینکه کسی را برای استخدام تحمیل کند، یا اینکه از رادیو برای تبلیغ کتاب هایش استفاده بنماید. برعکس ایشان حمزاوی هزار و یک منظور شخصی داشت و از همان روز اول شروع کرد به مداخله در جزییات وکلیات. گذشته از حمزاوی سرو کله آقای جهانگیر تفضلی هم در رادیو پیدا شد. این یکی بقول عامیانه (آدم) آقای امیر اسد الله علم بود. علم تفضلی و پرویزی و عده ای دیگر نویسنده به اصطلاح روشنفکر را که در واقع مداح هایش بودند بدور خود جمع کرده جاه طلبی های خودش را دنبال می کرد. اینها آقای علم را حضرت امیر خطاب می کردند و خودشان را شوالیه های حضرت امیر می دانستند ـ تفضلی به ادبیات ایران آشنایی کامل داشت و اطلاعات عمومی اش هم خوب بود ـ رفتارش با اطرافیان دوستانه بوده مجلس آرا وخوش صحبت بود ولی به هیچ وجه از نظرمن نمی شد به او اعتماد کرد. تشخیص من این بود که برای پیشبرد مقاصدش هزارجور شیرین زبانی می کند ولی به نفع اش باشد از روی جنازه آدم رد می شود ـ با اینکه از هتل لوکس چهارستاره و رستوران درجه یک و شراب خوب فرانسه و زنان زیبا و زندگی اشرافی خوشش می آمد و یواشکی تریاک می کشید به سوسیالیستی تظاهر می کرد و در نوشته هایش به زورگویی کارفرمایان و ستم مالکان اراضی به روستاییان و بیدادگری های اجتماعی حمله می کرد ـ بدش نمی آمد در یک پایتخت اروپایی سفیر کبیر باشد و یا اینکه پشت میز وزارت بنشیند (۱) تفضلی برای پیشرفت و بالارفتن از پله های ترقی نزدیکی به آقای اسداله علم را انتخاب کرده و می گفت خدمت به حضرت امیر یکنوع شوالیه گری است.

حمزاوی هم البته جاه طلبی های خودش را داشت. از لطف زندگی در جزایر تاهیتی در اقیانوس آرام سخن می راند و دلش می خواست سفیر و سناتر بشود(۲) پله کان و نردبان ترقی او آقای حسین علاء بود دوست داشت مورد توجه شاه قرار بگیرد و هر کار خوبی که در اداره رادیو می شود

به نام او تمام شود. (۳)

با مداخلات آقای حمزاوی از یک طرف و اعمال نفوذهای جهانگیر تفضلی از سوی دیگر رادیو به صحنه رقابت بین آقای علا نخست وزیر و آقای علم وزیر کشور تبدیل یافته بود و من در آن میان تماشاچی بودم. برآوردی که تفضلی از وضع آن روز ایران می کرد با واقعیت فاصله داشت و جامعه در آن موقع پذیرای افکار سوسیالیستی ایشان نبود. تفسیرهای رادیویی که تفضلی برای رادیو می نوشت و در آن به مالکان و کارفرمایان حمله می کرد با واکنش شدید نماینده گان مجلس مواجه شد ـ از طرف دیگر تفضلی تصمیماتی گرفت که میان بازاری ها و توده مردم اثر بدگذاشته و آنها را علیه این اقدامات بر انگیخت ـ از جمله این کارهای اشتباه حذف برنامه اذان صبح گاهان بود ـ کار مخالفت ها به جایی کشید که روزی عده ای از نماینده گان به سردسته گی جمال امامی به دزاشوب خانه ییلاقی آقای علاء رفتند و بحث بین آنها و نخست وزیر آنچنان بالا گرفت و به عصبانیت کشید که جمال امامی با آن تنه بزرگ و درشت علاء را که جثه کوچکی داشت از زمین بلند کرده میخواست بیاندازد توی استخر. دربرابر این واکنش شدید جهانگیر تفضلی فردای این جریان با اتومبیل کرایسر اهدایی آقای علم به بیرجند گریخت و بقول خودش آنقدر آنجا ماند و از نظرها قایم شد تا آب ها از آسیاب فروریخته و فروکش کند، تا بتواند به تهران برگردد. در بازگشت این بار به نیش زدن آنهم گاه به گاه از طریق روزنامه ایران ما اکتفا می کرد و از من هم که برکنار شده بودم بعنوان دلیر و فداکار یاد می کرد ... باصطلاح هندوانه زیر بغل ام می گذاشت.

آقای حمزاوی صبح روز بعد از هیاهوی نماینده گان در دزاشوب فاتحانه نزد من آمد و گفت دارند درباره محاکمه مسؤولان حذف برنامه اذان و پخش تفاسیر سوسیالیستی صحبت هایی می کنند بهتر است هرچه زودتر استعفا بدهی... من معطل نکرده فوری استعفایم را نوشتم، به جای من

محسن رهنما را که فرماندار زنجان بود مدیر کل کردند ـ به این ترتیب دست و پای من از امور مطبوعاتی مورد علاقه ام کوتاه شد تا اینکه آقای معینیان مدیرکل و وزیر اطلاعات شد و بنا به سابقه هم کاری مرا ابتدا به قاهره و سپس به پاریس به عنوان وابسته مطبوعاتی فرستاد.

در پاریس تا پایه وزیر مختاری و ریاست بر کلیه وابستگان مطبوعاتی در اروپای غربی پیش رفتم. پنج سال خدمت در پاریس سال های پر ثمر و باری بودند در این مدت با چهار سفیر کار کردم به ترتیب عبارت بودند از محسن رئیس ـ نصراله انتظام ـ مسعود جهانبانی و امیرخسرو افشار قاسملو ... محسن رئیس از رجال قدیم و مرد استخوان داری بود که خارج از وزارت خارجه نیز عهده دار کارهای مهم از قبیل استانداری بوده است ـ از سرو صدا و شلوغی بدش می آمد و از تبلیغ به سود خودش گریزان بود ـ متاسفانه خود بزرگ بین بوده و رفتارش با کارمندان همراه با تکبر بود و برای کارمند زیاد شخصیت قایل نمی شد. باصطلاح کسی را داخل آدم نمی دانست. در مهمانی هایی که می داد بیشتر مهمان ها خداخدا می کردند که جلسه زود به پایان برسد زیرا همه دچار بی حوصله گی می شدند . در عوض نصرالله انتظام دیپلماتی بود پر تحرک بذله گو و برخوردار از طنز. سال ها در سازمان ملل متحد بوده و شهرت نیک در محافل بین المللی کسب کرده بود. رفتارش با کارمندان و زیردستان توأم با احترام و ملاحظه بود مثلاً هرگز راننده اش را ساعت ها پشت رل معطل نگه نمی داشت اگر شب دیر می آمد دربان را بیدار نمی کرد، خودش کلید همراه داشت و در را باز میکرد. رویش به شاه به خاطر ایامی که با هم گذرانیده بودند تا حدی باز بود و همین بعضاً به زیانش تمام می شد زیرا حرف هایی می زد که خوشایند شاه نبود مثلاً در سفر رسمی شاهنشاه به پاریس ـ یکی از شب ها پس از پذیرایی مجلل در کاخ دریانوردی در میدان کنگورد عده ای از نزدیکان به اعلیحضرت اصرار می نمایند که چون هنوز زود است به یک کاباره بروند ـ شاهنشاه می پذیرند و به اتفاق عده ای از نزدیکانش

عازم کاباره ای به نام فیل سفید می شوند ـ دم درب ورودی کاباره انتظام از شاه اجازه می خواهد که مرخص شده به خانه برگردد... اعلیحضرت می پرسند چرا؟ می گوید چون در این کشور مقام رسمی دارم خوب نیست مرا در این کاباره ببینند ... شاه به تندی می پرسد مگر من مقام رسمی ندارم ؟ جواب می دهد شاهنشاه مهمان هستند می روند من باید اینجا با شایعات خوب و بد دست و پنجه نرم کنم. البته انتظام نیت خوب داشته و میخواسته به شاه بفهماند که صلاح نیست در این چند شب که مهمان رسمی هستند و صدها مامور مخفی مراقب اش می باشند شب را در کاباره بگذرانند.

انتظام با تکیه به سابقه نزدیکی به شاه اینطور روباز حرف زده و توجه نداشته که اتوکراتها و دیکتاتورها زود عوض می شوندو به تدریج ازهر گفته ولو مصلحت آمیز که ذره ای انتقاد در برداشته باشد خوش شان نمی آید

مسعود جهانبانی که جوان ترین بین چهار سفیر بود و برای بار اول به ماموریت مهم پاریس می آمد مدت زیادی دوام نیـاورد ـ نمی‌دانم در سیاست های مربوط به رفتار با محصلین چه اشتباهی کرد که با مقامات ساواک درافتاد و او را احضار کردند.

امیرخسرو افشار نمونه کامل یک دیپلمات تعلیم یافته آنگلوساکسون بود. در مذاکرات سیاسی مهارت داشت و با اطلاع و شمرده حرف می زد. چون در مجامع اجتماعی همکاران کمتر شرکت می کرد و همیشه یک فاصله معین را نگه می داشت می گفتند خشک است.
در حالی که در واقع مدیری بود که حساب کار زیردستان اش را داشت و عادلانه بر اساس لیاقت ها تصمیم می گرفت. لباس مرتب و خوش دوخت می پوشید که با قیافه و اندام او تناسب داشت... چشم هایش آبی و موهای سرش جو گندمی بود، همیشه راست می ایستاد و در صحبت های اجتماعی همواره یک لبخند بر لب داشت ... پشت ماسک ظاهراً خشک اش یکنوع طنز ظریف نمودار می شد... بین جمع معلوم می کرد

که سفیر اوست.

شخصیت دوست داشتنی و جالبی که در سال های پاریس به وی نزدیک شدم. سرلشگر حسن پاکروان بود. وی چه در زمانی که معاون ساواک بود و چه به هنگام وزات اطلاعات اش ... دوست داشت با نویسندگان و روزنامه نگاران تراز اول فرانسه نشسته و ساعت ها بحث بکند . برای این کار می گفت رستوران و حتی سفارت مناسب نیست. وی آپارتمان مرا که در محل بسیار مناسبی بود (روبروی پارک Monceau در بلوار کورسل) و آشپز خوبی هم داشتم، ترجیح می داد. خاویار و ودکا خودش قبلاً می فرستاد. همیشه یکی دو هفته پیش ا زآنکه به پاریس بیاید خبر می داد و من جمعی از نویسندگان فرانسوی از قبیل آندره فونتن(لوموند) و رایمون آرون Aron (لوفیگارو) و ژیرودولنDe L'ain و ماکس اولیویه لاکامپ را دعوت می کردم. باید بگویم نویسندگان فرانسوی هم از صحبت با تیمسار خوششان می آمد و آنها که مشکل دعوت می پذیرفتند تا می گفتم ژنرال پاکروان در جلسه خواهد بود می گفتند با کمال میل برنامه هایمان را پس و پیش می کنیم تا بدیدار تیمسار برسیم.
من تیمسار پاکروان را از مهمانی های روز جمعه لارک (باغ و خانه تیمسار ارفع در شرق شمیرانات) می شناختم. هیلدا زن انگلیسی تیمسار ارفع و مادر من دوست و هم کلاس بودند . باغ لارک به حالت طبیعی نگهداری شده و استخر آن از نوع استخرهای آبیاری بود. خانه ها مانند خانه های روستایی ساده بود ولی پذیرایی ها به سبک انگلیسی و با تشریفات انجام می یافت. جمعه ها لارک پر از مهمان های خارجی، سفرا و افرادی مانند دکتر صورتگر و دکتر فرهاد می شد. کتابخانه ارفع خصوصاً از نظر مدارک و اطلاعات مربوط به عشایر ایران پژوهشگاه علاقمندان بود. تیمسار پاکروان ساعت ها در این کتابخانه می گذرانید ـ حسن ارفع قد بلندی داشت و چشمهای آبی نافذش به اثر حرکات نظامی اش می افزود با اطلاعات عمیق و گسترده و تحصیلات نظامی که در روسیه و انگلیس

کرده بود در حرف زدن فارسی و ترکی و روسی و انگلیسی را قاطی می کرد.
هنوز او را به خاطر می آورم که سرمیز ناهار و یا شام جام اش را به پایداری شاهنشاه His Imperial Majesty بلند می کرد. می خواست از وضع هوا بگوید ترکی و انگلیسی را قاطی می کرد.
Stormy Weather اولاندا ... به هنگام هوای طوفانی...
پیشخدمت های لارک بر حسب سنوات خدمت روی بازو نوارهایی داشتند و یاد گرفته بودند بسیار ماهرانه غذا را سرو کنند.
هیلدا در گوشه ای از باغ گاوداری دایر کرده بود و شیر تمیز را به عده ای که مشتری های پروپا قرص بودند در خانه هایشان تحویل می داد.
یگانه فرزند حسن و هیلدا، دختری به نام لیلا بود که از تناسب اندام و زیبایی مادر و پدر بهره زیاد نبرده بود... لیلا عاشق افسر جوانی به نام ماکوئی شده و با وی ازدواج کرده بود و تیمسار ارفع این زوج جوان را طرد کرده و راه نمی داد. از مادرم شنیده بودم که هیلدا علاقه داشت لیلا همسر من بشود.

تیمسار پاکروان اظهار علاقه کرده بود که باهم با اتومبیل به Aix En Provence و Nice برویم ـ صبح زود ساعت ۷ با اتومبیل سیتروئن که داشتم جلو هتل محل اقامت تیمسار حاضر شدم. در اتومبیل سیتروئن چرخ های جلو نیروی محرکه دارند، در نتیجه دیفرانسیل که نیرو را به چرخ های عقب منتقل می کند نداشته و کف اتومبیل صاف است ـ من یک سطل خالی بین خودم که راننده بودم و تیمسار که مسافر بود گذاشته بودم. تا تیمسار سوار شد پرسید این سطل برای چیست؟ گفتم قربان با مقدار سیگاری که می کشید جز این زیر سیگاری چیز دیگری به نظرم نرسید ـ خندید و مسافرت در یک محیط گرم و دوستانه انجام یافت...
تیمسار میخواست در Aix En Provence از دخترش که آنجا درس می خواند دیدن کند در **Nice** با صاحبان هتل لوکس معروف Negresco قرار ملاقات داشت.

هدف پاکروان از دیدار با صاحبان هتل نگرسکو این بود که آنها را به مشارکت و اداره امور هتل شاه عباس اصفهان علاقمند بنماید.
سال ها بود که دولت ایران بر پایه فکر و ایده ای که آقای مشرف نفیسی داده بود می کوشید یک کاروانسرای قدیمی را در اصفهان بصورت هتل لوکس درجه یک بین المللی در بیاورد. نظر این بود که این هتل ضمناً نمایشگر هنرهای تزیینی ایران شده از چهار گوشه جهان مشتری های ثروتمند را به اصفهان بکشاند ـ بزرگترین هنرمندان و استادان کاشی کاری و گچ کاری و منبت کاری ایران ماه ها صرف تزئینات این هتل نموده بودند . شرکت بیمه ایران صاحب این کارونسرا بود. مدیر عامل شرکت بیمه از تیمسار پاکروان تقاضا کرده بود در جستجوی مدیرانی باشد که بتوانند هتل را هم ردیف عالی ترین هتل های دنیا بنمایند. شرکت بیمه نمی خواست مدیریت این هتل را به هتل های زنجیره ای آمریکا مانند هیلتن و شرایتون بسپارد. خانم Augier همسر صاحب هتل نگرسکو در سال های اخیر با تجدید دکوراسیون هتل Negresco و سازمان دهی دقیق توانسته بود آن را به یک شهرت جهانی برساند.
مذاکرات پاکروان با خانم و آقای Augier به نتیجه رسید و خانم اوژییه بعدها به ایران رفت وچندین ماه صرف دکوراسیون و تربیت کادر هتل کرد. برای اینکه وسعت طرح خانم اوژییه پی ببریم خاطر نشان می کنم که به موجب طرح ایشان ـ هیاتی ملبس به البسه زمان صفوی از مشتری های هتل در فرودگاه استقبال می کردند. آنها مشتری ها را با کالسکه ای که چهار اسب آنرا می کشیدند و دو طرف کالسکه سواران قزلباش درحرکت بودند به هتل می رساندند ... خانم اوژییه با الهام از مینیاتور های قدیم طرح البسه ساقی های بار و خدمت کاران رستوران را کشیده همراه با طرح کوزه و قدح و پیمانه های شراب و ظروف اغذیه به کارگاههای صنایع مستظرفه داده بود تا به تعداد کافی آماده بنمایند.
قرار بود زیباترین گل سرخ ها در محوطه داخل هتل پروش یابد و در این محوطه قهوه خانه به سبک قدیم با قلیان و چپق دراختیار مشتری ها بوده و

هر روز عصر قصه گو داستانهای حماسه ای ایران را نقل بنماید.
با به روی کار آمدن جمهوری اسلامی این ترتیبات به هم خورد آن سبو بشکست و آن پیمانه ریخت و اقامت در این هتل که هنوز دایر است به حد بازدید از یک مسجد قدیمی تنزل یافت و حالا لیموناد و شربت در لیوان های بلوری سرو می شود...
- تیمسار حسن پاکروان ژنرال روشنفکر و لیبرال ایران به جوخه اعدام سپرده شد.
- تیمسار حسن ارفع افسر ناسیونالیست که بزرگی ایران ورد زبانش بود در شهر Nice در تنگدستی جان سپرد.

من کمتر ایرانی را دیده ام که در مقابله با نویسندگان تراز اول خارجی به اندازه پاکروان تسلط داشته باشد. بحث بین آنها عمیق و جدی و ساعت ها طول می کشید - کار تیمسار آسان نبود زیرا از زمام داری دفاع می کرد که می گفتند دیکتاتور است و آزادی خواهان را زندانی کرده و رسانه های گروهی را سانسور می نماید. دفاع و توجیه کلی پاکروان براین اساس بود که بین دیکتاتور و اتوکرات تفاوت هست و شاه ایران خودرأی است ولی دیکتاتور نمی باشد شاه یک اتوکرات روشن بین و دوراندیش است که در اوضاع فعلی و موقعیت جغرافیایی ایران بهترین روش برای تامین رفاه و امنیت ملت می باشد - پاکروان از تاریخ مثل می آورد و می گفت اتوکرات هایی مانند فردریک کبیر موجب تعالی و رفاه و بزرگی کشورشان شدند. من کمتر وارد بحث میان تیمسار پاکروان و نویسندگان فرانسوی می شدم و اغلب با دقت و علاقه بسیار گوش می دادم - در مورد مقایسه محمدرضاشاه با فردریک کبیر با تمام احترام که به دانش و فضل و معلومات تیمسار داشتم نمی توانستم با ایشان هم عقیده بشوم در این مورد به آنسیکلوپدی World Book Encyclopedia چاپ آمریکا صفحه ۴۲۱ مراجعه کردم تا ببینم تاریخ که به فردریک کبیر عنوان مستبد روشن بین Enlightened Despot را می دهد چه جور آدمی است.

کاظم رنجبر استاد جامعه شناسی و پژوهشگر سخت کوش طی رساله ای می نویسد برای اینکه به پادشاهان پهلوی عنوان روشن بینی و دوراندیشی را بدهیم باید ببینیم تاریخ به چگونه سلاطین این عنوان را داده است؟ هم در آنسیکلوپدی ورلدبوک و هم در رساله آقای رنجبر می خوانیم : فردریک دوم ملقب به کبیر (۱۷۱۲-۱۷۸۶) از نوجوانی شیفته فلسفه و ادبیات بود . چون به پادشاهی رسید با فلاسفه و ادبای معروف هم زمان اش معاشرت می کرد ـ سه سال تمام ولتر را در قصر رامین سپرگ مهمان کردو از او فلسفه آموخت. وی مقام پادشاهی را ودیعه الهی ندانسته و آن را یک قرار داد اجتماعی بین شاه و ملت می دانست – به موجب این قرارداد شاه وظیفه داشت صادقانه خدمتگزار ملت و مملکت باشد. فردریک کبیر در تمام جنگ ها شخصاً در صف اول با شجاعت و رشادت بسیار می جنگید. اطرافیان وی متفکران و فلاسفه نامی عصر بودند ـ فردریک کبیر باعث اوج شکوفایی علمی، صنعتی، کشاورزی و فرهنگی پروس گردید. وی از ملت اش با احترام زیاد یاد می کرد ـ تمام وقت وی صف تعالی ملت اش می شد، حریص و پول پرست و ثروت اندوز نبود در عین خود کامگی اجازه نمی داد نسبت به ضعفا بی عدالتی و ظلم بشود و تا می توانست ستمکاران را تنبیه می کرد، هم اهل ادب و دانش بود و هم مردرزم مسلط به فنون جنگ ـ با توجه به این خصوصیات چنانچه خوانندگان پادشاهان پهلوی را هم شایسته عنوان مستبد روشن بین می دانند قضاوت با خودشان است.

پس از اینکه ماموریت من در فرانسه پایان یافت، پاکروان که وزیر اطلاعات شده بود. معاونت امور بین المللی وزارتخانه اش را به من سپرد. با انتصاب پاکروان به سفارت پاکستان آقای هوشنگ انصاری وزیر اطلاعات شد. ترقی برق آسای این مرد در ایران هنوز برای من یک معما است. هیچ کس به خوبی نمی دانست ترقی او از کجا ریشه می گیرد به یاد دارم که هنگام ریاست اداره کل انتشارات و رادیو به درخواست آقای خسرو اقبال جوانی را که می گفت لایق است و حقوقی هم نمی خواهد به نمایندگی خبرگزاری پارس در توکیو تعیین کردم. این جوان هوشنگ

انصاری بود. دنیای شگفتی است. این جوان، دنیا می چرخد می شود وزیر اطلاعات و درهمان هفته اول مرا مرخص می کند. از راه مرحمت می گفت البته اگر مایل باشید می توانم شما را بعنوان آتاشه مطبوعاتی به بیروت بفرستم. «نه، متشکرم»

دنیا از چرخیدن باز نایستاد، اردشیر زاهدی شد وزیر امورخارجه آنهم یک وزیر پرقدرت و پر تلاش و سخت کوش. او مرا با مقام مدیر کل اطلاعات و مطبوعات به وزارت امور خارجه منتقل کرد.
در دوران وزارت آقای اردشیر زاهدی است که وزارت خارجه از حالت رکود و باری بهر جهت بازی خارج شد و برای جبران سال هایی که مانند کرم ابریشم به دور خودش پیچیده بود چهار اسبه به جلو تاخت...
بهتر است درباره شکوفایی سیاست خارجی ایران در زمان وزارت اردشیرزاهدی به نوشته های دیگر اعضای وزارت خارجه اشاره شود ـ از هنگام انقلاب اسلامی تا به حال چند تن از کارمندان وهمکاران آقای زاهدی کتاب و مقالاتی درباره اقدامات ایشان نوشته اند که به نقل بعضی از آنها می پردازم. نویسندگانی که از آنها نقل قول می نمایم کارمندانی هستند که هیچگونه خویشاوندی و یا دوستی و هم کلاسی با اردشیر زاهدی ندارند، به هزار فامیل تعلق نداشته و بیشتر آنان جزو گروه کارمندان تحصیل کرده دولت هستند که تا اردشیر زاهدی را نمی شناختند و با وی همکاری نکرده بودند جزو منتقدان ایشان بوده و قضاوت هایشان تحت تاثیر تبلیغات منفی پیرامون وقایع بین ۲۵ تا ۲۸ مرداد ۱۳۳۲ قرار گرفته و ترقی اردشیر را از برکت دامادی شاه می دانستند. دکتر حسین شهید زاده در کتاب ره آورد روزگار نشر البرز چاپ تهران ۱۳۷۸ می نویسد: چنان نیست که بگوییم (اردشیر) درکار وزارت و سیاست لیاقت و کفایت نداشت وی در کارها قاطع و برنده بود و در دوران وزارتش بسیاری از مسائل حل نشده را به سامان رسانید، صراحت گفتار و بی پروایی هایش به مراتب از آن استخوان لای زخم گذاشتن های پیشینیانش که اسم سیاست

و یا دیپلماسی و یا نزاکت وزارت خارجه ای را روی آن می گذاشتند پسندیده تر بود - دیپلماتهای خارجی و همکارانش تکلیف خود را می دانستند. زاهدی وزارت خارجه را از آن حالت رخوت و باری بهر جهت بازی زمان میرزا سعیدخان ها و همایون جاه ها در آورد و تحرکی به آن بخشید که پیش از وی سابقه نداشت...

تماس با حوزه وزارتی و شخص وزیر هم برخلاف آنچه من تصور می کردم ناخوشایند نبود و من اردشیر زاهدی را در روابط اداری، مردی منصف و شجاع و کاربر و بی عقده و اهل حمایت از زیردستان دیدم. حتی در برابر سفیران و سیاستمداران خارجی به ناوارد بودن خود به برخی از مسائلی که مطرح می شد معترف بود و بدون اینکه احساس حقارتی بکند، رییس اداره و یا مدیر کل مربوطه را جلو می انداخت. درباره تندخوییهای او از پیش اوصافی شنیده و از برخورد احتمالی با آن بیمناک بودم. اما خودم چیزی مشاهده نکردم، بلکه برعکس طی دوسال همکاری با او در سفر و حضر، رفتارهایی دوستانه و بی رودربایستی و به طور کلی دور از حسادت دیدم. بیشتر وزیران خلف و سلف او از بیم آنکه مبادا کسی در محافل سطح بالا گل کند، اگر کار درخشانی از کارمندی بروز می کرد، نهایت کوشش به را به کار می بردند تا از چهار دیواری عمارت وزارت خارجه به بیرون درز نکند.

اما اردشیر این طور نبود. اگر حسن خدمت یا لیاقتی در کسی سراغ می کرد، همه جا او را بر می کشید و حق خدمتش را ادا می کرد. دلیلی درمیان نیست تا من در این باب، به راه اغراق یا گزافگویی بروم. نه آن وضع گذشته برجاست که از این حدیث طرفی ببندم و نه در سنینی از عمر هستم که بخواهم برای خود آینده سازی کنم و نه آنکه در همان اوضاع و احوال از کسانی بودم که به نان و نوایی رسیده باشم.

فریدون زند فرد در کتاب «ایران و جهانی پر تلاطم ... چاپ تهران

نشریات شیرازی» چند صفحه را به تجزیه و تحلیل شخصیت اردشیر زاهدی اختصاص داده می نویسد اردشیر اگر در مذاکرات سیاسی خوشحال بود سیگار برگی و لبخندی بر لب داشت و آنگاه که عصبی و ناراحت بود با جویدن ناخن های انگشت دست تسکین می یافت.

در برابر خارجی اعم از غربی و شرقی و در هر مقام و منصبی هرگز اظهار فروتنی و انفعال نمی کرد و عمدتاً مهاجم بود تا مدافع. هنگام ایراد سخنرانی همواره ناراحت و عصبی می نمود، و برعکس در گفتگوهای چندنفره روان و نافذ ظاهر می شد.

در مذاکرات غالباً خوش بین به نظر می رسید، از تحولات روز آگاهی داشت ولی همان وقایع روزمره بود که محدوده افق فکری را شکل می داد و پایه قضاوت ها قرار می گرفت.

اشاره شد که زاهدی در مقابل شخصیت های خارجی به اصطلاح کم نمی آورد و باید گفت در بروز این خصلت گاه حتی حد متعارف را هم زیر پای می گذاشت.

مدیریت زاهدی جنبه های مثبتی در برداشت. پس از دوران علی اصغر حکمت، زاهدی به زعم من دومین وزیر خارجه ای بود که این طرز فکر که کادر سیاسی وزارت خارجه بایستی افراد متمکن باشند کنار گذاشت و در عوض اصل لیاقت را جانشین کرده و حقوق کارمندان و بودجه وزارت خارجه را به نحو چشم گیری افزایش داد. حال که سخن از مسائل رفاهی کارمندان وزارت خارجه درمیان است، جا دارد به این نکته نیز اشاره شود که زاهدی از اهمیت مساله تامین مسکن کارمندان وزارت خارجه غافل نبود. شرکت عمران تکلا که شرکت مختلط یونانی ایرانی بود در زمان مدیریت وی به منظور ساخت آپارتمان جهت اعضای وزارت خارجه تاسیس گردید. پیشرفت عملیات ساختمانی با کندی بسیار پیش می رفت؛ در آن حد که این طرح در دوران بعد از انقلاب تکمیل و مورد بهره برداری قرار گرفت. هم اکنون گروهی از اعضای وزارت خارجه که عمدتاً از بازنشستگان می باشند در این آپارتمان ها که در شهرک غرب

قرار گرفته سکونت دارند؛ طرحی که یادگار دوران گذشته است.

اینجا اشاره ای خواهم داشت به سبک و سلیقه زاهدی دربرخورد با پاره ای با مسائل که جنبه مالی داشت. وی ارزش چندانی برای «پول» قائل نبود؛ و شاید این حالت عمدتاً معلول محیط اجتماعی بود که در آن پرورش یافته بود. پرداخت عیدی، ارائه کمک مالی، کمک نقدی تشویقی به کارمندانی که خدمات مثبتی انجام می دادند، شیوه معمولش بود. از خرج کردن لذت می برد. مثالی در ذهن دارم، هنگام بازگشت از هر سفر خارجی به مهمانداران هواپیما یک سکه طلا می داد. اهدای سکه طلا به مهمانداران ایرانی قابل درک بود؛ ولی وقتی سکه طلا را در کف دست مهمانداران خارجی قرار می داد اکثراً نمی دانستند این شیئی چیست و این عمل به چه منظوری انجام می گیرد. و سپس یکی از همراهان توضیح می داد شیء اهدایی سکه ای است طلا و به رسم تشکر از زحمات مهمانداران طی پرواز هدیه می شود. وی از این بذل و بخشش لذت می برد.

زاهدی به برگزاری میهمانیهای تشریفاتی علاقه ای زیاد داشت. در ضیافت های عمومی با البسه ای خوش دوخت و با خوش رویی ظاهر می شد و گاهی محیط را چنان صمیمی می نمود که فرصت برای طرح پاره ای از مسائل متفرقه اداری مناسب به نظر می رسید.

مجالس میهمانی وی خصوصاً در مقام سفیر در واشنگتن نقل مجالس دیپلماتیک گردید و شاید بتوان ادعا کرد بدعتی تازه در برگزاری این نوع مجالس بر جای گذاشت. شاید هیچ سفیری در واشنگتن از هیچ قوم و کشوری چون زاهدی نتوانسته بود دوستان با نفوذ و متنوعی گرد خود جمع کند. تنها سفیر سعودی «پرنس بندر» شاید چیزی شبیه بساط وی در واشنگتن گسترده بود؛ ولی پرنس بندر محدودیت های زیادی داشت. در خلال ماموریت کوتاهی که در سال ۱۹۷۲ به امریکا داشتم، گذارم به واشنگتن افتاد. در اتاق نشیمن زاهدی آنچه بیشتر جلب توجه می نمود

همان تصاویری بود که وی را با شخصیت های بزرگ و خصوصاً دولتمردان امریکا و شخصیت های هنری نشان می داد. در همان سفر یاد دارم شبی مهمان سناتور «رابرت دال» از ایالت کانزاس از حزب جمهوریخواه بود، چون با میزبان دوست صمیمی بود مرا هم در معیت خود به آن ضیافت برد. سال ها بعد «دال» برای کسب مقام معاونت و سپس برای ریاست جمهوری امریکا تلاشی بیهوده نمود.

زاهدی سخت پایبند مراسم تشریفاتی بود و در رعایت این نکات دقیق بود و باریک بین. گرچه همواره مواظب بودم بهانه ای برای تندخویی به دست ندهم ولی همین ملاحظات تشریفاتی بود که یکبار مشکل آفرین شد. یاد دارم روزی در امان به اتفاق وی و ملک حسین ناهار صرف می کردیم و در پایان ناهار چون قاعده تشریفاتی را مراعات نکرده بودم چند روزی با من به اصطلاح سرسنگین بود.

یکی از اقدامات ماندگار زاهدی تاسیس باشگاه وزارت خارجه بود. تقدیر چنین بود که جزو معدود عده ای باشم که از آغاز تا انتها درمسیر اجرای این طرح قرار گرفتم از روزی که بولدوزور در آن زمین وقفی در نیاوران مشغول خاک برداری شد تا ساخت بنای اصلی، محوطه سازی، احداث استخر، احداث زمین های تنیس ـ که در نوع خود کم نظیر بود ـ گلکاری، و غیره و غیره. باشگاه وزارت خارجه پس از تکمیل مورد استقبال فراوان اعضای وزارت خارجه قرار گرفت. محیط آرام و با صفای باشگاه، تجهیزات ورزشی و تفریحی، رستوران مطلوب و مناسب همه و همه موجب گردید باشگاه عصرها و خصوصاً ایام تعطیل به کانون اصلی تفریح و تجمع اعضای وزارت خارجه مبدل گردد. دیپلمات های مقیم تهران نیز از امکانات ورزشی باشگاه درمواردی استفاده می کردند. در بعضی موارد پاره ای از ضیافت های تابستانی وزارت خارجه در محل باشگاه برگزار می شد، و همچنین محیط مناسبی گردید برای انجام مراسمی چون جشن های عروسی و تولد کارمندان وزارت خارجه. به تحقیق اگر همت و پشتکار زاهدی در میان نبود وزارت خارجه صاحب چنان باشگاه زیبا و مجهزی نمی گردید.

منافع و مصالح ایران بالاتر از هرچیز

زند فرد می نویسد این بحث را با جمع بندی کلی به پایان می برم: زاهدی شخصیت بحث انگیزی بود؛ و به همین اعتبار هرکس ممکن است از دیدی به وی بنگرد و درباره اش به نوعی قضاوت کند. وی مانند غالب دولتمردان سیاسی که زیر ذره بین نقد و ارزیابی قرار می گیرند می تواند جنبه های مثبت را کنار جنبه های منفی از یک مدیریت سیاسی عرضه کند؛ ولی آن ویژگی که بیشترین اثر را در من می گذارد همان علاقه و وفاداری وی به منافع ملی کشور بود. در سال های مذاکرات حساس نیمه دوم دهه ۱۳۴۰ هرگز از این اصل عدول نکرد و همواره در این راه راسخ و استوار باقی ماند.

برای شناخت بیشتر اردشیر زاهدی آنچه را که ویلیام وارن رئیس برنامه اصل ۴ در ایران درباره او نوشته است نقل می کنم :

در زندگی کمتر جوانی را به مانند اردشیر یافته ام ... این جوان بلند قد خوش قیافه، باک و ترس از هیچ مخاطره ای ندارد . نمی گویم بی پروا و بی احتیاط است ولی موقعی که امری پیش می آید که آنرا مهم و درست می داند برای مقابله با آن از بخطر انداختن جانش خودداری نمی کند. امر مهم و درست برای اردشیر عبارت است از: منافع و مصالح وطن اش ایران.

ویلیام وارن می نویسد برای درک احساسات اردشیر باید به تاریخ و فرهنگ ایران آشنایی یافته و از آن گذشته پدرش را بشناسیم. پدر اردشیر یک فرمانده ارتش وطن پرست و پر استقامت بود. انگلیسی ها در اوایل جنگ دوم جهانی که ایران را اشغال کردند او را دستگیر کرده در فلسطین زندانی کردند ـ آنموقع اردشیر خردسال بود و نمی دانست چرا پدرش غایب است. پس از پایان جنگ که ژنرال زاهدی آزاد شد با وجودی که آثار گلوله های متعدد در بدنش نمودار بود و حتی قطعات گلوله داخل بدن موجود بود به خدمت سربازی ادامه داد ... این پدر پر استقامت و دلیر علاقه داشت پسرش به اوضاع وطن آشنا شده و بداند ایران چه جورجایی است این است که تا می توانست او را همراه خودش به مسافرت های داخل ایران می برد. چندبار هم اردشیر نوجوان را همراهش به ماموریت هایی برد که بسیار سخت و خطرناک بودند. به این ترتیب می خواست پسرش به سختی ها عادت کرده نازک نارنجی بار نیاید. در کنار چنین پدری است که خمیر مایه اردشیر جوش می خورد و مردی می شود که وطن و منافع وطن برایش از هر چیزی بالاتر بود.

وارن می نویسد از اردشیر پرسیدم چرا تو که می توانی زندگی آسوده داشته باشی باستقبال خطرات می روی. به من جواب داد: موقعی که بیک چیزی ایمان و عقیده داشتی باید دنبالش بروی می خواهد خطرناک باشد یا نباشد.

از ایرادهایی که بعضی از بدخواهان به اردشیر می گیرند یکی این است که چرا یک نفر که درس کشاورزی خوانده است وزیر امورخارجه می شود؟ از من بخواهید عقیده دارم هر وزیر خارجه ای علاوه بر استعداد ذاتی و شناخت وطن اش چنانچه به کشاورزی مملکت علاقمند شده در گسترش آن صاحب نظر باشد صلاحیت اش برای وزیری امورخارجه چند برابر می شود زیرا هیچ کشوری مادامی که قادر نیست غذای مردم اش را تامین کند و برای تغذیه اهالی نیازمند خارجی هاست نمی تواند از یک سیاست

خارجی مستقل ملی پیروی نماید.
خدمت اردشیر در اصل چهار آگاهی های او را از وضع مملکت اش بیشتر کرد. وی همراه کارشناسان سازمان اصل چهار برای مبارزه با بیماری ها- رسانیدن آب آشامیدنی به روستا های دورافتاده، آموزش کشاورزی مدرن، حاصل خیز کردن اراضی و ده ها برنامه عمرانی کوچک و بزرگ به چهار گوشه ایران سفر کرد و چه بسا شب ها و روزها در کوهستانهاو یا کویر و سواحل گرم خلیج فارس و کرانه های پرپشه و مالاریاخیز دریای خزر با یک پتو زیر چادر گذرانید ـ بسیاری از این ماموریت ها بر نگشتند و یا اینکه به بیماریهای عجیب و غریب دچار گردیدند یکی از این بیماری ها که در سواحل خلیج فارس رواج داشت بیماری پیوک بود که حالا ریشه کن شده است. بیمار مبتلا به پیوک از پوست بدنش کرم هایی بیرون می زدند. کرم را به دور چوب کبریت می پیچیدند تا به تدریج بیرون بیاید ـ اگر خروج کرم قطع می شد برای بیمار ایجاد خطر می کرد...

ایراد دیگری که بدخواهان به اردشیر چه به هنگام وزارت و چه بموقع سفارت اش در لندن و واشنگتن می گرفتند این بود که چرا مهمانی های پرخرج ترتیب می دهد ـ این ایراد از کوته نظری و عدم اطلاع به فوت و فن های سیاستمداری سرچشمه می گرفت. دکتر زند فرد در نوشتارش که در این کتاب نقل کردم به اهمیت و اثر مهمان نوازی های اردشیر در جهت نفوذ در محافل موثر و کسب دوستانی که برای پیشبرد نظریات ایران مفید باشند اشاره کرده است. من فقط می خواهم این نکته را اضافه کنم که مهمان داری و با هر مهمان مطابق ذوق و سلیقه اش رفتار کردن کار پر زحمت و بعضاً عذاب آوری است. باید با کسانی روی خوش نشان داد و ساعت ها پای صحبت شان نشست و رنج کشید و علاقمندی نشان داد که شخصاً از آنها نفرت داریم ولی دوستی شان برای مملکت مان حائز اهمیت است. بیاد دارم به هنگام سفارت روزی که منشی ضمن یادآوری برنامه روز می گفت امروز نه جایی مهمان می باشید و نه اینکه مهمان

قرار است بیاید برایم روز شادی بود.
اگر نگاهی به تاریخ بیاندازیم نمونه های جالب از توسل به مهمانی که بخشی از روابط عمومی است برای پیشبرد مقاصد اقتصادی یا سیاسی پیدا می کنیم... جالب ترین نمونه نقش پرنس تالیران در کنگره وین است.

پرنس Charles Maurice de Talleyrand وزیرخارجه و مشاور بوناپارت ناپلیون بود تاریخ، او را در ردیف بزرگترین دیپلمات های دنیا قرار داده است. با وجودی که اهل کلیسا و کاتولیک بود پیشنهاد کرد دولت زمین های کلیسا را بفروشد و بدهی هایش را از این محل بپردازد این است که پاپ او را از کلیسا طرد کرد. بعد از اینکه ناپلئون در واترلو شکست خورد متفقین در وین اجتماع کردند تا مطابق دلخواهشان مرزهای جدید برای اروپا تعیین کرده و اوضاع اروپا را به حالت پیش از انقلاب کبیر فرانسه در بیاورند ـ در مورد فرانسه نظر متفقین این بود که آنچنان فرانسه را پایین کشیده و مرزهایش را تغییر بدهند و غرامت بر عهده اش بگذارند که دیگر سربلند نکند و به حالت قدرت درجه دو و یا سه در بیاید. تالیران از جانب فرانسه مامور شرکت در این کنگره شد. تالیران با زیرکی به جای اینکه آنطور که فکر می کردند تماشاچی بماند با تدبیر و دو بهم زنی و از طرف دیگر ترتیب دادن مهمانی های با شکوه بصورت کارگردان کنگره در آمد. هرروز از پاریس اغذیه و اشربه و هنرمندان رقص و موسیقی را به وین می آورد و هر شب اعضای کنگره به رقص و پایکوبی و یا شنیدن موسیقی و صرف بهترین اشربه و اغذیه مشغول می شدند. تالیران مترنیخ اتریش را به جان ویلیام فن همبولد پروس انداخت. بین تزار آلکساندر اول روسیه و لرد کاستل ریگ انگلیس نفاق انداخت ـ ناظران آن زمان و سپس تاریخ نگاران به کنگره وین لقب کنگره می رقصد را داده اند و کارگردان این کنگره هم تالیران بود. نتیجه این شد که فرانسه شکست خورده که بنا بود در این کنگره خرد و خمیرش بکنند از این کنگره سربلند و بصورت یک قدرت درجه یک بیرون آمد.

***

برای من که افتخار داشتم زمان سپهبد زاهدی رئیس انتشارات و رادیو و در واقع سخنگوی دولت باشم، حالا مدیر کلی اطلاعات و مطبوعات وزارت خارجه خصوصاً بعد از اینکه مدت ها بیکار مانده بودم بی نهایت خوشایند بود. بعد از سخنگوئی پدر حالا سخنگوی پسر شده بودم. از جان و دل تلاش می کردم وزیر ازناحیه اداره اطلاعات خاطرش آسوده باشد ـ با یاری عده ای همکار که با شوق و ذوق و علاقه به شخص وزیر و مملکت شب وروز در تلاش بودیم قبل از سایر دستگاهها از اخبار مهم جهان آگاهی یافته به اطلاع وزیر برسانیم تا بتواند واکنش سریع نشان بدهد.
دردناک این بود که می دیدم شغال ها آرام نایستاده اند. در دوران نخست وزیر سپهبد زاهدی مرتب شاهد چوب لای چرخ گذاشتن های عده ای بودم که دستور از دربار می گرفتند و منافع و مصالح مملکت برای آنها مطرح نبود. حالا نیز دارند وزیری را که یک وزارت خانه بخواب رفته را بیدار کرده و شب و روز برای تعالی نام ایران در صحنه بین المللی تلاش می نماید لحظه ای با موش دوانی هایشان آرام نمی گذارند. در راس این گربه رقصانان والاحضرت اشرف و امیرعباس هویدا نخست وزیر قرار داشتند.

هرمملکت که در آن حساب و کتابی هست به هنگام تشکیل مجمع عمومی سازمان ملل متحد در ماه سپتامبر، وزیرخارجه اش را در رأس هیأتی به مقر سازمان در نیویورک می فرستد. در ایران والاحضرت اشرف دو پایش را توی یک کفش کرده فشار می آورد که ریاست هیأت نماینده گی ایران را به عهده بگیرد بدیهی است وزیر خارجه آنهم وزیری به قدرت اردشیر زاهدی و پای بند به اصول و مقررات نمی توانست با این درخواست موافقت کند. پیش از اینکه والاحضرت اشرف خواستار ریاست هیات نماینده گی ایران بشود هوس کرده بود دبیر کل سازمان ملل متحد بشود. چون این کار عملی نبود فشار آورد که به جای آقای وکیل سفیر ایران نزد

سازمان ملل متحد بشود این هم با مخالفت آقای زاهدی روبرو شد و یک باره بفکر افتاد چرا که وزیر خارجه نشود. امیرعباس هویدا نخست وزیر هم هندوانه زیر بغل والاحضرت گذاشته تشویق اش می کرد که بهتر از شما چه کسی می تواند وزیرخارجه بشود؟ خوشبختانه شاهنشاه هم به شوری درخواست های والاحضرت پی برده تا آنجا که می توانست جلو هوس بازیهایش را می گرفت ولی والاحضرت و گروهی که آشکار یا پنهان درخواست های ایشان را مشروع قلمداد می کردند دست بردار نبودند و با انواع تحریکات چوب لای چرخ دستگاه وزارت خارجه می گذاشتند. آنها هرروز با درخواست هایی جلو می آمدند که قبول آنها از سوی وزیری که پای بند به اصول و حساب و کتاب باشد امکان پذیر نبود. اردشیر کسی نبود که برای حفظ موقعیت اش زیر بار تحمیلات خلاف شئون و مقررات برود این است که همان طوریکه از یک وزیر معتقد و مدافع اصول انتظار می رفت کناره گیری کرد. من خبر استعفای آقای زاهدی و انتصاب آقای خلعتبری را به جای ایشان در سانفرانسیسکو شنیدم همانطوریکه اغلب به دوستانم گفته ام من هوشمندی و دانش و پشتکار و عقل دارم ولی عاقل نیستم عقل داشتن با عاقل بودن فرق دارد، عاقل نان را به نرخ روز می خورد و اگر به نفع اش باشد، اصول اخلاقی را زیرپا می گذارد و تابع احساسات نمی شود به این ترتیب است که تا تلگراف مربوط به کناره گیری آقای زاهدی و جانشینی خلعتبری به دستم رسید تلگرافی به آقای خلعت بری وزیر تازه امورخارجه فرستادم که در آن نوشته بودم: یقین دارم جنابعالی نیز همان راه و روش جناب آقای زاهدی را که موجب سربلندی ما در داخل و شکوفایی سیاست خارجی در صحنه جهان گردید دنبال خواهید فرمود... نتیجه اینکه مدت ۴ سال سفارت مرا در کانادا به بهانه اینکه دنباله ماموریت سرکنسولگری سانفرانسیسکو است به مدت یک سال و نیم تنزل دادند. به تهران هم که برگشتم یک حکم بازرس عالی به دستم دادند و بعدش هم یک حکم مهمان دار عالی صادر کردند و به این ترتیب بیش از یک سال و نیم بیکار بودم تا اینکه هوشنگ باتمانقلیچ به

دادم رسید و ریاست اداره مستقل همکاری عمران منطقه ای را پیشنهاد کرد که با خوشوقتی پذیرفتم. وزارت خارجه آنموقع جولانگاه خلعتبری - هویدا و والاحضرت اشرف شده بود. هیچ کدام از این سه نظر خوب با من نداشتند. هنگامی که در آبان ۱۳۵۵ مجدداً به مدیر کلی اطلاعات و مطبوعات برگزیده شدم، ابرهای سیاه در افق ایران نمایان بودند. آثار اولیه افتادن رژیم به سرازیری بصورت عدم رضایت مردم خودنمایی می کرد.

جالب این است که درهمان عصر روزی که حکم مدیر کلی را گرفته بودم در مهمانی یکی از سفارت خانه ها تا با پرویز راجی مدیر کل نخست وزیری روبرو شدم یکه خورد و از دهانش پرید:
مگر بنا نبود به شما هیچ کاری ندهند؟!

حاشیه بر آنچه گذشت:

۱- در تایید نوشته های آقای دکتر زند فرد در مورد وفاداری و پایداری اردشیر زاهدی به منافع ملی ایران و دفاع شجاعانه از این منافع در رویارویی با نمایندگان قدرت های بزرگ صورتجلسه مذاکرات آقای زاهدی وزیرامورخارجه را با مایکل استوارت وزیر خارجه انگلیس درخرداد ۱۳۴۸ در تهران بطور خلاصه نقل می کنم.
زاهدی: در نظر داریم در نیجریه در غرب آفریقا و در نایروبی در شرق این قاره سفارت باز کنیم. چون هر دو این نقاط درحوزه نفوذ بریتانیاست از اطلاعات که درباره این دو کشور به ما بدهید خوشوقت خواهیم شد. مایکل استوارت : اگر نیجریه از گرفتاریهای فعلی اش خلاص بشود مهم ترین کشور در غرب آفریقا می شود به شما اطلاعات خواهیم داد.
زاهدی: (درباره شط العرب که میخواهد به جای مرز تحمیلی فعلی خط تالوگ را بقبولاند) می گوید : چگونه در سازمان ملل متحد می توانند با اصل متداول بین المللی در مورد رودخانه های مرزی مخالف باشند. اساس قبول اصل خط تالوگ است. این اصل باید در مورد شط العرب شناخته شود. قرارداد ۱۹۳۷ درباره شط العرب برای ما ارزش ندارد وکان لم یکن است. ما هیأتی به ریاست آقای خلعتبری معاون سیاسی به بغداد فرستادیم ولی عراقی ها فرصت ها را به دفع الوقت گذرانیدند و هیأت ایرانی دست خالی برگشت. در مورد اینکه سؤال می فرمایید در بازگشت از این سفر در فرودگاه لندن به خبرنگاران چه بگویید فقط ملاحظه دوستی را بنمایید تا نه سیخ بسوزد نه کباب (اصطلاح ایرانی)
مایکل استوارت: اگر از من درباره وضع شط العرب بپرسند خواهم گرفت قرارداد ۱۹۳۷ با فشار انگلیس به ایران تحمیل نشده است.
زاهدی: شما در سازمان ملل خودتان را مخالف استعمار و امپریالیسم معرفی کرده اید. همین طور هم هست شما بودید که به هندوستان و پاکستان استقلال دادید. اسناد و مدارک که در دست ما هست به سرقت نبرده ایم خود شما منتشر کرده اید. این مدارک نشان می دهد در آن تاریخ بین وزارت خارجه و دریاداری بریتانیا اختلاف نظر بوده است (با صدای قاطع اضافه می کند:) باید به شما بگوییم ما آنچه را برای تثبیت حق مان لازم باشد انجام خواهیم داد.

مایکل استوارت: در ۱۹۷۳ عراق مستقل بود. ما قرارداد را به ایران و یا عراق تحمیل نکرده ایم. باید بگویم اقدام گذشته ما نمی تواند مبنای باطل کردن و ابطال این قرار داد شمرده شود.

امیرخسرو افشارقاسملو (قائم مقام وزیر خارجه) آنچه درباره این قرارداد می گوییم حقایقی است نمایانگر نفوذ دریاداری بریتانیا در آن زمان، اسنادی که در دست داریم حاکی از این است که نوری سعید دستوراتش را از دولت انگلیس می گرفت و طرح جواب عراق را کارشناسان انگلیسی تهیه کرده اند.

زاهدی: اینکه می گویید عراق آن زمان مستقل بود همین مسأله مدت یک سال و نیم در جامعه ملل (ژنو مطرح بود و بحث می کردند که آیا می توان عراق را یک کشور مستقل به شمار آورد یا نه ؟ ایران در کمیته ای که به این امر رسیدگی می کرد عضویت نداشت ـ پس از اینکه عراق به عضویت جامعه ملل در آمد ایران این عضویت را با قید و شرط پذیرا شد و عراق را به عنوان یک مملکت مستقل نشناختیم ـ از خود عراقی ها حالا سؤال بکنید منکر نیستند که در آن زمان دولت مستقلی نبودند. ما نمی دانیم چرا شما از فشاری که دریاداری به عراق وارد می کند که از قبول خط تالوگ در سرتاسر شط العرب بعنوان مرز بین این دو کشور خودداری کنند دفاع می کنید.

مایکل استوارت: قبول نداریم که در ۱۹۳۷ بخاطر منافع مان عمل خلاف انجام داده ایم . نفوذ ما در آن زمان هرچه بود نمی توانستیم نظریات خود را به عراقی ها تحمیل بنماییم.

زاهدی ما شما را برای گذشته ها ملامت نمی کنیم ـ برای حفظ منافع تان این کارها را کرده اید ـ اختلاف بر سر خط مرزی در شط العرب باید بر اساس عدل و انصاف و رویه متداول بین المللی (در مورد رودخانه های مرزی) حل بشود همانطوریکه گفتم ما برای حفظ حقوق مان از هر وسیله ای استفاده خواهیم کرد (قبلاً اشاره شد که ایران با نیروی هوایی و زمینی حمله خواهد کرد)

مایکل استوارت : برای آینده چه باید کرد؟

زاهدی: برای ما فقط قبول و شناخت خط تالوگ مطرح است . این خط مرز بین دو کشور است و اما درباره جزایر به لرد هیوم و جرج براون گفته ام این جزایر مال ایران است. اگر هم فرض کنیم سفید سیاه است و سیاه سفید. اگرهم فرض کنیم جزایر متعلق به شما بود با وضع دوستی فیما بین صلاح این بود آنها را به ما یعنی صاحب اصلی بدهید.

درآغاز جلسه مذاکرات هیاتی ایرانی درباره زور گویی های عراقی ها مطالبی گفتند و شرح دادند عراقی ها عده ای ایرانی را به قتل رسانیده اند. پرچم ایرانی یک موتور لنج را پاره پاره کرده به ناخدای موتور لنج گفته اند اگرکلمه خلیج فارس بر زبانش بیاید زبانش را می دوزند. چون این کارها مقارن بود با سفر ملک حسین به ایران ما از واکنش خودداری کردیم ولی اگر باز هم به حقوق ما تجاوز بنمایند قوای هوائی و زمینی ما آنها را نابود کرده و مناطق نفت خیزشان را اشغال می کنیم که تضمین باشد برای گرفتن غرامت . در مذاکرات پیرامون جزایر خلیج فارس (تنب کوچک و تنب بزرگ و ابوموسی) زاهدی گفت با وجودی که می دانید ایران صاحب اصلی این جزایر است چرا بازارگرمی می کنید . چرا این کشورهای عربی را که فردای شان معلوم نیست به ما

ترجیح می دهید؟
مایکل استوارت: روابط بین ما بسیار خوب است ما به نظریات شما ارزش قائل می باشیم.
در مورد جزایر آنچه در توانایی دولت انگلیس است برای حل قضیه انجام می دهیم ولی بیش از این ممکن نیست زیرا نمی توانیم آنها را به شما هدیه بدهیم زیرا متعلق به ما نیستند.
نفت:
زاهدی: در مورد نفت باید واقع بین بود ـ ابوظبی با فقط ۳۵۰۰۰ جمعیت با این در آمد هنگفت چه می کند؟ همین طور است کویت با ۴۰۰۰۰۰
نفوس که فقط نیمی از آن کویتی می باشند. ایران جمعیت زیاد دارد و درآمد نفت صرف بهبودوضع مردم می شود ـ اگر دوست ما هستید با ما همراه باشید. در مورد گاز و ذوب آهن می توانستیم با شما همکاری بنمائیم ولی به موقع نه شما و نه آمریکایی ها جلو نیامدند و موجب شد که با شوروی قرارداد ببندیم می دانید که یک ایران قوی به سود صلح منطقه است.
مایکل استوارت: در مورد نفت به یافتن یک معیار معین نیازمند می باشیم ولی مسأله اینجاست که این معیار را بر اساس چه ماخذی می توان یافت.

زاهدی: کنسرسیوم نفت فقط منافع خودش را در نظر دارد. ما نمی خواهیم هر سال با آنها کلنجار برویم. خوشبختانه سازمان سنتو هست و به ما فرصت می دهد دور هم جمع شده، تبادل نظر بنماییم و موجبات حسن تفاهم را فراهم بیاوریم.
مایکل استوارت: کاملاً درست است.
مذاکرات آقای زاهدی با ادوارد هیث رهبر حزب محافظه کار بریتانیا دهم فروردین ۱۳۴۸ کاخ وزارت خارجه ـ تهران):
زاهدی: کنسرسیوم نفت باید واقعیات را در نظر بگیرد. ابوظبی با جمعیت اندک این در آمد های هنگفت را چه می کند؟
اگر وضع عراق و سوریه در آنجاها بوجود بیاید چه پیش می آید؟ هیچ دولتی باز زور توپ و تفنگ نمی تواند دوام بیاورد و حکومت کند. باید موجبات رفاه مردم را فراهم آورد. شرکت های نفت باید با ما به یک تفاهم دراز مدت برسند نه اینکه هر شش ماه بحث بکنیم، اگر دوست ما هستید در این مورد با ما همراهی کنید، تمام سواحل شمالی خلیج فارس خاک ایران است ـ زمانی که شما از خلیج فارس بروید اجازه نمی دهیم دیگری جای شما را بگیرد. تا هنگامی که بحرین خودش را جزو فدراسیون ممالک عرب خلیج فارس می داند ما نمی توانیم به آنها کمک برسانیم. مگر اینها به موجب نوشته های خودتان همان دزدان دریایی نمی باشند؟ حل مسأله بحرین به حل مسأله جزایر خلیج فارس وابستگی کامل دارد. این جزایر از لحاظ سوق الجیشی برای ما مهم می باشند.
آقای هیث عقیده داشت جزایر و شیخ نشین ها بدون یاری ایران نمی توانند سرپا بمانند. همکاری با ایران برای آن ها یک مسأله حیاتی است.

چرا مرا روانه برزیل کردند؟
فردای روز تشویق و تقدیر نخست‌وزیر رفتنی شدم!

در اردی‌بهشت ۱۳۵۷ من سخنگوی وزارت امورخارجه و مدیر کل اطلاعات و مطبوعات آن وزارتخانه بودم. گذشته از صبح‌ها، بعد ازظهرها هم سر کار حاضر می‌شدم تا روزنامه‌های عصر (اطلاعات و کیهان) را بررسی کنیم تا اگر در مورد اخبار خارجی نظری هست آنرا با سردبیران این دو نشریه در میان بگذارم. عصر ۱۸ اردی‌بهشت تا چشمم به روزنامه اطلاعات افتاد، خشکم زد. این روزنامه چهارصفحه شماره ویژه روزنامه «انیس» افغانستان را به تعداد نسخ روزنامه اطلاعات تکثیر و به عنوان ضمیمه روزنامه منتشر کرده بود. عناوین صفحه اول روزنامه انیس عبارت بودند از:

کاخ قدرت آخرین جلاد دودمان نادرشاه برای همیشه فروریخت، نگاهی به جنایات تاریخی خاندان نادری در افغانستان. فرمان شماره یک شورای انقلاب جمهوری دموکراتیک افغانستان.

بسم الله الرحمن الرحیم

فرمان شماره ۲ شورای انقلابی

درهمین صفحه عکس نورمحمد ترکی رئیس شورای انقلابی جمهوری

دموکراتیک افغانستان و صدراعظم کشور و عکس ببرک کارمل معاون شورای انقلابی و دیگر سران شورای انقلاب چاپ شده بود.
دیگر صفحات روزنامه انیس نوشته های هیجان انگیزی بود که بطور کلی از مردم دعوت می کرد به انقلاب بپیوندند و به ظلم و فساد در افغانستان خاتمه بدهند.
در آن روزها وضع ایران نسبتاً آرام بوده و دولت آقای جمشید آموزگار حاکم بر اوضاع به نظر می آمد در چنین وضعی یک تلنگر نسنجیده می توانست مردم را به هیجان در آورده و آتش زیر خاکستر را به آتشفشان مبدل کند.

سال ها بعد آقای علیرضا نوری زاده به من گفت قراردادن شماره ویژه انیس لای روزنامه اطلاعات از ابتکارات ایشان بوده است . نوری زاده ژورنالیست آگاه به مسایل دنیای عرب و خاورمیانه در آن زمان سردبیر اخبار خارجی روزنامه اطلاعات بود.
بلافاصله پس از بررسی سریع مطالب رونامه «انیس» تلفن را برداشته نمره مستقیم آقای داریوش همایون وزیر اطلاعات دولت آموزگار را گرفتم. تا گفت الو ! صدایش را شناخته پس از معرفی خودم گفتم ضمیمه روزنامه اطلاعات امروز را ملاحظه کرده اید گفت بلی دیده ام. چطور مگر؟ گفتم تصور نمی کنید کار بسیار خطرناک و تحریک آمیزی است. خواهشمندم دستور فرمایید اقلاً از ارسال روزنامه به شهرستانها خودداری شود. داریوش همایون با خونسردی جواب داد شاید کار خوبی نبوده است. ولی قبول بفرمایید که روزنامه اطلاعات از نظر ژورنالیستی ابتکار جالبی کرده است. پاسخ دادم با این برداشت باید آتش زدن بانک ها و سینما ها را هم از ابتکارات جالب تروریست ها به شمار آورد.
از آن تاریخ اختلاف نظر من با وزیر اطلاعات بیشتر شد.

***

صبح ۱۴ فروردین ۱۳۵۷ منشی وزیر امور خارجه به من خبرداد که باید

همین امروز ساعت ۵ بعدازظهر در فرمانیه (خانه وزیر) با ایشان ملاقات و مذاکره بنمایم.

سر ساعت زنگ در خانه آقای وزیر عباس خلعت بری را زدم و پیشخدمت مرا به یک اتاق کوچک نزدیک در ورودی که حالت دفترخصوصی را داشت رهبری کرد. خلعت بری نشسته روی یک صندلی راحتی منتظر من بود. مانند همیشه آرام و متین شروع به سخن کرده پس از اشاره به هوای لطیف بهاری که متاسفانه اخبار مربوط به اغتشاشات داخلی نمی گذارد از آن لذت ببریم. گفت: امروز صبح که شرفیاب بودم شاهنشاه از اوضاع کشور خیلی متاثر و ناراحت بودند و با تاثر به من فرمودند من به کارگران، پیشه وران، روستائیان، کارمندان و زنان و بطور کلی اکثریت مردم این همه مزایا داده ام و موجبات رفاه آنها را فراهم آورده ام چرا این مردم برای دفاع ونگهداری از مزایایی که از آن برخوردارند و مقابله با خطراتی که متوجه مملکتشان است حرکتی نمی کنند.

چرا در برابر تظاهرات مخالفان تماشاچی و خاموش می مانند؟ اعلیحضرت مخصوصاً یاد آور شدند اعضای وزارت امورخارجه که از بالاترین مزایا برخوردارند و به مناسبت وظیفه ای که دارند به اوضاع بین المللی آشنا هستند. باید در امر ارشاد مردم و آگاه ساختن آنها ا ز تحریکات خارجی حرکتی بنمایند و پیشقدم باشند. چون چای آورده بودند تا وزیر خواست فنجان چای را بلند کرده بنوشد، گفتم از فرمایشات اعلیحضرت چنین بر می آید که ریشه تمام این اغتشاشات را از تحریکات خارجی ها می دانند وزیر یک جرعه چای نوشید و به من نیز تعارف کرد و گفت اگر چای دوست ندارید بگویم قهوه بیاورند گفتم متشکرم چای بسیار عالی است. آنگاه وزیر با لحن قوی تر گفت از لحن رادیوی بی بی سی و دیگر اخباری که می رسد می توان نتیجه گرفت که دست خارجی در کار است. به شما مأموریت می دهم که یک کمیته ارشاد و آگاهی در وزارت خارجه تشکیل بدهید و همین امشب بیانیه ای برای انتشار آماده کنید و فردا هم در دفترتان

با خبرنگاران داخلی و خارجی یک مصاحبه ترتیب دهید. از اظهارات وزیر تعجب کردم زیرا او هیچوقت به من زیاد میدان نمی داد. خلعتبری فوق العاده به امیرعباس هویدا نزدیک بود. آنها در سال های اخیر تعطیلات تابستانی را هم با همدیگر می گذرانیدند و باهم به جزایر یونان می رفتند. از روزی که اردشیر زاهدی که اجازه نمی داد دیگران در کار وزارت خارجه مداخله کنند استعفا داده رفته بود، خلعتبری بیشتر کارها را با مشورت و نظرخواهی هویدا انجام می داد و دوتایی یکه تاز میدان شده بودند. آنها هردو در این باور بودند که من از آنها تکذیب و از اردشیر زاهدی تعریف می نمایم. این باور به کلی خطا و نابجا بود. نخست اینکه زاهدی به تعریف من نیاز نداشت از تملق و خودشیرینی هم سخت بیزار بود بنابراین دلیلی نداشت در مجالس زبان به تعریف ایشان بگشایم. اردشیر اهل دودوزه بازی کردن نبود اگر از کسی بدش می آمد، رک و راست به رویش می گفت. ولی چون کافر همه را به کیش خود پندارد هویدایی که ریاست وزرایی زیر زبانش مزه کرده و سخت به میز و صندلی صدارت چسبیده بود حساسیت زیاد در برابر هرگونه انتقاد علنی و یا حتی خیالی نشان می داد. (مراجعه فرمایید به فصل عروسی دختر احمد ظهیر)

برای هویدا موش دوانی و انتریک در کار مقاماتی که همراه وی نبودند خصلت ثانی شده بود، بطوری که در مقام وزیر دربار نمی توانست از انتریک در کار نخست وزیر جمشید آموزگار خودداری نماید. در بازگشت از مأموریت کانادا که آن را هم دنباله ماموریت سانفرانسیسکو حساب کرده و تا می توانستند کوتاهش کرده بودند وزیر خارجه آقای خلعتبری با خوشایند نخست وزیر امیر عباس هویدا مدت یک سال و نیم مرا با عناوین پوچ مهماندار عالی، مشاور عالی و بازرس عالی بیکار نگهداشت تا آنکه همانطوری که نوشتم هوشنگ باتمانقلیچ به دادم رسید و موجباتی فراهم آورد تا ریاست اداره R.C.D همکاری منطقه ای بین ایران ـ پاکستان و ترکیه انتخاب شوم. این اداره بودجه جداگانه داشته و

از استقلال نسبی برخوردار بود. بانوان برجسته ای مانند صفیه افخمی و فریار و کاظمی جزو کارمندان بودند و دبیر کل R.C.D در آنموقع دیپلمات شایسته و بسیار مهربان و نازنینی بود به نام احمد مینایی ـ هوشنگ باتمانقلیچ هم با نهایت مهربانی زیر و بم های این اداره را یادم می داد. این است که خاطرات بسیار خوب از دوران ریاست این اداره نگه داشته ام.
پس از نزدیک به پنج سال بالاخره چون کسی را که حائز شرایط بوده و مورد قبول ژورنالیست های داخلی و خبرنگاران خارجی باشد برای تصدی اداره کل اطلاعات و مطبوعات نداشتند ناچار به سراغ من آمدند و برای بار دوم مدیر کل این اداره شدم ـ این اداره وسیع ترین اداره وزارت خارجه بود و حدود ۴۰ نفر عضو داشت ـ البته این بار از آن اختیارات و قدرت که در همین سمت زمان وزارت اردشیر زاهدی داشتم، خبری نبود ولی از هرحال کاری بود که به زیر و بم آن آشنا بوده و چم و خم و فوت و فن آن را خوب می دانستم و دوست داشتم.

بهرحال از اصل مطلب به دور افتادم خواستم خوانندگان توجه فرمایند که در چه فضا و شرایطی خلعتبری ماموریت مقابله با تبلیغات دشمنان رژیم آن هم در سطح مملکتی و بین المللی را به من می سپرد.
در جواب وزیر خارجه گفتم البته اوامر جنابعالی مطاع است ولی واگذاری یک چنین وظیفه ای را به وزارت امور خارجه با بودن حزب رستاخیز و وزارت اطلاعات ودیگر دستگاههای مجهز مملکتی چگونه تعبیر می فرمایید؟ جواب داد علت این است که همانطوریکه اشاره کردید اعلیحضرت در این باور می باشند که تمام اغتشاشات و تحریکات ریشه و سرنخ خارجی دارد و بنابراین مبارزه با چنین تحریکاتی در درجه اول بعهده وزارت امورخارجه است. برخواستم خداحافظی کنم گفت من فردا صبح زود به اتریش می روم. بیانیه را همین امشب حاضر کرده شش صبح فردا به فرودگاه بیاورید.
این را گفت و پاشد و دستش را برای خداحافظی دراز کرد. دستش را

فشرده یک راست به خانه ام واقع در مقصودبیگ تجریش رفتم و بلافاصله مشغول نوشتن بیانیه شدم.

با توجه به اینکه چندی پیش مقام و دستگاهی که هرگز معلوم نشد کی و کدام بوده است طی مقاله ای فحش خواهر و مادر به خمینی داده و با این روش خشم شدید وی و عده‌ای از روحانیون را برانگیخته بود. من در بیانیه لحن ملایمی در برابر روحانیون بکار بردم، معتقد بودم در آن زمان روحانیون و مخالف های دیگر به موفقیت شان اطمینان نداشتند و هنوز از ارتش می ترسیدند و هرگز گمان نمی کردند رهبری مملکت تا این حد ناتوان بوده و به این آسانی از میدان به در می رود. آنها هرگز به خواب هم نمی دیدند که ارتش به این زودی متلاشی شود. در آن روزها هنوز عده ای از روحانیون با نفوذ مانند آیت الله العظمی شریعتمداری و دیگر روحانی های عالی مقام به شاه پیام فرستاده وابستگی خود را به مقام سلطنت اعلام می داشتند، بنابراین برانگیختن خصومت جامعه روحانیت صلاح نبود. از سوی دیگر از زبان سپهبد محسن مبصر رئیس شهربانی های کشور مطالبی شنیده و به خاطر سپرده بودم که مرا مصمم تر کرد از Antagonize کردن (جری و دشمن کردن) روحانیون خودداری کنم. سپهبد مبصر را گاه و گداری خانه سرلشگر حسن رزم آرا در تجریش سر راه دربند می دیدم. سرلشگر حسن رزم‌آرا برادر سپهبد حاج علی رزم آرا نخست وزیر پیشین بود و برادرم سید حسین دختر زیبای او را که اسم مناسب حال زیبا را داشت نامزد کرده بود. سرلشگر حسن و همسرش سفره گشاده و در باز به روی دوستان و خویشان داشتند و مهمان نوازی گرم آنها باعث می شد روزهای جمعه عده زیادی در خانه و باغ قشنگ آنها جمع بشوند.

سپهبد مبصر با من ترکی حرف می زد ولی در نوشتن واژه های فارسی سره و بعضاً من درآوردی بکار می برد. من از صراحت لهجه و شخصیت وی که عقیده اش را رک و راست می گفت خوشم می آمد. وی عقیده داشت که ناشیگری دولت در زمان نخست وزیری امیراسدالله علم باعث شد که روحانیون یک صف واحد در برابر شاه تشکیل بدهند. وی می گفت در

بیشتر موارد که با پیشگیری می توانستند از برخورد جلوگیری کنند. دست روی دست می گذاشتند تا کار به خشونت می کشید و آنگاه مجبور می شدند به سرکوبی متوسل بشوند که آن هم خشم مردم را بیشتر می کرد. سپهبد می گفت یورش سربازان گارد شاهنشاهی به مدرسه فیضیه قم که با شیوه ناپخته و بچگانه انجام یافت موجب اتحاد و بقول خمینی وحدت کلمه روحانیون گردید. سپهبد مبصر تعریف می کرد که ۱۳ اردی بهشت ۱۳۴۲ او را که معاون انتظامی شهربانی بود مامور کردند به قم رفته تلاش کند آرامش شهر حفظ شود زیرا خبر رسیده بود که قرار است خمینی روز دهم محرم عاشورا برابر ۱۳ خرداد ۱۳۴۲ با تشریفات خاص روی دست و دوش مردم به مسجد برود تا در منبر سخن رانی بسیار آتشین و تندی علیه شاه و رژیم بنماید.

مبصر به تهران پیشنهاد می کند حالا که میدانیم سخنرانی خمینی تحریک آمیز و بسیار تند خواهد بود بهتر است از رفتن وی به مسجد و ایراد سخنرانی جلوگیری کنیم. تهران جواب می دهد بگذارید برود و هرچه می خواهد بگوید. در نتیجه خمینی به مسجد می رود و در پایان سخنان تند و آتشین اش می گوید:

من دست این پسره را می گیرم و از ایران می اندازم بیرون.

تاثیر این حرف در جری کردن مردم علیه رژیم فوق العاده بود. به اصطلاح پرده دریده شد و روی مردم زیاد شد و حرمت شاه زیان جبران ناپذیر یافت. مردم فهمیدند می شود دست شاه را گرفت و انداختش بیرون.

بیانیه را صبح ۱۵ فروردین ۱۳۵۷ (۲۵۳۷) شاهنشاهی در سالن تشریفات فرودگاه مهرآباد به آقای خلعتبری دادم به دقت خواند و پس داد و برای من آرزوی موفقیت کرد. از همان جا به وزارتخانه آمدم. یکی از همکارانم را مامور کردم بیانیه را به خبرگزاری پارس و روزنامه های اطلاعات و کیهان بفرستد و برای ساعت ۱۱ خبرنگاران داخلی و خارجی و نمایندگان آژانس های خبرگزاری تاس ـ آسوشیتدپرس ـ یونایتدپرس ـ خبرگزاری

آلمان و آژانس فرانس پرس را به دفتر من برای انجام یک مصاحبه مطبوعاتی دعوت بنماید. سپس به دفتر آقای منوچهر ظلی معاون سیاسی رفتم و پس از شرح رویدادها از ایشان خواستم کلیه اعضای وزارتخانه را درسالن سینما جمع کند تا من بیانیه را برایشان بخوانم و در همین جلسه کمیته ارشاد و آگاهی را تشکیل بدهم. آقای ظلی که مرد بسیار محتاط و محافظه کاری است نخست تردید نشان داد اما همین که یادآور شدم این امر شاهنشاه و دستور وزیر است ناچار راضی شد و به این ترتیب کلیه معاونان و مدیران کل و رؤسای ادارات در ساعت ۹ درسالن سینما جمع شدند. پس از مقداری توضیح درباره تحریکات خارجی بیانیه را خواندم و کسی نظر خاصی در مورد آن نداشت. انتخاب اعضای کمیته شروع شد و در نتیجه آقای سلطان سعید سنندجی مدیر کل امور آسیا و آفریقا به ریاست کمیته و آقایان جواد هاشمیان و پرویز اتابکی و سیامک مفتاح به عنوان اعضا و من به دبیر کلی و سخنگویی برگزیده شدم.

این بیانیه بصورت مصاحبه با سخنگوی وزارت امورخارجه با عنوان «اقلیت تظاهر کننده را از خود نمی‌دانیم در صفحه اول روزنامه اطلاعات ۱۵ فروردین ۱۳۵۷ و در سایر مطبوعات با تیترهای دیگر منتشر شد. قسمت‌های اساسی این بیانیه بقرار زیر است:
پرویز عدل سخنگوی وزارت خارجه اعلام کرده اعضای وزارت خارجه یک ستاد ارشاد و آگاهی تشکیل داده اند. این ستاد آگاهی ها و تجربیات خود را در اختیار هم میهنان قرار می دهد تا با هشیاری متوجه تحریکات بیگانگان باشند. وی گفت وظیفه ما ایرانی هاست که برای ارشاد مردم دربه در و حجره به حجره و مغازه به مغازه و شهر به شهر رفته و با هم میهنان صحبت کنیم.
پرویز عدل پس از برشمردن حوادثی که در کشورهای مختلف روی داده خطاب به دانشجویان و روحانیون گفت در ویتنام خودسوزیهای ناآگاهانه روحانیون بودایی و تظاهرات محصلین علیه رژیم منجر به این شد که مملکت

به چنگ کمونیست ها بیافتد و روحانیون و دانشجویان و روشنفکران اولین قربانی های تغییر رژیم بشوند.

خوشبختانه روحانیون و دانشجویان ایرانی به بازیهای پشت پرده و مسائل بین المللی و تحریکات خارجی ها آگاهی دارند. ما نمی گذاریم توطئه گران بیگانه جوانان ما را فریب دهند و به سنگر مستحکم ایمان رخنه وارد کنند. روحانیون مادر به ثمر رسانیدن مشروطه سلطنتی نقش مهمی داشته اند . متاسفانه بعضی از موضوعات گاهی بطور وارونه به عرض آنها می رسد.

ذکر معایب با تحریک مردم به هرج و مرج دو امر جداگانه است. ممکن است اقلیت کمی از برادران و خواهران ما در اثر تحریکات اجنبی ها برای کوتاه مدت فریب بخورند ولی ما آنها را از خود نمی رانیم و آغوش مام وطن برای پذیرفتن آنها آماده است. این دانشگاه ها، لابراتوارها و مزارع و کارخانجات مال تو هموطن ایرانی است. چرا آتش می زنی؟ چرا خراب می کنی؟ آزادی گانگستر بازی و حمله به بانک ها و سینماها و مؤسسات ملی و دولتی نمی باشد. در مصاحبه با نمایندگان خبرگزاری های خارجی گفتم: ایران یکی از مراحل حساس تاریخ خود را می گذراند ولی مانند همیشه از این آزمایش تلخ نیز سرانجام پیروز بیرون خواهد آمد.

خبرنگاران خارجی بیانیه و مصاحبه مطبوعاتی مرا به سرتاسر جهان مخابره کردند و به فاصله کمی من با نهایت شگفتی خودم را با واکنش نامطبوع ساواک ـ حزب رستاخیز و وزارت اطلاعات روبرو یافتم. به طوری که بعد آگاهی یافتم دو موضوع در بیانیه و مصاحبه مقامات امنیتی و وزارت اطلاعات را ناراحت کرده بود. یکی آنکه مقارن با این زمان مطالب بسیار زننده و توهین آمیز از قبیل ناسزا به پدر و مادر روحانیون با در جراید انتشار یافته بود در حالی که من درمورد آنها جملات ملایمی بکار برده بودم تا بیش از این بر انگیخته نشوند و تمام پل های پشت سر خراب نگشته در برای گفتگو باز بماند.

دیگر اینکه با وجودی که در بیشتر شهرهای ایران خصوصاً قم و تبریز

تظاهرات خشونت آمیز روی داده بود و بانک ها و سینما ها را به آتش کشیده بودند و پلیس از عهده برقراری نظم بر نیامده و ناچار ارتش مداخله کرده و در برخوردهای خشونت آمیز بسیاری کشته و زخمی شده بودند و مردم خصوصاً مقامات بالا در نگرانی شدید بسر می بردند سیاست وزارت اطلاعات و ساواک براین بود که بگوید درمملکت آب از آب تکان نمی خورد و آرامش کامل برقرار است.

شب پنجشنبه ۱۷ فروردین در مهمانی سفارت یونان آقای ظلی که در غیاب وزیر عهده دار امور وزارت خارجه بود مرا به گوشه ای کشانیده و گفت اظهارات شما مورد پسند دولت قرار نگرفته است و وزیر اطلاعات از قول نخست وزیر به من گفت اظهارات دکتر عدل خلاف سیاست دولت بوده و برای دولت مشکلاتی ایجاد کرده است. پرسیدم شما چه جواب دادید؟ گفت من به ایشان گفتم ما که از عهده آقای عدل بر نمی آئیم. البته از این جریان و پاسخ عجیب آقای ظلی خیلی ناراحت شدم ولی چون می دانستم موضوع مورد تایید وزیر خارجه است و از طرف شاه هم در این جهت دستوراتی صادر شده است نگران نشدم.

صبح شنبه ۱۹ فروردین که وزیر خارجه از سفر اتریش برگشت ماجرا را تلفنی به ایشان خبر دادم و او گفت جریان را بعرض شاهنشاه می رسانم. همان روز وزیر معاونان و مدیران کل و رؤسای ادارات را به صرف ناهار در تالار کنار دفتر کارش دعوت کرد. در این اجتماع وزیر اطلاع داد که در شرفیابی امروز آقای پرویز خوانساری را بعنوان معاون تازه امور اداری و کنسولی به پیشگاه ملوکانه معرفی کرده است البته همه او را می شناختیم زیرا در زمان وزارت آقای اردشیر زاهدی همین سمت را داشت و چون در کارها برندگی داشت و سعی می کرد مشکلات را حل کند بیشتر از او خاطره خوب داشتند . وزیر پس از معرفی خوانساری رو به من کرد و گفت: امروز درباره مصاحبه شما و اعتراض دولت به شرف عرض رسانیدم فرمودند اظهارات عدل مورد تایید ما است. از این حرف بسیار خوشحال

شدم خصوصاً که کلیه مقامات عالی رتبه وزارت خارجه آن را می شنیدند...
ولی چند روز بعد یعنی ۲۲ فروردین نامه ای به کلی سری از نخست وزیری با شماره ۹۸-۳۷۰ به وزیر خارجه رسید که نشان می داد ساواک و وزارت اطلاعات دست بردار نیستند و می خواهند به هر نحوی شده مرا از میدان به در کنند.

آقای خلعتبری مرا به دفترش خواسته نامه نخست وزیری را به من نشان داد. مضمون نامه چنین بود:
مصاحبه مدیر کل اطلاعات و مطبوعات وزارت خارجه بازتاب ناخوش آیندی داشته و بهانه هایی بدست مغرضان داده است و از جمله رادیوی لندن با نقل جمله هایی از ایشان گفته است : کشور ایران یکی از بحرانی ترین دوران تاریخ خود را می گذرانند. این روزنامه سپس به دایرشدن یک کمیته اطلاعاتی در وزارت خارجه برای روشن کردن مردم اشاره کرده و یاد آور شده است که آقای عدل به کارکنان وزارت خارجه ماموریت داده تا در صورت لزوم به هر خانه و مغازه شخصاً مراجعه کرده و ایرانیان را از خطر توطئه های که بر ضد مملکت به عمل می آید آگاه سازند و این اقدامی است که پریشانی رژیم را به خوبی نشان می دهد. گذشته از اینها رادیوی عدن هم اظهارات آقای عدل را نشانگر نگرانی رژیم دانسته است. بنابراین اولاً به آقای عدل دستور فرمایید در مورد اصلاح گفته های خود و یا اگر درست منعکس نشده است درباره تصحیح آن اقدام کند.
ثانیاً برای جلوگیری از مستمسک دادن بدست مغرضان حق این است آقای عدل قبلاً مطالبی را که میخواهد در مصاحبه ها اظهار کند با حزب رستاخیز درمیان بگذارد.
پس از اینکه نامه را خواندم وزیر نظر مرا خواست. گفتم در حالی که خبرنگاران خارجی شاهد اغتشاشات کشور می باشند ادعای اینکه همه چیز آرام و روبراه است بیشتر به شوخی شبیه است. روزنامه اومانیته را

می شناسید که ارگان حزب کمونیست فرانسه است و رادیوی عدن هم یک بلندگوی کمونیستی است از آنها چه انتظار دارید؟

تکلیف رادیوی بی بی سی لندن نیز که این روزها در هر برنامه در جهت دامن زدن به آتش اغتشاشات ایران سخن پراکنی می کند کاملاً معلوم است و اما اینکه باید با حزب رستاخیز مشورت کنم و از آنها دستور بگیرم این آنها هستند که باید در مسائل بین المللی از وزارت امورخارجه پیروی کنند. در حالی که شهرها در آتش می سوزند و خبرنگاران آن را می بینند، دولت می خواهد بگوید آب از آب تکان نمی خوردو ایرادشان این است که چرا گفته ام ایران یک دوران بحرانی را می گذراند.در چنین وضعی ادعای اینکه آب از آب تکان نمی خورد مسخره است. وزیر در جهت توضیحات من جواب تندی به نامه نخست وزیری داد ولی او اردشیر زاهدی نبود که اگر مدیر کل یا رئیس اداره اش به دستور او کاری کرده است. استوار و محکم پشتش بایستد و در این راه ظاهر و باطن اش یکی باشد. در واقع بعدها فهمیدم با وجودیکه خلعتبری به نامه نخست وزیر پاسخ تند داد و در ظاهر از من پشتیبانی می کرد ولی در همان زمان دستور داده بود برای من از برزیل پذیرش بخواهند تا هرچه زودتر از ایران بروم.

بهرحال من که خبر نداشتم می خواهند مرا مرخص کنند در روزهای بعد کمیسیون هایی با شرکت نمایندگان ساواک ـ فرهنگ و هنر ـ حزب رستاخیز ـ وزارت اطلاعات ـ رادیو و تلویزیون در دفترم تشکیل داده و برای مقابله با تبلیغات مخالفان خارجی و داخلی پیشنهاداتی تهیه و به نخست وزیر فرستادم با قبول این پیشنهاد ها سیاست تبلیغاتی ایران تغییرات بنیادی می یافت.

دهم خرداد طرف های عصر داشتم در باغ خانه چمن ها را آب می دادم که دخترم ماریا صدا کرد : «بیا نخست وزیر پای تلفن است و می خواهد با تو صحبت کند» دویدم، پری کلانتری همشهری تبریزی و هم کلاس دیرین

من منشی نخست وزیر پای تلفن بود و پس از خوش و بش تلفن را به نخست وزیر وصل کرد. آقای آموزگار گفت گزارش شما و پیشنهاداتی که درباره زیر و رو کردن سیستم تبلیغات و اصلاح بنیادی آن نموده اید به دقت خواندم. بسیار خوب است و خیلی خوب و با شهامت تجزیه و تحلیل کرده اید به شما تبریک می گویم. در کارتان دلگرم و موفق باشید و ادامه بدهید. خیلی از تشویق ایشان تشکر کردم و گفتم در خدمت تان هستم. این دهم خرداد بود. ۱۲ خرداد یعنی فقط دو روز بعد صبح تازه پشت میزم نشسته بودم که پرویز خوانساری مرا خواست و تا وارد اتاق کارش شدم گفت پرویزخان باید بروی برزیل برایت پذیرش خواسته ایم!!

با تعجب گفتم حالا که نخست وزیر از کارهای من اظهار رضایت کرده چطور شد که رفتنی شده ام گفت حزب رستاخیزی ها و وزارت اطلاعاتی ها پارا دریک کفش کرده اند که پرویز عدل باید برود. خوانساری اضافه کرد برادر تو به سلامتی به برزیل برو. شش ماه بعد یا اینکه ترا به پست مهم تری می فرستیم و یا اینکه بر می گردی ایران و در سطح مملکتی از وجودت استفاده خواهد شد. در مورد بودجه و اعتبارات هم چون دست خود من است هیچ نگران نباش. هر چه بخواهی تامین خواهم کرد. ضمناً به وعده های این حضرات متکی نشو هیچکدام این را ندارند(اشاره کرد به لای دو پایش)!

همان روز عصر جریانات را به بعضی از دوستان از جمله آقای منوچهر محامدی دوست نزدیک آقای جمشید آموزگار و آقای معینیان رئیس دفتر مخصوص شاهنشاهی و نیز آقای دکتر امیراصلان افشار رئیس دفتر کل تشریفات سلطنتی اطلاع دادم. منوچهر محامدی که با من علاوه بر دوستی خویشاوندی سببی هم داشت عصر ۱۳ خرداد به من زنگ زد و گفت با نخست وزیر تلفنی صحبت می کردم تا اسم ترا آوردم شروع کرد به تعریف از تو. به ایشان گفتم تعریف چه فایده دارد؟ دارند یارو را قلاب

سنگ می کنند آن طرف دنیا گفت می دانم زیرا معینیان دراین باره با من صحبت کرده است. بهتر است ایشان بروند، شش ماه دیگر به تهران منتقل اش می کنیم تا در سطح مملکتی از وجودش استفاده کنیم. با این همه من هنوز در رفتن یا ماندن در تردید بودم تا اینکه پدرزنم آقای جعفر اتحادیه که باغ بزرگش همسایه باغ ما بود گفت پسر مگر دیوانه شده ای نمی بینی بر درو دیوار خانه من و خانه شما شعارهای مرگ بر شاه خائن نوشته اند. همین روزهاست که بریزند همه ما را بکشند. فرصت را غنیمت بدان و بگذار برو. به این ترتیب تصمیم گرفتم به برزیل بروم. چون تصمیم خود را گرفته و خیالم آرامش یافته و از تردید و دودلی آسوده شده بودم. شب پای تلویزیون نشستم و با آرامی به بازی های فوتبال جام جهانی که در آرژانتین بوئنوس آیرس جریان داشت نگاه کردم لهستان و آلمان غربی باهم بازی می کردند و نتیجه صفر بر صفر شد.

خداحافظی سرد
رمز محبوبیت اردشیر زاهدی

۱۶ ژوئن ۱۹۷۸

دیروز وزیر خارجه به مناسبت پایان مأموریت سفیر عراق مهمانی ناهار در وزارت امور خارجه ترتیب داده بود. پس از ناهار و سخنرانی درباره روابط گرم دوستانه بین دو ملت و ذکر خدمات سفیر عراق در جهت گسترش روابط بین دو کشور، همراه آقای خلعتبری تا دفتر کارش رفتم تا با ایشان خداحافظی کنم. آنچه در این خداحافظی می‌خواستم با ایشان در میان بگذارم روی نیم برگ کاغذ یادداشت کرده بودم. ابتدا به انگلیسی و فارسی قاطی هم گفتم مأموریت برزیل came as a surprise ولی نگفتم سورپریز خوب یا بد. فقط گفتم پس از پنج سال اقامت در مرکز که ۱۸ ماه آن با عناوین مهماندار عالی و مشاور عالی عملاً بیکار بودم نمی‌توانم به خودم به مناسبت رفتن به برزیل تبریک بگویم. ولی هرچند کسی از من نمی‌خواهد ولی تلاش خواهم کرد بلکه کاری انجام بدهم و آن اینکه همانطوریکه به خاطر دارید دو سال پیش در جزیره کیش سمپوزیوم سیاست مستقل خارجی ایران تشکیل یافته بود و مرا از طرف وزارت خارجه همراه چند تن از همکاران به این سمپوزیوم فرستادید.

در این سمپوزیوم با اشاره به اهمیت توسعه کشاورزی مملکت گفته شد مادامی که ایران قادر به تامین نیازمندی های عذائی خود نباشد مشکل

می‌تواند یک سیاست مستقل ملی خارجی داشته باشد. در وضع فعلی ایران نیازمندیهای غذایی خود را از کشورهای خارجی و بیشتر از ممالک اروپای شرقی مانند رومانی و بلغارستان خریداری و از طریق زمینی ترکیه با کامیون و تریلی وارد می‌کند. ترک‌ها مرتب از صدماتی که این کامیونها به شبکه راههای کشورشان می‌زند شکایت دارند و هرگاه روابط بین دو کشور رو به سردی بگذارد می‌توانند این راه را ببندند. قسمت دیگر نیازمندیهای غذایی ایران از اروپا و آمریکا خریداری می‌شود و کشتی های حامل این مواد از کانال سوئز می‌گذرند. این آب راه مهم هر زمان ممکن است در اثر جنگ بین اسرائیل و مصر بسته شود کافی است یک کشتی در این کانال غرق کنند تا برای اقلاً شش ماه راه بسته شود. کشورهای رومانی و بلغارستان هم که کمونیست می‌باشند هر زمان که سیاست شان اقتضا کند یا اینکه شوروی دستور بدهد از فروش مواد غذایی به ایران خودداری خواهند کرد.

با یک چنین وابستگی برای تامین غذای ملت‌مان به هوا و هوسهای کشورهای دیگر چگونه می‌توانیم یک سیاست مستقل ملی خارجی دنبال کنیم. همیشه ناچاریم مراقب باشیم به گوشه خال لب این و آن بر نخورد همین روزها ترکیه فشار می‌آورد که ایران باید هزینه تعمیر و نگهداری راه‌های ترکیه را بپردازد و گرنه ناچاریم راه را به ببندیم. آنها می‌گویند کامیونهای شما بنزین ما را که به آن سوبسید می‌پردازیم مصرف می‌کنند و راهها را شخم می‌کنند و هر کامیون که از مرز Edirne تا سر حد ایران حرکت می‌کند برای ملت ترک به جای استفاده ضرر و زیان دربردارد. ۲۲ ژوئن سال پیش یک پروتکل اقتصادی بین ایران و برزیل امضا شد که به موجب آن تا میزان ۶ میلیارد دلار برای همکاری‌ها و مبادلات اقتصادی بین دو کشور پیش بینی شده است.

با استفاده از این اعتبار می‌توان شرکت های مختلط تولید غذا و گوشت و مرغ و روغن نباتی خصوصاً دانه سویا که محصول عمده برزیل است تشکیل

داده از راه خلیج فارس به بنادر ایران حمل کرد ـ شاهنشاه در مراسم معرفی خطاب به بنده فرمودند «برزیل یک غول بزرگ صنعتی و کشاورزی شده است، هیچگونه نظر سیاسی زیان آور نسبت به ما ندارد».

پروتکل که بین ما امضا شده دست شما را باز می کند. ادامه دادم: استحضار دارید که شهر برازیلیا از کلیه مراکز صنعتی و تجارتی برزیل دور است. سفارت ایران فقط یک حسابدار و یک عضو دارد ... بدون اعتبار کافی برای تحرک و مسافرت و نیز یک وابسته اقتصادی لایق بسیار مشکل است که بتوانم کار مثبت انجام دهم.

وزیر حرف مرا قطع کرد و گفت شما فعلاً بروید و کار که ایجاد کردید آنوقت کارمند و وابسته بخواهید. شما که در امور روابط عمومی سابقه دارید بهتر است در جهت شناسانیدن ایران و انعکاس ترقیات مملکت مان در رسانه های همگانی برزیل تلاش بنمایید.

گفتم اتفاقاً این همان کاری است که در مورد برزیل ابداً به آن عقیده ندارم زیرا اگر تمام جراید برزیل و رادیوها و تلویزیون هایش مدح و ثنای ایران را بنمایند ذره ای در افکار عمومی جهان و البته در میان مردم ایران اثر ندارد.

حساسیت ما در برابر انتشارات مناسب و یا نامناسب کشورهایی از قبیل برزیل یک حساسیت بسیار بی جا است. اگر عقیده دارید به امور روابط عمومی تسلط دارم چرا مرا به یک کشوری که رسانه هایش در ایجاد افکار عمومی در داخل و خارج ایران مؤثر است نمی فرستید.

در این موقع جوابی به من داد که مرا خیلی ناراحت کرده و برای من نمودار این بود که در پس ظاهر بسیار متین و آرام و نمایش وزیری که در مورد کارمندان فقط ضوابط را در نظر می گیرد یک شخصیت دیگر نهفته است. ظاهر و باطنش یکی نیست. برداشت من این بود که هنوز پس از سالها از محبوبیتی که اردشیر زاهدی بین کارمندان وزارت خارجه دارد، رنج می برد. همین تنش و ناراحتی را هویدا نیز داشت و این دو که خیلی به

همدیگر نزدیک بودند نمی توانستند درک کنند چرا و چگونه یک وزیری به پرخاشگری اردشیر از یک چنین محبویتی برخوردار است. این محبوبیت ریشه در آن داشت که اردشیر هر زمان خودش بود. خالص و مخلص رفتارش. با اعضای وزارت امور خارجه حساب شده و مصنوعی نبود این است که بر دل ها می نشست. اگر شریک غم و شادی کارمندانش می شد برای کسب محبوبیت نبود. خصلت اش همین بود و به این سبب یک رشته عاطفی محکم او را به اعضای وزارت خارجه پیوند می داد. هویدا پشت رل اتومبیل پیکان به دفتر نخست وزیر می رفت در حالی که مردم می دیدند چند مرسدس پر از گارد و ماموران انتظامی پشت و جلو پیکان در حرکت اند. اردشیر بعضاً با هیلکوپتر و یا رولس رویس سر کار می آمد ولی اتومبیل های متعدد گاردهای مسلح نیز جلو و عقب نبودند.

از مطلب دور افتادم برگردیم به جوابی که خلعت بری به من داد جوابی که مرا خیلی ناراحت کرد.
موقعی که گفتم چرا مرا به جایی نمی فرستید که مطالب رسانه هایش در افکار عمومی دنیا و ایران مؤثر است نگاه تندی به من کرد و گفت منظورتان این است که مثلاً به فرانسه بروید و در روزنامه لوموند مقاله ای بنویسید و آنگاه آن مقاله را بدهید تمام روزنامه های ایران ترجمه و چاپ کنند و نام شمارا هم را بنویسند. شما از زد و بند داخل کشور دست بردار نیستید. به نظرم با این رویه جای خدمت شما در وزارت امور خارجه نمی باشد.
این حرف ها را زد و بلند شد دستش را برای خداحافظی دراز کرد. من که مات و مبهوت از این سخنانش بودم دست داده بی اینکه چیزی بگویم دفتر کارش را ترک کردم. دیگر او را ندیدم تا اینکه ۱۳ و ۱۴ مارس در سائوپولو بزرگترین شهر برزیل در ایستگاه مترو و اتوبوس از گیشه روزنامه فروشی یک شماره Journal Da Tarde خریدم و تا ورق زدم چشمم به عکس جسد اعدام شده خلعتبری و محمود جعفریان افتاد. افسردگی تمام وجودم را فراگرفت. خدایا این چه سرنوشتی است که ما داریم. آن

صفحه های روزنامه که مربوط به اخبار برزیل بود پر از عکسهای کارناوال، فوتبال و والیبال جوانان خوش اندام و خندان کنار دریا، گیتار و رقص و شادمانی بود. در صفحه اخبار ایران جنازه های تیرباران شدگان. چرا؟ افسرانی به برازندگی منوچهر خسرو داد، مهدی رحیمی، پاک روان باید بدست ملاهای خونخواری مانند خلخالی شکنجه و تیرباران بشوند. موقعی که شنیدم و خواندم با رادمردانی مانند نصرالله انتظام، دکتر عاملی تهرانی و امثال آنها چه رفتار غیر انسانی و وحشیانه ای روا داشته اند، آه از نهادم برآمد. این مأموریت برزیل که از آن ناراحت بودم و نمی خواستم بپذیرم بطور یقین جانم را نجات داده است. با آنچه در وطن ستم دیده ام می گذرد اگر مانده بودم تا حال هفت کفن پوسانیده بودم.

دکتر عباسعلی خلعتبری وزیر امور خارجه را همه می شناسند ولی شاید لازم است چند جمله درباره محمود جعفریان بنویسم. وی به زبان عربی تسلط کامل داشت و در کشورهای عربی خصوصاً امارات متحده و بحرین بسیاری را می شناخت در گذشته ها فعالیت چپی افراطی داشت و به همین سبب او را دستگیر و زندانی می نمایند ولی مورد بخشش قرار گرفت و دستگاه او را به خدمت گرفت و در کوتاه مدت به مدیر عاملی خبر گزاری پارس و معاونت رادیو و تلویزیون رسید. مردی بود نسبتاً چاق با صورت گرد و با نمک، خوب صحبت می کرد این است که اغلب او را برای سخنرانی دعوت می کردند. در ایام نوروز ۳۶ باهم در بحرین بودیم و در آنجا شاهد بودم چقدر با شیخ ها و مقامات دوستی دارد. در اردی بهشت همان سال به اتفاق کریم پاشا بهادری وزیر اطلاعات به سفر رسمی عراق رفتیم و در این سفر هم به وسعت اطلاعات او درباره عراق بیشتر پی بردم. در مقاله روزنامه برزیلی هرچند پرتقالی نمی دانم ولی چندبار اسم پرویز نیکخواه را دیدم و حدس زدم لابد این بیچاره را هم اعدام کرده اند. پرویز نیک خواه در توطئه سوء قصد به جان شاه در کاخ مرمر دست داشت اعتراف هم کرد ولی بخشیده شد. او درباره اوضاع خاورمیانه اطلاعات

عمیق داشته و مسائل را خیل خوب تجزیه و تحلیل می کرد. جعفریان او را به رادیو تلویزیون آورد و به همکاری انتخاب نمود.

بهر حال آن روز که از دفتر آقای خلعت بری بیرون آمدم خوب فهمیده بودم که تا ایشان سر کار هستند به هیچ یک از درخواستهای من جواب مثبت نخواهد داد و بهتر است به هیچ کار ابتکاری خارج از چهارچوب روتین امور جاری دست نزنم.

***

جو سه لینو کوبیچک رئیس جمهوری برزیل روزی از روزها در همان آغاز کارش در سال ۱۹۵۶ در جلسه هیأت دولت انگشتش را وسط نقشه برزیل گذاشت و گفت در اینجا پایتخت تازه کشورمان را به نام برازیلیا خواهیم ساخت.

کوبیچک در آن روز انگشت اش را روی جایی گذاشته بود که تا آن زمان هیچ آدمیزادی در آن نقطه زندگی نکرده بود.

کشورهایی که به دلایل گوناگون خصوصاً استراتژیکی و یا اقتصادی پایتخت مملکت را به محل تازه ای انتقال می دهند معمولاً جایی را انتخاب می کنند که قبلاً در آنجا دهکده و یا شهرک کوچکی وجود داشته است. مانند آنکارا که در گذشته قصبه کوچکی به نام آنقره بود.[۱] یا کانبرا پایتخت استرالیا [۲] و اسلام آباد [۳] پایتخت پاکستان... و اگر بخواهیم در تاریخ دورتر برویم پایتخت خودمان تهران [۴]

(۱) آتاتورک در ۱۹۱۹ شهرک آنقره را قرارگاه خود کرد و این قرارگاه مرکزی شد برای مقاومت در برابر نیروهای مهاجم یونانی و قوای سلطان عثمانی. در سال ۱۹۲۳ جمهوری ترکیه پایتخت را از استانبول به شهرک آنقره انتقال داد و این شهرک به نام آنکارا پایتخت جمهوری ترکیه شد. جمعیت فعلی آنکارا بالغ بر سه و نیم میلیون نفر است.

(۲) کانبرا مرکز کوچکی بود برای دامداران در ۱۹۰۱ فکر انتقال پایتخت به محل جدید ریشه گرفت و در ۱۹۱۱ طرح و نقشه بنای پایتخت جدید به نام کانبرا را به مسابقه بین المللی گذاشتند آرشیتک آمریکایی Walter Burley Griffin و همسرش برنده طرح شدند و عملیات ساختمانی را شروع کردند در ۹ ماه می ۱۹۲۷ طی مراسم باشکوهی پایتخت استرالیا از ملبورن به کانبرا انتقال یافت.

این شهرها پیش از اینکه پایتخت بشوند شهرک و یا قصبه ای بودند که انسان ها همراه حیوانات اهلی شان در آنجا به سر می بردند و اما کوبیچک روی نقطه ای از نقشه برزیل انگشت گذاشته بود که تا آن تاریخ هیچ آدمیزاد و یا حتی حیوانات و یا ماهی رودخانه و دریاچه در آنجا وجود نداشته است.

آرشیتک های بزرگ برزیلی مانند Lucio.Costa و Oscar Nemeyer که از شهرت جهانی برخوردار بوده و مامور ساختمان پایتخت تازه شدند اولین بنای بزرگ که بوجود آوردند یک فرودگاه بزرگ و عظیم بود زیرا ناچار بودند کلیه مصالح ساختمانی و وسایل زندگی کارگران را به وسط کشور وسیع برزیل حمل کنند. برزیل با مساحتی حدود پنج ونیم برابر ایران به تنهایی از مجموع دیگر کشورهای آمریکای جنوبی بزرگتر است و با همه آنها بجز اکوادور و شیلی هم مرز و همسایه است.

شهر مدرن تازه که در آوریل ۱۹۶۰ بنام برازیلیا پایتخت رسمی برزیل شد. مانند جزیره ای بود که به جای آب اطراف آن را خاک گرفته باشد. از هر طرف که میراندید حداقل باید ۷۰۰ تا ۸۰۰ کیلومتر وسط یک طبیعت یکنواخت می گذشتید تا به یک آبادی دیگر برسید. در این مسافت تا چشم کار می کرد زمین قرمز رنگ بود با بوته هایی شبیه خرزهره، آن هم خرزهره بدون گل. نه گلی بود نه دریاچه ای و نه جنگلی، با خود می گفتید پس این جنگل بزرگ آمازون کجاست؟

برازیلیا را برای فقط ۵۰۰/۰۰۰ نفر جمعیت پیش بینی کرده بودند و اگر

جمعیت فعلی آن حدود ۳۰۰۰۰۰ نفر است. استرالیایی ها به شهر مدرن کانبرا دلبستگی ها داشته و به آن شهری که همتا ندارد لقب داده اند.
(۳) یک کمیسیون ویژه با در نظر گرفتن ملاحظات استراتژیکی و محیط زیست (آب و هوا و منطقه نسبتاً سرسبز) تصمیم گرفت پایتخت جدید و مدرن پاکستان در ۱۴ کیلومتری راولپندی شمال شرقی پنجاب ساخته شود. کارهای ساختمانی با کمک مهندس های معروف جهان در ۱۹۶۱ شروع شد. در سال ۱۹۶۷ پایتخت رسماً از بندر کراچی به اسلام آباد انتقال یافت.
(۴) تهران حومه و شهرک کوچکی بود چسبیده به شهر بزرگی بنام ری که مغول ها در سال ۱۲۲۰ آنرا ویران کردند. آغا محمد خان قاجار سرسلسله خاندان قاجار در ۱۷۸۸ تهران را به پایتختی ایران برگزید.

می توانستند نفوس شهر را در همین حدود نگه دارند می شد گفت شهر از نظر مدرنیسم اصالت دارد و جالب است.
در ماه اوت ۱۹۷۸ که من در مقام سفیر به برازیلیا آمدم شهر ۱۸ ساله بود و جمعیت آن داشت به یک میلیون نزدیک می شد. در طرح اصلی قرار بود خیابانها طوری کشیده شوند که در تقاطع از زیر یا روی همدیگر گذشته و نیاز به چراغ سبز و قرمز ترافیک نباشد ولی در همان مدت کوتاه که در برازیلیا بسر بردم یکی دو جا چراغ ترافیک نصب کردند.

در برازیلیا هر گوشه شهر بیک کار و یا کسب و اداره اختصاص داشت. منطقه بیمارستانها و داروخانه ها و مطب پزشکان، منطقه رستورانها و سینماها و تفریحات، مرکز اغذیه فروشی ها، محله فروشگاههای بزرگ، کوی مدارس و دانشگاه و کتابخانه ها، مرکز هتل ها و متل ها، مجلس سنا و مجلس شورا و کاخ ریاست جمهوری و دادگاه عالی و وزارت خانه ها همگی در مرکز شهر قرار داشتند.
به این ترتیب اگر از محوطه سفارت خارج می شدید جز سفارتهای دیگر چیز دیگری نمی دیدید نه فروشگاهی، نه رستوران و نه قهوه خانه ای که بنشینید و یک چای و قهوه صرف کنید. برای یک قهوه خوردن باید با اتومبیل به آنجایی میرفتید که مرکز کافه هاست.
چون سفارت های خارجی به دشواری از ریودوژانیرو دل می کندند دولت برزیل به کلیه نمایندگی های خارجی در برازیلیا زمین رایگان می داد بشرط اینکه تا مدت معینی شروع به ساختمان بنمایند. ایران اولین کشوری بود که در ۲۴۰٫۰۰۰ مترمربع زمینی که رایگان در اختیارمان گذاشته بودند شروع به ساختمان کرد.
ساختمان دو طبقه سیمانی سفارت به شکل چهار گوش روی ستونهای کوتاه قرار داشت. دور تا دور ساختمان جویبار کم عمقی بود پر از ماهی های رنگارنگ.

کناره های این جویبار بوته ها و نباتات تروپیکال کاشته بودند که بعضی از آنها تا طبقه دوم بالا آمده بودند. از یکی دو فواره کوچک صدای آرام بخش ریزش آب همیشه به گوش می رسید. برای ورود به ساختمان باید از یک پل کوچک رد می شدید. دو سوی درب ورودی بالهای برجسته یک فروهر بزرگ گسترده بود.

دفاتر سفارت در محوطه ورودی باغ بود. در همین محوطه برای اعضای سفارت و خدمه ساختمانهای جداگانه وجود داشت. چون برازیلیا مشکل آب داشت. فقط قسمتی از ۲۴۰/۰۰۰ متر مربع زمین را چمن و گل کاری کرده بودند. یک استخر بزرگ هم وجود داشت که به مناسبت کم آبی کمتر می توانستیم آب آن را عوض کنیم. با اعتباراتی که در اختیار داشتم از آرشیتکت خواستم محدوده آباد باغ را با کاشتن درخت ها و بوته های تزئینی گسترش بدهد. دو طرف خیابان از درب آهنی ورودی تا ساختمان اصلی گلدانهای بزرگ سفالی با گلهای زیبا گذاشتیم. به این ترتیب ظواهر سفارت آراسته تر شد. با توجه به اینکه برازیلیا از مراکز مهم صنعتی و اقتصادی و هنری برزیل به دور بود و بودجه کافی برای مسافرت نداشتم خودم را در یک قفس طلائی حس می کردم که شبانه روزم عاطل و باطل در این پایتخت دورافتاده می گذرد. اخباری هم که از ایران می رسید روزبه روز نگران کننده تر می شد و اعصاب مرا کوفته تر می کرد. من هرگز روز اول ورودم را به ریودوژانیرو فراموش نمی کنم. ۸ ماه اوت ۱۹۷۸ بود که بنا به برنامه اداره تشریفات وزارت خارجه برزیل باید دو سه شب در ریودوژانیرو می ماندم تا آنها خبر بدهند چه روز و چه ساعتی برای پرواز من به برازیلیا از نظر تشریفات مناسب است. در فرودگاه ریودوژانیرو یکی از مأموران تشریفات برزیل از من، همسرم و دختر کوچکترم آزیتا استقبال کرد و ما را به هتل Meridien در بلوار ساحلی کوباکابانا رسانید.

پیش از اینکه تهران را ترک کنم از دفتر والاحضرت اشرف به من خبر داده بودند که والاحضرت اشرف ۲۰ ماه اوت به برزیل می‌آیند. باید تلاش کنم مسافرت کاملاً رسمی باشد. رئیس جمهوری والاحضرت را بپذیرد. وزیر خارجه مهمانی شام بدهد و در پذیرایی سفارت حضور بیابد. این برنامه را به بهترین نحو انجام دادم خصوصاً که برزیلی‌ها به نفت ما نیاز داشتند و برای برآورد خواسته‌های من سر و دست می‌شکستند. انقلاب که شد همان هفته اول دولت انقلابی را شناختند و از پذیرفتن من و حتی جواب تلفن من خودداری کردند. اگر یاری و کمک بعضی از دوستان برزیلی و ایرانی نبود، بدون مسکن و بدون هویت سرگردان می‌ماندم. بهرحال از دفتر والاحضرت اشرف آقای هدایت ذوالفقاری به من گفته بود به هر ترتیبی شده باید از دکتر Pitanguy جراح پلاستیک برزیلی که شهرت جهانی دارد برای والاحضرت وقت بگیرم و این موضوع هم محرمانه بماند.

من همان ساعت اول ورود به هتل به شماره تلفن که از دکتر پیتانگی داشتم زنگ زدم و گفتم والاحضرت اشرف ۲۰ ماه اوت به برزیل می‌آیند و مایل است شما را ببیند. خیلی از آمدن والاحضرت ابراز خوشوقتی کرد و گفت متاسفانه در آن تاریخ در برزیل نخواهد بود. تعارف کرد که والاحضرت و همراهان در جزیره خصوصی‌اش مهمان باشند. پیتانگی در آخر مذاکرات تلفنی گفت امشب در موزه هنرهای مدرن به یاد «کارمن میراندا» مراسمی هست و از من دعوت کرد که به آنجا بروم تا با یکدیگر آشنا شویم. به این ترتیب است که در اولین روز ورودم به برزیل موجباتی پیش آمد که به موزه کارمن میراندا بروم. پیشامد شگفتی بود زیرا که ۱۷ و ۱۸ ساله که بودم در تهران سینما همای نبش خیابانهای نادری و فردوسی فیلمی نشان می‌داد به نام «در راه آرژانتین». بتی

گریپل که عکسش را از مجله شیپور (چاپ هندوستان مجله تبلیغاتی انگلیسها) بریده به دیوار اتاقم چسبانیده بودم و دون آمچ در این فیلم بازی می کردند. فیلم سراسر موزیک، آوازها و رقص های شاد بود. کارمن میراندا با ادا و اطوارهای مخصوص به خودش در این فیلم آوازهای داش شویدا و مامایو که را میخواند. کلاهی داشت با گلها و میوه جات جور واجور ده ها گردن بند به خودش آویخته و مچ و بازوهایش از دست بندهای رنگارنگ پوشیده بود. من سخت از آوازها و ادا و اطوارهایش خوشم می‌آمد. بطوریکه شاید بیشتر از ده بار به دیدن فیلم رفتم. حالا هم که پیر و خسته در گوشه ای از ماساچوست بسر می برم ویدیوی فیلم «در راه آرژانتین» را خریده ام و مرتب هروقت دلم میگیرد تماشا می کنم.
با چنین سابقه و علاقه ای که به کارمن میراندا داشتم واقعاً شگفت بود که در همان شب اول ورود به برزیل در مراسمی شرکت کنم که به یاد این هنرپیشه برپا کرده بودند.

سفر والاحضرت اشرف

واما درباره مسافرت والاحضرت اشرف، من از این والاحضرت خوشم نمی‌آمد. ایشان هم به من لطفی نداشتند.
مطبوعات خارجی از والاحضرت بعنوان ببر سیاه و قدرت پشت تاج و تخت و گردن بند فاسد و مسموم بدور گردن شاه یاد می کردند. از دوست و آشنا و همکارانم هرگز مطلب خوبی درباره ایشان نشنیده بودم.
زمانی که اردشیر زاهدی وزیر خارجه بود با دلبستگی که به حفظ شئون مملکت و وزارت خارجه داشت در مواردی که خواسته های والاحضرت به مداخله در مسؤولیت های وزارت خارجه مربوط می شد. به خواسته های ایشان اعتراض کرده و آنها را خلاف مصالح و شئون مملکت دانسته و می گفت اصولاً افراد خاندان سلطنت نباید مسؤولیت های دولتی بپذیرند نه صلاح خودشان است و نه صلاح مملکت. اردشیر آخرش هم بر سر این

مسأله و یکی دو موضوع اصولی دیگر که با پرستیژ و مصالح کشورمان ارتباط داشت، استعفا داد. او کسی نبود که بهر قیمت که شده به شغل و مقام بچسبد. او پست وزارت خارجه را هم با اصرار بیش از اندازه شاه پذیرفته بود و یکی دو بار هم پیشنهاد نخست وزیری را رد می کند که به نظر من ایکاش پذیرفته بود.

هیأتی از برزیل در تهران آشفته

روز ۲۵ اکتبر سال ۱۹۷۸ میلادی، با هواپیمای برزیلی Varig از ریودوژانیرو؛ فرانکفورت و از آنجا پس از دو ساعت توقف در فرودگاه با هواپیمای لوفت هانزا به سوی تهران پرواز کردم. هواپیما در استانبول توقف کرد و پنجاه شصت نفر مسافر مرد و زن و بچه ترک سوار شدند. با همه شهرتی که لوفت هانزا به نظم و انضباط دارد معلوم شد این مسافرها را علاوه بر ظرفیت و بدون رزرواسیون سوار کرده اند، ناچار پس از اعتراض و داد و بیداد مسافرها و خدمه هواپیما، بالاخره صندلی های خالی قسمت درجه یک را در اختیار آنان گذاشتندو هواپیما در میان گریه و شیون بچه ها و سر و صدای بزرگترها که بلند بلند همدیگر را صدا می کردند، با یک ساعت تأخیر پرواز کرد. پیش از اینکه مشروب الکلی رایگان در قسمت درجه یک سرو شود، ترک ها شروع کردند به نوشیدن عرق محلی مورد علاقه شان «راکی» که همراه آورده بودند. شراب و لیکورهای رایگان به کلی کله ها را گرم کرد و عده ای شروع کردند به آواز خواندن. آرامش قسمت درجه یک به کلی به هم خورد و جنجال و سر وصدا، غوغایی به پا

کرد. یک ترک تنومند سبیل از بنا گوش دررفته که صندلی پشت سرم بود، با مشت به پشت من و آقای حسین وهاب زاده که کنارم نشسته بود می زد و می گفت برادر چرا با ما راکی نمی خوری؟ مگر نمی دانید که تیم فوتبال گالاتاسرای بر بشیک تاش غلبه کرده و قرار است با یونایتد منچستر بازی کند؟ ما که به سبب اوضاع ایران غرق در نگرانی های خودمان بودیم ناچار شدیم به سلامتی گالاتاسرای یکی دو گیلاس راکی که همسفر غول پیکر به ما تعارف کرد بالا بیندازیم تا دست از سر ما بردارد.

راکی که ترک ها به آن (اصلان سوتی) شیر شیر می گویند، مانند OUZO یونانی و عرق لبنانی و پاستیس فرانسوی، در سواحل مدیترانه رواج دارد و در محیط آب و هوای کرانه های مدیترانه همراه با پیش غذاهای مختلف بسیار گوارا است. مقداری آب که به این مشروب اضافه کنید مثل شیر سفید می شود. همین مشروب در پاریس یا نیویورک ابداً مطبوع نیست.

به هرحال نه من و نه وهاب زاده، در میان این جنجال جیک نمی زدیم. کافی بود اعتراض کنیم تا دوستی و ابراز محبت زاییده از مستی به خشونت مبدل شود و دو سه ضربه بر سر ما فرود بیاید. این یک خاصیت طبیعی است که مردهای لوطی منش تا مست می شوند خونگرمی نشان می دهند ولی اگر توی ذوقشان بزنید در یک آن تغییر حالت داده به خشونت می گرایند.

به هر حال وضع آشفته داخل هواپیما که از شرکتی به نظم و ترتیب لوفت هانزا بسیار بعید بود. پیش درآمد آشوب ها و آشفتگی هائی بود که در تهران در پیش داشتیم. عجب آن که آقای وهاب زاده خیلی خونسرد درباره اوضاع ایران بحث کرده و خوش بینانه می گفت وضع ایران خیلی خوب خواهد شد. شاه می ماند و دموکراسی را می پذیرد و ملاها می روند پی کار خودشان.

***

من به عنوان همراهی با هیأت اقتصادی برزیلی که وزیر نیروی برزیل ریاست هیأت را داشت به تهران می آمدم ولی در تهران متوجه شدم که

آقای امیرخسرو افشار قاسملو وزیر خارجه و آقای دکتر امیر اصلان افشار رییس کل تشریفات سلطنتی فکرهایی برای من دارند و به همین سبب بود که خواسته بودند همراه هیأت به تهران بیایم.

برزیلی ها برای عملیات سدسازی و راه و راه آهن در ایران کنسرسیومی به نام Bric تشکیل داده بودند. هر حرف Bric حرف اول یک شرکت بزرگ بود. شعبه برزیلی شرکت بزرگ بین المللی Browen Boveri سهم عمده را داشت. قراردادی که دو سال قبل بین ایران و برزیل امضاء شده و به موجب آن ایران تا میزان بیست میلیارد دلار اعتبار تعهد کرده بود راه را برای فعالیت برزیلی ها هموار می کرد.

من در اواسط اکتبر به دعوت کنسرسیوم از عملیات راه سازی آن ها در یک منطقه جنگلی پر نشیب و فراز دیدن کرده بودم. راهی که می ساختند ۱۴۰ متر عرض داشت و با پل ها و تونل ها، جنگل را می شکافت. بعضاً ناچار بودند تا ۹۰ متر خاک برداری بکنند. آن ها ۱۰۰ کیلومتر از این جاده را در ۱۸۰ روز (شش ماه) آسفالت و علامت گذاری شده آماده تحویل کرده بودند. علاوه بر این شاهراه سائوپولو به شهر ساحلی گاروجا را دیده بودم. این شاهراه کوهستانی تونل و پل های فراوان داشت و از نظر Tupographi به وضعیت تهران ـ دریای خزر بی شباهت نبود. بین سائوپولو و گاروجا یا تونل بود و یا پل. هنگام بازدید از عملیات راه سازی برزیلی ها در منطقه ی پر نشیب و فراز جنگلی، به یاد زمانی افتادم که مرحوم ابوالحسن ابتهاج رئیس سازمان برنامه شرکتی به نام جان مولم را برای راه سازی به ایران آورد، با وجودی که بعداً معلوم شد اصلاً این شرکت جان مولم کارش راه سازی نیست و در این رشته فاقد صلاحیت است با این همه به این شرکت چندین سال از خزانه ملت فقیر ایران میلیون ها دلار پرداخته شد و این شرکت سه هزار تابلو و کتیبه در کنار راه های ایران نصب کرد. ولی حتی یک کیلومتر هم راه نساخت. بی سبب نبود که نخست وزیر سپهبد زاهدی با این قبیل ولخرجی ها از کیسه ملت

مخالفت می کرد.
زاهدی با در نظر گرفتن مصالح و منافع ملی ایران با حاتم بخشی های آقای ابتهاج جهت دوست یابی در انگلستان مخالفت کرده و در نتیجه خصومت دیرین انگلیسی ها را تیزتر کرد. برای او منافع و مصالح ملی ایران مطرح بود می خواهد انگلیس خوشش بیاید یا نه. در همین راستا سپهبد زاهدی با پروژه های مورد علاقه آمریکایی ها (ورود به پیمان بغداد ـ اصلاحات ارضی با فرمول آمریکایی ـ خرید بی حساب سلاح های آمریکایی) مخالفت کرده و معتقد بود هریک از این طرح ها در درجه اول باید با در نظر گرفتن مصالح ایران انجام یابد، مثلاً در مورد پیمان بغداد، ایران نمی تواند پیرو عراق ۸ میلیونی و نظریات نوری سعید دست نشانده انگلیس باشد اگر قرار است با ورود به این پیمان سلاح های ارتش ایران مدرنیزه بشود و ایران سلاح های تازه از آمریکا خریداری کند این سلاح ها را باید رایگان به ما بدهند. ما نمی توانیم از خزانه ملت ایران بی حساب سلاح هایی که آمریکایی ها می خواهند به ما بدهند خریداری کنیم.

به هرحال برگردیم به هیأت برزیلی: آنها دو روز قبل از من وارد تهران شده و در هتل هیلتن جا گرفته بودند. کارشناسان کنسرسیوم Bric در سال های اخیر سفرهای متعدد به ایران کرده و درباره پروژه هایی که بنا بود در این سفر به دولت ایران پیشنهاد بنمایند مطالعات فنی لازم را به عمل آورده بودند. در این سفر پرونده کامل دو طرح را همراه داشتند، یکی پروژه احداث شاهراه تهران به دریای خزر و دیگری الکتریکی کردن راه آهن تهران ـ تبریز. می گفتند آمادگی ما آن چنان است که به محض اعلام موافقت دولت ایران کارهای ساختمانی را شروع می کنیم. می گفتند شاهراه تهران ـ دریای خزر نه فقط مدت مسافرت بین تهران و دریای خزر را به یک ساعت و اندی(با اتومبیل به سرعت متوسط ۱۰۰ و ۱۲۰ کیلومتر) تقلیل می دهد، بلکه از نظر مهندسی آن چنان شاهکاری خواهد بود که یکی از دیدنی های توریستی کشور به شمار رفته و از کشورهای

مختلف به دیدن آن خواهند آمد خصوصاً که دقت داریم از مناطق زیبا و تماشایی بگذریم.
درست دو سه روز پیش از عزیمت هیأت برزیلی، خانم رزنوئل از طرف فولکس واگن ساخت برزیل به آن ها پیوست. فولکس واگن برزیل مدل های پاسات و بیتل می ساخت و یکی از شرکت های بسیار معتبر برزیل به شمار می آمد.

جای آن هست که درباره خانم رزنوئل چند سطری بنویسم. بانویی بود جوان، حدود ۳۲ و ۳۳ سال با اندام بسیار متناسب و چهره زیبا و جذاب. خونگرم و خوش صحبت که به بیش از ۷ زبان تسلط کامل داشت. همیشه به رسم برزیلی ها گردن بند و گوشواره و دست بندهای گران قیمت مارک بولقاری به خود می آویخت و می بست به طوری که پیش از این که وارد مجلسی بشود، صدای برخورد این گردن بندها و بازوبندها مانند زنگوله به گوش می رسید و تا وارد می شد بی اختیار همه نگاه ها به سوی او بر می گشت. اسمش رزنوئل بود برای ا ین که در سویس روز نوئل (کریسمس) در یک خانواده متمول به دنیا آمده بود. به بیشتر کشورهای دنیا سفر کرده و به فرهنگ و هنر آن ها آشنایی داشت. در صحبت سوژه مورد علاقه اش چاره جویی برای میلیون ها کودک سرگردان و فقیر در برزیل و دیگر کشورهای آمریکای جنوبی و جلوگیری از انهدام جنگل های استوایی و حفظ محیط زیست ومحیط زندگانی قبایل بومی آمازون بود. شوهر فرانسوی اش کار پر درآمدی در فولکس واگن داشت و از زبان های شایعه پردازان شنیده می شد وی این شغل پر در آمد را مدیون دلباختگی صاحب کهنسال کارخانجات فولکس واگن به رزنوئل است.

رزنوئل می گفت پیشنهاداتی درباره سرمایه گذاری فولکس واگن برزیل در ایران به همراه دارد و نیز می خواهد درباره اتومبیل های ساخت برزیل که با الکل نیشکر کار می کنند و محیط زیست را آلوده نمی کنند مذاکراتی

به عمل بیاورد. البته در این مورد در کشور نفت خیز ایران، فاقد مزارع نیشکر یک نوع زیره به کرمان بردن و یا یخچال به اسکیموها فروختن به شمار می رفت. وی می گفت شرکت های با نفوذ آمریکایی مانند جنرال موتورز و استاندار اویل کمپانی مخالف سرسخت طرح اتومبیل هایی هستند که با الکل کار می کنند. همین کمپانی ها هستند که نمی گذارند در آمریکا وسایط نقلیه همگانی مانند ترن های سریع السیر برقی رواج بیابند. می گفت سی سال است هشت خط شاهراه از لوس آنجلس به سان دیه گو می رود و هشت خط بر می گردد و سی سال است می خواهند در این مسافت یک ترن برقی راه بیاندازند. ولی جنرال موتور و استاندار اویل نمی گذارند. شاه ایران که گفته نفت مایع پر بهایی است و نباید آن را برای سوخت مصرف کرد، ممکن است به پروژه اتومبیل که با الکل کار می کند علاقمند بشود. رزنوئل در بیان این حرف ها آن چنان ماهرانه با لطافت و عشوه و ناز سخن می گفت و چنان نزدیک می شد که بوی وجود و عطر هوس انگیزش خوددارترین مردها را دچار وسوسه می کرد. من رزنوئل را در چند مهمانی سفارت ها دیده بودم. چون خوش صحبت و خوشگل و مطلع از جریانات سیاسی و اقتصادی بود و به چند زبان حرف می زد و مجلس آرائی می کرد. اغلب او را دعوت می کردند.

برزیلی ها موقعی می خواستند به ایران بروند که روزنامه و رادیوها پر بود از خبرهای اغتشاشات و تظاهرات و آتش زدن سینماها و بانک ها و اعتصابات در ایران. با این همه آن ها سفر خود را که از مدت ها قبل برنامه ریزی کرده بودند عقب نیانداختند. آن ها می گفتند مقامات هر دولتی که در ایران سر کار بیاید، اگر قطره ای خون ایرانی در رگ داشته باشند و منافع ایران را در نظر بگیرند نمی توانند به پیشنهادات ما بی اعتنا باشند. از سوی دیگر چون برزیل نظر سیاسی خاصی در ایران نداشت تغییر رژیم برایشان تفاوتی نمی کرد. آن ها می گفتند قصد نهایی ما نفوذ در بازار ایران و از آنجا به خاورمیانه است و به همین سبب چنان قیمت های پایین

پیشنهاد کرده ایم که هیچ کمپانی دیگر نمی تواند با ما رقابت کند.
روز ۲۶ اکتبر که برای دیدار هیأت برزیلی به هتل هیلتن رفتم، آنها را که معمولاً شاداب و بذله گو بودند، افسرده و اندیشناک یافتم. کارلوس ادواردوسالم عضو هیأت که با من دوستی داشت مرا به کناری کشید و گفت: ما در اینجا وقتی با مسؤولان دولتی که معمولاً از مقامات درجه دو هستند ملاقات می کنیم، آنها را چنان گرفتار جریانات مملکت و اعتصاب در دستگاه خودشان می بینیم که مشکل حوصله می کنند به پیشنهادات ما دقیق شوند و درباره آن اظهار نظر مثبت یا منفی بنمایند. به عنوان مثال به جای آقای انصاری، جمشید اشرفی معاون وزارت دارایی هیأت را پذیرفت و اعضای هیأت متوجه شدند که پیشخدمت با وجود اصرار آقای اشرفی چای نمی آورد و آقای اشرفی به این جهت بسیار ناراحت شده نمی تواند حواسش را متوجه سخنان اعضای هیأت بنماید. کارلوس اضافه کرد شنیدم وزیر خارجه آقای امیرخسرو افشار مرد مقتدر و کاردان دولت است که هنوز پشت میزش نشسته و به کارها می رسدو از پرستیژ زیاد برخوردار است و این ها هم (یعنی اعضای هیأت) به وزیر خارجه خیلی اهمیت قائل اند. برای نجات هیأت و تقویت روحیه آن ها بیا و ترتیبی بده که وزیر خارجه این ها را بپذیرد و با دو سه کلمه دلگرم کننده آن طوری که دیپلمات ها بلدند این ها را امیدوار کرده باعث بشود که با روحیه مثبت و خوب از ایران بروند از طرف دیگر بار هتل بسته شده و در شهر حکومت نظامی است. یک فکری به حال این ها بکن.

از همان اتاق کارلوس به سفیر برزیل زنگ زدم او را هم نگران حال هیأت یافتم و به من گفت من از وزیر نیرو (رئیس هیأت) تقاضا کرده ام هر روز که می توانند ناهار به سفارت برزیل بیایند. چون شب ها حکومت نظامی و منع عبور و مرور است و برزیلی ها هم خیلی دیر شام می خورند. نمی توانم مهمانی شام بدهم ولی همین امروز مقادیر کافی مشروبات الکلی، به هتل می فرستم تا از بسته شدن بار تا حدودی ناراحت نباشند.

آقای اقبالی راننده اتومبیل پیکان که وزارت خارجه در اختیارم گذاشته

بود موقعی که مرا در هتل پیاده می کرد گفت من می روم پمپ بنزین باغ فردوس در صف می ایستم تا بلکه نوبت به من برسد باک اتومبیل را پر کنم. شما کارتان که تمام شد و دیدید من نیامده ام، با یکی از تاکسی های هیلتون به صف پمپ بنزین باغ فردوس بیایید. به همین ترتیب پس از دیدار برزیلی ها با یکی از تاکسی های هتل خودم را به صف دو سه کیلومتری جلو پمپ بنزین باغ فردوس رسانیدم. این پمپ بنزین جایگاهی بود که من آنجا را خیلی دوست داشتم. درخت های چنار این قسمت از جاده پهلوی بسیار تنومند و تابستان ها سایه مطبوعی داشتند ولی در آن روز به درخت ها و منظره کوه توجهی نداشتم، به فکر این بودم که بنزین پیدا کنیم. اتومبیل ما پس از سه ساعت معطلی چهارمین اتومبیل برای گرفتن بنزین بود. اقبالی خدا خدا می کرد که بنزین پمپ تمام نشود و با چنین دل شوره ای است که بالاخره به پمپ رسیدیم و باک اتومبیل را پر کردیم و به سوی وزارت خارجه راه افتادیم. از باشگاه شاهنشاهی به بعد دسته دسته گروه های تظاهر کننده با شعارهای مرگ بر شاه، خمینی رهبر ماست در حرکت بودند. ماشین های حمل زباله شهرداری به مناسبت نداشتن سوخت عاطل و باطل مانده و دو طرف خیابان زباله و آشغال تل شده بود. بعضی از کیسه های آشغال را سگ ها و گربه ها پاره کرده بودند و زباله ها سطح خیابان و پیاده رو پخش بود و بوی نامطبوع در فضا پیچیده بود و چشم را می سوزاند. یکی دو جا وسط خیابان لاستیک اتومبیل آتش می سوخت و دود سیاه غلیظی از آن ها بلند می شد. نرسیده به میدان فردوسی دختر و پسرهایی که در سن و قیافه دانشجویی بودند اطراف اتومبیل را گرفته شعار چاپ شده مرگ بر شاه را به شیشه جلو اتومبیل چسباندند. اتومبیل با این شعار روی شیشه وضع خطرناکی پیدا کرده بود. زیرا گاه به گاه کامیون های ارتشی فرمانداری نظامی می رسید و نظامی ها فوری می پریدند پایین و زانو به زمین زده و به حالت آماده باش برای تیراندازی در می آمدند و عده دیگر عقب سر تظاهرکنندگان می کردند. فکر می کردم اگر حالا یکی از این درجه داران و یا افسران

ضد انقلابی دو آتشه باشد ممکن است با دیدن شعار مرگ بر شاه روی شیشه اتومبیل به خشم آمده دستور بدهد به روی ما آتش بگشایند. با این نگرانی رسیدیم به میدان فردوسی و این جا دیگر اوضاع حسابی درهم و برهم بود. دو سه مغازه را آتش زده و در و پنجره و ویترین یک مغازه بزرگ مشروب فروشی را شکسته و بطری های آبجو و شراب و ودکا و دیگر مشروبات را به این سو و آن سو پرت کرده و یا می شکستند. جوی آب پر از انواع مشروبات الکلی شده بود. تا کامیون های ارتش می رسیدند مردم پا به فرار گذاشته و پراکنده می شدند ولی تا سربازها و کامیون ها می رفتند بازهم جمع می شدند. اوضاع داشت سخت تر می شد زیرا یک نفر با بلندگو روی سکوی کنار مجسمه فردوسی رفته و با صدای بلند گفت ای مردم چرا با دیدن برادران ارتشی فرار می کنید؟ آن ها برادران ما هستند. اگر افراد بی دین و بی ایمان هایی بین آنها بخواهند به شما صدمه برسانند فرار نکنید با چماق و چاقو و چنگ و دندان مقاومت کنید. غلبه با ملت است. با شنیدن این حرف ها حسابی ترسیدم زیرا هر لحظه ممکن بود بین سربازها و مردم زد و خورد در بگیرد. صلاح در این دیدم که اتومبیل را رها کرده و پای پیاده به سوی وزارتخانه بروم. به آقای اقبالی گفتم سعی کند خودش را به وزارتخانه رسانیده آنجا منتظر من باشد. کراواتم را باز کرده و به سوی وزارتخانه راه افتادم.

وزارت خانه توسط عده ای از ماموران انتظامی محافظت می شد ولی این ساختمان با شکوه که سال ها، مانند خانه من بودو تا داخل آن می شدم خودم را در محیط آشنا می یافتم. آن روز به نظرم سرد و ناآشنا آمد و این حس را داشتم که ساختمان از من گریزان است. اداره کل اطلاعات و انتشارات وزارت خارجه که سال ها مدیر کل آن بودم با داشتن حدود ۳۵ کارمند یکی از پر کارمندترین ادارات بوده و محوطه وسیعی در طبقه هم کف به این اداره اختصاص داشت. آن جا منطقه حکمرانی من بود. چه روزها و چه شبها که در این اداره گذرانده بودم. در زمان وزارت آقای

اردشیر زاهدی باید آن چنان هشیار و گوش به زنگ بودم که هر واقعه مهم خارجی که دستگاههای تلکس (خبرگزاری های آسوشیتدپرس - یونایتدپرس انترنشنال - آژانس فرانس پرس و تاس - خبرگزاری آلمان می رسانیدند، بلافاصله ترجمه کرده و به وزیر هر کجا که هست برسانیم. ما همیشه می دانستیم وزیر کجاست؟ دیروقت شب ها یا سحرگاه زود روز تعطیل فرق نمی کرد، اداره ما به تنهایی از تمام دستگاه های خبرگیری و خبر رسانی دولت (خبرگزاری پارس -رادیوی ایران - تلویزیون) در رسانیدن خبر به وزیر و در نتیجه به شاهنشاه جلوتر بود. زاهدی، غفلت در رسانیدن خبر را نمی بخشید. مواقع حساس اتاق خواب شخصی خودش را در طبقه بالا در اختیارمان قرار می داد. وی از کارمند کار می خواست ولی در مقابل موجبات آسودگی و راحتی او را هم فراهم می آورد. شب هایی که در وزارتخانه می خوابیدم پیشخدمت همیشه می پرسید چه نوع غذا برای شام و صبحانه دوست دارید برایتان بیاورم مقام وزارت دستور داده اند که وسایل آسایش تان را باید تأمین کنیم. من شخصاً ساعات خیلی بیشتری را در اداره به سر می بردم تا در خانه. البته محیط کار به شرطی مطبوع است که رییس اداره اهل تبعیض و حساب های شخصی نباشد. تبعیض سرطان اداره است. بعد از این که زاهدی از وزارت کناره گرفت من مزه تبعیض را چشیدم و فهمیدم تا چه اندازه تلخ و دلسرد کننده است و چقدر راندمان کارمندان را کاهش می دهد.

به هر حال برگردیم به آن روز که احساس می کردم دیوارها دارند فرو می ریزند. به وزارتخانه که رسیدم یک سر رفتم اتاق دکتر شیلاتی که معاون اداری و پارلمانی بود. همدیگر را در آغوش گرفتیم و هردو از همدیگر پرسیدیم چه خبر؟ آن روزها به هر کس که می رسیدی سؤال اولش این بود که چه خبری دارید؟ شیلاتی گفت پرویز جون اوضاع متاسفانه خیلی ناجور است. سه روز است تلاش می کنم هزینه سفر ترا فراهم بیاورم موفق نمی شوم، بانک ها بسته است. فردا از وزیر خواهم خواست از محل

محرمانه خرج ترا بپردازد. درباره هیأت برزیلی پرسید، جواب لازم را دادم و گفتم قرار است با وزیر ملاقات بکنند. در گوشم به آهستگی گفت: پرویز جان اینجا بودی دق می کردی. فکرش را بکن عده ای از همکاران منجمله بهرام پناهی و فرخ اعلامیه داده از همکاران دعوت می کنند به سالن پذیرایی بیایند و نماز بخوانند. شیلاتی از دیپلمات های خوب و برجسته ماست. در جاهای مهمی مانند آنکارا و پاریس خدمت کرده بود. خوش برخورد و خوش صحبت بود و به مسایل بین المللی آشنایی داشت و پیانو هم خوب می زد.

در سال ۱۹۵۱، که برای اداره اطلاعات سازمان ملل متحد کار می کردم و در رادیو تهران برای این سازمان یک برنامه هفتگی ۱۵ دقیقه ای داشتم و هر هفته درباره سازمان ها و تشکیلات مختلف سازمان ملل متحد صحبت می کردم، برای این که شنوندگان بیشتری داشته باشیم با همکاری شرکت هواپیمایی ارفرانس مسابقه ای درباره تشکیلات سازمان ملل متحد مانند مجمع عمومی، دبیرخانه، شورای امنیت و سازمان های وابسته به سازمان ملل متحد مانند یونسکو، یونیسف، خواربار و کشاورزی FAO، کمیسارهای عالی پناهندگان، سازمان بین المللی کار و غیره ترتیب دادم که جایزه اول آن مسافرت به پاریس بود. شیلاتی جوان برنده این مسابقه شد و باین وسیله به پاریس رفت و آن جا دنباله تحصیلاتش را گرفت و موفق به کسب دکترای علوم سیاسی گردید.

گرم صحبت و یادآوردی خاطرات گذشته بودیم که از دفتر وزیر آقای محسن گودرزی خبر داد که وزیر از شرفیابی برگشته است. شتابان به دفتر وزیر رفتم، وی پشت میزش نشسته و مشغول خواندن گزارش بود. در آن روزها که بیشتر مقامات مسئول از مملکت فرار کرده و یا این که به بهانه های مختلف سرکار حاضر نمی شدند، نفس اینکه امیرخسرو افشار قاسملو پشت میزش بود به خودی خود نمودار استواری و وظیفه شناسی و روحیه محکم و والای این رجل سیاسی بود. من از این

دیپلمات ورزیده خاطرات خوشی داشته و پیوسته به وی احترام می گذاشتم. در پاریس سفیر و رئیس من بود. به بن، پایتخت آلمان غربی که مأمور شد چون رییس اداره اطلاعات ایران در اروپای غربی بودم اغلب به دیدارش می رفتم. مردی بود یک رو، صریح و بسیار با تدبیر و وطن پرست و وارد به مسایل بین المللی و آشنا به حقوق و منافع ایران خصوصاً در رابطه با همسایگان و خلیج فارس و اروندرود (شط العرب) و مسئله کردها. به طور خلاصه تیپی بود که اردشیر زاهدی می پسندید و آرزو می کرد همکاران بیشتری نظیر وی داشته باشد. بدون اینکه با وی خویشاوندی داشته باشد، او را پسر عمو خطاب می کرد و بالاترین مقام وزارت خارجه بعد از وزیر را که قایم مقامی وزیر باشد به او سپرده بود. چون امیرخسروافشار قاسملو در مجالس اجتماعی کارمندان کمتر حاضر می شد و از اعتماد به نفس بالایی برخوردار بود. عده ای می گفتند خشک است و خودش را می گیرد. در صورتی که این طور نبود. درست است که یک فاصله معینی با کارمندان را حفظ می کرد ولی این فاصله گیری نشانه بی اعتنایی به وضع و سرنوشت کارمندان نبود. به احوال یک یک کارمندان علاقمند بود و حساب کار همه را داشت و به هرکس به اندازه صلاحیت و لیاقت اش کار می داد و اعتنایی به توصیه ها و فشار مقامات نداشت. پس از احوال پرسی از من درد دلش که باز شد گفت نمی توانید تصور بنمایید این وزارت خانه که مانند دسته گل به آقای خلعتبری تحویل گردید جولانگاه مداخلات آقای هویدا و والاحضرت اشرف و هر که زورش رسیده گردیده و به چه حال اسفناکی در آمده است. اگر فرصت باشد انشاءالله سر و سامان حسابی به این دستگاه خواهم داد. متاسفانه حالا بیشتر وقت من صرف رفع مشکلات و گرفتاری های دستگاه های مختلف دولتی می گردد فکرش را بکنید ارتشی ها نزد من آمده و می گویند فقط برای سه روز ذخیره بنزین دارند. در یک چنین روزهای سرنوشت ساز ارتش مان فقط برای سه روز بنزین دارد؟ با قطر و کویت تماس گرفته ام به زودی باید بروم از آنها بنزین بخرم. یادتان هست روزی بعدازظهر با اتومبیل از پاریس راه افتادیم

به ژنو برویم و سرراه بحث سیاسی زیاد کردیم. به شما گفته فرانسوی ها را تکرار کردم که می گویند Gouverner c'est Prevoir حکومت و یا اداره کردن، پیش بینی کردن است. هر مملکت که دستگاه اداری مسئول دارد باید برای مقابله با سناریوهای مختلف بحرانی آمادگی داشته باشد. شاید وزارت امور خارجه در زمان آقای زاهدی یگانه دستگاه مملکتی ایران بود که به اهمیت پیش بینی سناریوهای مختلف و چاره اندیشی برای مقابله اوضاع بحرانی توجه داشت.

به هرحال یکی از سناریوهائی که ما در زمان آقای زاهدی پیش بینی کرده و برای رویارویی با آن تدابیری اندیشیده و حتی تمرین کرده بودیم سناریوئی بود به نام سهند که به موجب آن دشمن خارجی به تهران نزدیک می شد و پیش بینی می شد تهران سقوط کند و دولت پایتخت را به اصفهان منتقل نماید. در این صورت وزارت خارجه چه تصمیماتی را باید به کارگیرد، چه اسنادی را بسوزانند و چه مدارکی را همراه ببریم، کدام ادارات قبل از سایرین بروند و در کجا مستقر بشوند، پیش بینی و تمرین شده بود. بعد از آقای زاهدی هم کسی به این دوراندیشی ها نمی اندیشید. اینکه ارتش شاهنشاهی با این دبدبه امروز فقط برای سه روز ذخیره سوخت دارد نتیجه عدم پیش بینی و سهل انگاری است. این گرفتاری که ما حالا با آن درگیر می باشیم، زاییده عدم پیش بینی است. بنا به گزارش های ساواک در بیش از ۱۱۰۰۰ منبر ملاها به شاه و دولت حمله کرده ناسزا می گفتند و ما همین طور تماشاچی مانده بودیم.
امیرخسرو در آن روز خیلی دلش می خواست درد دل بکند و من هرگز او را تا این حد نیازمند خالی کردن اندیشه هایش نیافته بودم. وی رشته سخن را عوض کرده، گفت: یادتان باشد به دیدار آقای معینیان و آقای دکتر امیر اصلان افشار رییس کل تشریفات سلطنتی بروید آن ها برای شما برنامه هایی دارند که من هم با آن موافقت کرده ام. از وضع هیأت برزیلی پرسید جواب دادم و خواهش کردم آن ها را بپذیرد با

خوش رویی قبول کرد. قرار شد فردا ساعت سه بعدازظهر همراه اعضای هیأت در دفترش حاضر باشیم. وزیر گفت یادتان باشد به سفیر برزیل خبر بدهید ایشان هم در این جلسه باشند.

موقع خداحافظی پرسیدم جناب عالی اوضاع را چگونه می بینید؟ گفت تعریفی ندارد تا ده روز پیش دکتر کریم سنجابی پذیرفته بود تهران آمده در یک کابینه ائتلافی شرکت کند ولی تا اغتشاشات گسترش یافت و اعتصابات جنبه سیاسی به خود گرفت تغییر عقیده داد به طوری که روز یکشنبه می خواستند اوضاع را در هم بریزند و دوشنبه با خمینی وارد تهران بشوند یکی بشود رییس جمهوری اسلامی ایران و دیگری نخست وزیر. تاسف آور این است که مقامات مملکتی احساس مسؤولیت نمی نمایند. بسیاری فرار کرده وعده ای به بهانه ی ناخوشی و غیره سرکار حاضر نمی شوند. مطبوعات هم لجام گسیخته در ایجاد ترس و وحشت مؤثر هستند و صفحات آن ها پر است از عکس مقامات روحانی و ستایش از آن ها. افشار گفت تا دولت مصمم تازه ای تشکیل نیابد من خواب به چشم نخواهم داشت. روز بعد جلسه ملاقات با وزیر خارجه خیلی به خوبی برگزار شد. امیرخسرو گفت دولت ایران و شاهنشاه از همکاری برزیلی ها برای انجام برنامه های عمرانی حسن استقبال می نمایند و از این حیث به شما اطمینان خاطر می دهم. افسوس در این سفرتان نتوانستیم به نحو شایسته از شما پذیرایی کنیم ولی این بحران می گذرد و شما آماده پی گیری همکاری هایتان با ما باشید.

اعضای هیأت با روحیه خوب و بسیار شادان دفتر وزیر را ترک کردند و همراه آنها تا هتل هیلتن رفتم. قرار شد پس فردا تهران را ترک نمایند. گفتم فردا ناهار برایتان یک ناهار سورپریز دارم.

برنامه ای که برای اعضای هیأت در نظر گرفته بودم این بود که آن ها را برای ناهار به خانه دوست دانشمند گرانمایه ام حسن شهباز ببرم. حسن نه فقط به ادبیات و هنر و فرهنگ ایران تسلط داشت بلکه به ادب و هنر و

تمدن بیشتر کشورها و ملت ها آشنایی داشته و تعدادی از کتب بزرگترین فلاسفه و ادبا و متفکران دنیا را تفسیر و ترجمه کرده بود.
به نظر من خارجیانی که به ایران می آیند تا آگاهی هایی درباره شعر و ادب فاخر ایران حاصل ننمایند نمی توانند به عمق روحیات و خصوصیات ایرانی ها پی ببرند. هیأت برزیلی در این روزهای پر آشوب به تهران آمده و با خاطره تظاهرات در خیابان ها و بی نظمی در دستگاه ها داشت ایران را ترک می کرد. جای آن بود حالا که نتوانستیم اصفهان و شیراز را به آن ها نشان بدهیم اقلاً آگاهی هایی درباره ادبیات ایران به آن ها بدهیم تا اقلاً با دو خاطره خوب ملاقات با وزیر خارجه و آگاهی از شعر و ادب فارسی کشور ما را ترک بنمایند. برای این کار هیچ کس بهتر از حسن شهباز نبود. خانه حسن شهباز در کوچه قبادیان بین خیابان پهلوی و جردن با باغچه کوچکش پر بود ا زقفسه های کتاب و تابلوهای مینیاتور. برخورد گرم صاحبخانه که می گفتند شبیه آکتور ایتالیایی Rosana Bratsi است و آتمسفرخانه از همان لحظات اول فضای مطبوعی ایجاد کرد. سفیر برزیل که همراه هیأت آمده بود و حسن شهباز را می شناخت چندجمله در معرفی وی بیان کرده و از او خواست درباره شعر و ادب فارسی توضیحاتی بدهد. شهباز درباره ادب فارسی به طور کلی و حافظ و سعدی به طور جداگانه مطالبی بیان کرد که برای برزیلی ها تازگی داشت و با دقت زیاد گوش می دادند. موقعی که از پند و نصیحت استادان شعر فارسی در مورد گذران بودن عمر و بی دوامی این دنیای فانی سخن می راند و چند بیت را در مورد توصیه به این که بهتر است به جای حرص و جوش مال دنیا چند دمی خوش باشیم رزنوئل به میان حرفش پرید.
بیت هایی که شهباز ترجمه کرده و به آن تکیه می کرده این ها بودند:

بهشت عدن اگر خواهی بیا با ما به میخانه
که از پای خمت یک سر، به حوض کوثر اندازیم

یا:
گویند بهشت عدن با حور خوش است
من می گویم که آب انگور خوش است
این نقد بگیر و دست از آن نسیه بدار
کآواز دهل شنیدن از دور خوش است

بنشین و مخور غم جهان گذران
این یک دم عمر را به شادی گذران
در طبع جهان اگر وفایی بودی
نوبت به تو خود نیامدی از دگران

رزنوئل که به میان حرف شهباز پرید گفت سخنان شما برای ما بسیار جالب است خصوصاً که شعرا و نویسندگان برزیلی همیشه بدبین هستند. شهباز گفت بلی، با آثار Machado De Assis یکی از بزرگترین نویسندگانتان آشنایی دارم و حتی یکی دو تا از آثارش را ترجمه کرده ام. او تحت تأثیر زندگی دردناک بینوایان و کارگران بی کار و بچه های فقیر ولگرد قرار گرفته بود. دنیا با شناختن ماکادو دوآسیس فهمید برزیل فقط کشور کارناوال و قهوه و عرق کاشاسا نیست فرآورده های والاتری هم دارد.

ماکادو دو آسیس در کتاب Braz Cubas که شرح زندگی یک مرد مجرد است روحیه و خلقیات افراد حساس برزیل را در یک جمله خلاصه کرده است و آن این که از قول قهرمان داستان می نویسد: «... من اقلاً در زندگی دارای یک امتیاز بودم و آن این که فرزندی نداشتم و نمی توانستم بدبختی خود را به مخلوق دیگری منتقل کنم!» [این مفهوم را به ابوالعلای معزی، فیلسوف نابینای قرن چهارم و پنجم هجری، نسبت می دهند]. رزنوئل باز رشته سخن حسن را قطع کرده و گفت این را هم علاوه کنید که

اشتفان زوایک نویسنده مشهور آلمانی که از شر هیتلر به برزیل پناه آورده بود آن قدر از تفاوت وحشتناک طبقاتی و ظلم و ستم که آن زمان به کشاورزان بدبخت می شد، رنج برد که خودکشی کرد. حسن گفت آن چه برای من شگفت می نمایداین است که ایرانی ها با داشتن ادبیاتی که بیشتر خوش بینانه است و شاعرانش که توصیه می کنند دمی که در این دنیا هستیم باید خوش بگذرانیم و اکثر مردم به عکس، زاری و ناله و شکایت از روزگار را پیشه کرده و از تظاهر به دارایی و خوشی پرهیز می کنند در حالی که برزیلی ها که ادبیاتشان بدبینانه است شادی و شادمانی را انتخاب کرده اند. عنوان پوستر تبلیغاتی توریستی ریودوژانیرو عبارت است از سیصد و شصت روز شادمانی ... رز نوئل گفت این طورها نیست، همه اش به ظاهر نگاه نکنید شما موزیک سامبا را می شناسید که موزیکی است پر هیجان و شاد ولی باید بدانید که موسیقی سنتی ما بوساناوا است که ریشه آفریقایی دارد و یک موسیقی حزین و غمناک است.

دو سه ساعت که در خانه حسن شهباز بودیم برای اعضای هیأت آموزنده بود. آن ها از پذیرایی گرم و غذاهای ایرانی و بحث های ادیبانه لذت بردند. رییس هیأت هنگام خداحافظی گفت در میان این اقیانوس پرجوش و خروش و طوفان خشم و خشونت این خانه یک واحه صلح و صفا و دوستی است.

در راه که به سوی هتل می رفتیم و بعداً در خانه به تفاوت بین دو فرهنگ می اندیشیدم، گمان دارم مردم در هر دو فرهنگ ، در جستجوی تعالی به سوی پروردگار هستند. هیچ یک از سرچشمه دستیابی به خداوند بی نیاز نیست یکی با رقص، دیگری مانند دراویش قونیه با چرخیدن، و سومی با ندبه و زاری به حالتی دست می یابند که در آن احساس می کنند به یک عالم بالا و معنوی نزدیک شده اند. خدیجه سلطان ما در تبریز و تهران پس انداز می کرد که به زیارت کربلا و مشهد برود. از زیارت و ریختن اشک در ضریح امام که بر می گشت می گفت استخوان هایم سبک شدند. در

حالی که ماریاایزابلا برزیلی که تمام اندوخته اش را صرف لباس کارناوال کرده بود، پس از چند روز رقص و آواز در فصل کارناوال می گفت هرچه افسردگی داشتم از تنم بیرون رفت. صبح روز بعد که به دیدار هیأت رفتم آن ها را از ملاقات با وزیر خارجه و پذیرایی حسن شهباز خوشحال یافتم. داشتند جامه دان هایشان را می بستند. خانم رزنوئل تا مرا دید با بی باکی در حضور همه که می شنیدند رو به من کرده به فرانسه گفت: J'ai Couche avec le Poet (من با شاعر خوابیدم) در این مورد بعد ها از شهباز سؤال کردم، گفت: از تو چه پنهان شب آن روز چند دقیقه به وقت آغاز ممنوعیت عبور و مرور مانده بود که شنیدم در خانه را محکم می کوبند. ترسیدم نکند به خاطر مهمانی و صرف مشروبات عده ای متعصب به سراغم آمده اند. با ترس و لرز پشت در رفتم و پرسیدم کیست؟ صدای خانم رزنوئل را شنیدم که می گفت بازکن من هستم... بازکردم ... با یک تاکسی هتل هیلتن آمده بود. گفت باید قبول کنی که امشب خانه تو بمانم و به بحث ادامه بدهیم. ساعت منع عبور و مرور رسیده بود فقط تاکسی مجاز هیلتن آن هم خالی می توانست برگردد. ناچار گفتم خوش آمدید. با خنده گفتم اگر به جای کلمه ناچار بگویی با خوشحالی و قیافه حق به جانب هم نگیری به حقیقت نزدیک تر خواهد بود.

چون سرویس های فرودگاه مهرآباد در اثر اعتصاب کارکنان در حال تعطیل بود و برزیلی ها برای بازگشت عجله داشتند با همکاری مقامات فرمانداری نظامی برنامه زیر را طرح و با موفقیت به نتیجه رساندیم:

ـ سفارت برزیل در بغداد یک هواپیمای از نوع FALCON چارتر کرده به تهران می فرستد. این هواپیما به اندازه مسیر بغداد ـ تهران ـ بغداد بنزین می گیرد.

ـ هواپیما پس از نشستن روی باند فرودگاه موتورهایش را روشن نگه می دارد.

ـ یک مینی بوس فرمانداری نظامی برزیلیها را از هتل به پای پله کان هواپیما می رساند.

- برزیلی ها سوار می شوند و هواپیما به مقصد بغداد حرکت می کند - از بغداد برزیلی ها می توانند هرجا که خواستند بروند.
موقعی که برزیلی ها سوار می شدند که بروند دلم گرفت. چه خوشبخت بودند آنها که وطن شان امن و امان بود. وطن من داشت می سوخت. آنها با شادی رفتند و من ماندم با کوله باری پر از اندوه و نگرانی.

چه قشنگ بود خانه ما...

یکی از دوستان با هزار زحمت یک جا برایم در لوفت هانزای فردا رزرو کرده، نورالله هم تاکسی خبر کرده که صبح زود بیاید و مرا ببرد به فرودگاه. دارم آخرین شب ام را در خانه ام می گذرانم.
چون سوخت برای شوفاژ نداشتیم کرسی گذاشته ام. زیر کرسی می روم. رادیو مجهز به باطری و تلفن کنارم. یک چراغ لامپای نفت سوز نیز روشنایی می دهد. نوراالله خدمتکار برایم غذا تهیه می کرد.آن شب از کرسی به اطرافم نگاه می کردم. چقدر در سال های اخیر برای زیبا و راحت تر کردن این خانه تلاش کرده بودیم. خانه ویلایی بود، وسط یک باغ، اتومبیل از در آهنی تا جلو در ویلا می آمد. همین در ویلا را چقدر برایش خرج کردیم. سالن و ناهارخوری به روی یک تراس وسیع باز می شدند و از داخل سالن در حالت نشسته می شد تراس و استخر و چمن و گل کاری و چنارهای کهن را دید. کف سالن از مرمر بود. یک جفت فرش زیبای تبریز با زمینه به رنگ زردآلو روی مرمرها. پیانوی بزرگ Playel با مجمسه نیم تنه آنتیک ماتاهاری و عکس های قاب شده دوستان و خویشان عزیز روی آن در یک سو گوشه دیگر گلدانهای بزرگ Sevre روی پایه های مرمری، تابلوهای زیبا منجمله دو تابلو از اویسی. پارچه مخمل مبل ها را خودمان با اتومبیل از پاریس آورده بودیم. همینطور پرده های سالن و ناهارخوری. خانه و باغ در کوچه سرازیری مقصودبیگ تجریش درست در مسیر جریان هوای خنک توچال قرار گرفته بود. هیچ جای شمیرانات در تابستان هوای مطبوع خانه ما را نداشت. عصرهای تابستان کنار استخر می نشستیم.

فواره ها کار می کردند. دور استخر شمع می گذاشتیم و هوا در عین خنکی طوری بود که شمع ها خاموش نمی شدند. شام را اغلب همان کنار استخر می خوردیم. سرلشگر پاکروان به هنگام وزارت اطلاعاتش که من یکی از معاون هایش بودم دوست داشت از بعضی مهمانان خارجی اش در خانه ما پذیرایی کند. می گفت هوا و منظره این باغ بهترین پذیرایی است. باغ، دو قسمت داشت قسمت اول اطراف استخر چمن کاری و گل کاری بود با چند درخت کهن صد یا دویست ساله در یک طرف. قسمت دوم باغ، باغ درختان زینتی مانند یاسمن (سفید و بنفش) و ارغوان و درخت های میوه زردآلو و گیلاس و گوجه. فصل شکوفه غوغا می کردند. تابستانها زیر درختان چنار سایه می شد و ناها ر را همان زیر سایه چنارها می خوردیم. مهمان هم که داشتیم همان زیر سایه چنارها پذیرایی می کردیم. ته باغ دو سه اتاق مجهز به دوش آب گرم و آب سرد برای مهمان ها ساخته بودیم که ضمناً آنهایی که می خواستند شنا بکنند آنجا لباس عوض می کردند.

از پنجره های رو به شمال کوه دیده می شد. به یاد دارم هوشنگ باتمانقلیچ سفیرمان در ترکیه دو درخت جوان سرو نقره ای با ریشه برایم فرستاده بود. برای اینکه همسرم سورپریز بشود دادم درخت ها را نزدیک همدیگر آن طرف استخر کاشتند. همسرم که آمد ایراد گرفت که چرا درختها را در کنار هم کاشته ایم. اینها بزرگ می شوند و جلو چشم انداز باغ را می گیرند. چه فکر می کردیم. ابرهای سیاه که داشتند در افق شکل می گرفتندنمی دیدیم. نگران اینکه ممکن است ده بیست سال دیگر سروها رشد کرده جلو منظره را بگیرند. چند ماه بعد از کاشتن سروها طوفان سهمناک انقلاب همه چیزمان را در هم پیچیدآن دنیای زیبایی و صفا که داشتیم تمام شد.

یک قصاب حزب اللهی با خانواده اش آمدند خانه را گرفتند. همه چیز بر باد رفت. هرگز در آن روزهای شورش گمان نمی کردیم جمهوری اسلامی که دم از آزادی و مهربانی می زد به این گونه خشن و بی رحم و خونین از

آب در بیاید.

آن شب جدایی تا صبح نخوابیدم. صدای خوفناک الله اکبر هم از پشت بام های آن سوی نهر مقصود بیگ که سمت شرقی باغ مان بود بیشتر اعصابم را خرد می کرد. مدت ها با چراغ قوه در باغ گشتم تا با درخت ها و نهال ها که بیشتر آنها را خودم کاشته بودم، خداحافظی کنم. برگ ها و ساقه ها و شاخه های این درختان و نهال ها را که مانند یک عضو خانواده دوست داشتم می بوسیدم و نوازش می کردم. به آنها گفتم اگر زنده ماندم شما را نیز از بین نبردند تا به جایتان ساختمان بسازند، قول می دهم به دیدارتان بیایم و برگ هایتان را بشویم و آب تمیز به ریشه هایتان برسانم و تا جان در بدن دارم نگذارم شما را ببرند.

جون قرار بود به دیدار آقای افشار بروم یکی دو روز بعد از رفتن برزیلی ها صبح شنبه ۹ دی ماه خودم را به اداره تشریفات کل شاهنشاهی رسانیدم. از خانه من تا دفتر شاهنشاه و تشریفات پیاده حدود ده دوازده دقیقه راه بود. ولی همه اش سربالا . نزدیکی های سعدآباد گارد جلو مرا گرفت. آقای جلیل شرکاء رئیس کل بانک ملی هم پشت رل اتومبیل بیوک اش آنجا متوقف بود. مرا صدا کرد. مدتی با هم صحبت کردیم. اول از همه متوجه شدم می بایستی روز یکشنبه می آمدم و در روز ملاقات اشتباه کرده ام.

جلیل شرکا کت سرمه ای با شلوار قهوه ای به تن داشت و می گفت اگر برنامه ای هست که مردم را از بی نفتی و بی خوارباری به تنگ بیاورند تا به روحانی ها فشار بیاورند وضعی که ایجاد کرده اند قابل توجیه است وگرنه این چه اوضاعی است که بوجود آورده اند؟ این سطرها را دارم روی کاغذ تشریفات کل شاهنشاهی با مداد قرمز می نویسم. ساعت نزدیک ۹ صبح است. با جلیل شرکاء دفتر آقای افشار رئیس کل تشریفات نشسته ایم. ایشان هم مثل من گویا در روز ملاقات اشتباه کرده اند این است که در این دفتر فقط یک پیشخدمت هست که در را باز کرده ما را

راه داده است. یواش یواش سر و کله کارمندان دارد پیدا می شود. اصلانی، غضنفری که خوب می شناسم می رسند. یک گارد مسلح روزنامه فرمان را می آورد. تیترهای آن عبارت است از حضرات آیات عظام ملجاء و پناه مردم مسلمان ایران... عکس آیات عظام در صفحه اول، عکس های خمینی، شریعتمداری، خوئی و مرعشی نجفی،زیر عکس حضرات عکس صدیقی در حال عیادت از الهیار صالح که بیمار و بستری است دیده می شود.

اوضاع غریبی است حکومت نظامی است و عکس دشمنان و مخالفان رژیم در صدر و سر لوحه روزنامه ها. حیرت زده به روزنامه نگاه می کنم. آقای افشار مدتی است که رسیده و با جلیل شرکاء صحبت می کنند. هدایت ذوالفقاری می رسد و در اتاق آقای افشار باز می شود و همگی دور میز ایشان می نشینیم.
صحبت سر این است که دولت بازنده بازی می کند این است که مخالف ها میدان را خالی دیده، جری شده اند. می گویند یک نفر مثل شما (روبه من می کنند) باید عهده دار تبلیغات مملکت بشود.

شرفیابی - رادیو تلویزیون که دست من نیست!!
اتاق که خلوت می شود همکاران آقای افشار سر کارهایشان می روند. پس از اینکه از من می پرسد چند روز می مانم ، می گوید از اعلیحضرت برایت وقت می گیرم بیا و شرفیاب بشو و حرف هایت را بزن. صحبت این است که تبلیغات مملکت را به شما بسپارند. در این مورد با کسی هم حرف نزنید.
چگونگی این شرفیابی و نیز ملاقات با شاهنشاه را پس از انقلاب در مریضخانه نیویورک و در جزیره کونتادورای پاناما هرگز آنطوریکه انجام یافت با کسی در میان نگذاشته ام دلیل این بوده که می دیدم پس از انقلاب خیلی ها که در روزهای قدرت شاه حتی جرأت نمی کردند در حضور ایشان سر بلند کنند و در برابر ایشان به تته پته می افتادند و قادر نبودند به

پیشخدمت شاه بگویند، بالای چشم اش ابرو است مقاله ها می نویسند که ما به ایشان تذکر دادیم، راهنمایی کردیم، ولی گوش ندادند. اگر به حرف ما گوش می داد این طور نمی شد. باک داشتم نکند حرف من هم در ردیف این یاوه سرائی ها در بیاید و دوست و آشنا خیال کنند قصد خودنمایی دارم. چه برسد به دشمنان بدخواه و تعبیر و تفسیرهایشان درباره نوشته ها و گفته هایم. اگر تصمیم گرفتم اقلاً خیلی خلاصه جریان شرفیابی هایم را در اختیار همگان بگذارم از این دیدگاه است که فکر کردم این خاطرات ممکن است برای پژوهشگرانی که در جستجوی درک روحیات شاهنشاه در آن روزهای بحرانی می باشند ارزنده باشد و من حق ندارم این خاطرات را با خودم به زیر خاک ببرم.

بعد ازظهری که شرفیاب می شدم در دفتر انتظار شاهنشاه در کاخ نیاوران تیسمار بدره ای فرمانده نیروی زمینی، خوش کیش رئیس بانک مرکزی، ازهاری نخست وزیر حسین دانشور و ملک شاه ظفر بختیار حضور داشتند. آقای دکتر امیراصلان افشار هم می آمدند و می رفتند. از هاری که روی یک صندلی راحتی نشسته بود. خیلی لاغر و خسته به نظرم آمد. وی رو به من کرده، گفت: شما را من خواسته ام که به تهران بیایید، هم راهی هیأت برزیلی ظاهر مسئله بود. شرفیاب که شدید من هم بعد از شما قرار است حضورشان برسم. اگر دیدم فایده دارد شما را خواهم خواست. در هر حال امشب در خانه باشید اتومبیل دنبالتان می فرستم بیایید درباره مسائل تبلیغاتی و وضع رادیو تلویزیون با هم صحبت کنیم.
نوبت من که رسید یکی از آجودان ها که نمی شناختم مرا راهنمایی کرد در اتاق دفتر شاهنشاه را باز کرد و من وارد شدم. اعلیحضرت وسط اتاق ایستاده بودند. جلو رفتم دستشان را دراز کردند، بوسیدم. تا آمدم حرف بزنم گفتند از احساسات وطن پرستی شما اطلاع دارم. گفتم قربان اگر ملاحظه می فرمایید هزاران هزار نفر به صف تظاهر کنندگان می پیوندند برای این است که احساس می کنند دولت بازنده است، هیچ کس دوست

ندارد با بازنده باشد. دولت با میلیاردها در خزانه، ارتش نیم میلیون نفری مجهز در برابر مخالف ها عقب نشینی می کند. روزنامه ها که پر از عکس آیت الله ها است، مطالب رادیو و تلویزیون نه فقط قوت قلب به هواخواهان دولت نمی دهد، بلکه ترس و خوف ایجاد می نمایند.

جلو آنهایی را که می خواستند به نفع دولت به راه بیفتند به عنوان اینکه چماق به دست و دشمن آزادی هستند گرفتند. معذرت می خواهم حکایت بستن سنگ و رها کردن سگ است در اوایل کار همین دولت مخالف ها از ترس هر کدام در گوشه ای قایم شدند تا ضعف دولت را دیدند از سوراخ ها بیرون آمدند و راه افتادند. باید امر بفرمایید تمام روزنامه ها تعطیل شوند. مصباح زاده و مسعودی خودشان از این کار استقبال خواهند کرد. زیرا کنترل از دست شان خارج شده و عناصر چپ و مخالف روزنامه را اداره می کنند. دولت هر روز یک روزنامه دولتی منتشر کند. رادیو و تلویزیون به تصرف ارتش در بیاید. مارش های هیجان انگیز بزنند محکم و با روحیه قوی صحبت کنند. حتی تلفن ها باید قطع بشوند دستگاه های دولتی می توانند با بی سیم و دستگاه های مخصوص با هم تماس بگیرند. با تلفن است که مخالف ها به یکدیگر خبر می دهند فلان جا، فلان ساعت برای تظاهرات یا راهپیمایی جمع بشوند. ا زهمه مهم تر رادیو تلویزیون است که بصورت دستگاه تبلیغاتی دشمنان در آمده است و باید فوراً در اختیار ارتش قرار گیرد.

تا این را گفتم شاهنشاه همین طور که ایستاده گوش می دادند فرمودند: رادیو تلویزیون که در اختیار من نیست. تا این را شنیدم خشکم زد. در اتاق پهلو بدره ای و نخست وزیر نظامی نشسته بودند و شاه می گفت رادیو تلویزیون دست من نیست. ایشان را چه می شود؟ از کی اینطور شده اند؟ دیگر ندانستم چه گفتم و چه شنیدم. «رادیو تلویزیون که در اختیار من نیست» همین طور این گفته ها توی مغزم مانند صدایی که به کوه خورده برگردد و می پیچد. برداشت نظامی ها از فرماندهی این چنین چیست؟ معطل چی هستند؟ نمی دانم بعد از من که ازهاری بنا بود شرفیاب بشود،

چه گفت و چه شنید؟ آن شب خدا خدا می کردم اتومبیل نخست وزیری دنبالم نیاید. من که یک عمر آرزو می کردم عهده دار تبلیغات مملکت بشوم، آن شب می ترسیدم که نکند برای این کار دنبالم بیایند. می دانستم که با این روحیه که رئیس مملکت دارد، هیچ کاری نمی شود کرد. طاس ها ریخته شده ... سران قوم تسلیم هستند.

بعدازظهر فردای روز شرفیابی طرف های عصر رفتم خانه آقای افشار در کوچه پسیان زعفرانیه، کاملیا همسر آقای افشار با لبخند و ظرافت همیشگی پذیرایی کرد. با دیدن قفسه های پر از اشیا آنتیک خوش سلیقه و فرش های قیمتی و تابلوها به کاملیا گفتم همه بیشتر لوازم خانه و مخصوصاً اشیاء قیمتی را جمع کرده اند و مثل مسافر زندگی می کنند، چطور شما دست به این اشیاء نزده اید؟ انگار نه انگار خبری هست؟ جوابی داد که مرا به تحسین واداشت. و آن اینکه گفت: نظر همین است که نشان بدهیم انگار نه انگار. اگر ما اثاثیه را جمع کنیم. در اطرافیانمان ترس ایجاد می شود، در چنین موقعی حفظ خونسردی مهم است. گفتم : دل شیر دارید. بیخود نیست که اسم دکتر افشار اصلان (به ترکی به معنای شیر) است.

چون به مصلحت جویی آمده بودم آقای افشار گفتند چون وضع دولت فعلی معلوم نیست اگر هم به شما پیشنهادی کردند، امروز و فردا بکنید تا معلوم شود دولت آینده را چه کسی تشکیل می دهد اگر دولت صاحب اراده و قوی روی کار آمد آنوقت می توانید مسؤولیت تبلیغات و رادیو و تلویزیون را بپذیرید.

آقای افشار اطلاع دادند که آقای اردشیر زاهدی از واشنگتن آمده و همگی چشم امیدشان را به ایشان دوخته اند بلکه بتواند اعلیحضرت را از فکر ترک وطن منصرف بنماید. با روحیه قوی که اردشیر داشت اگر می توانست قسمتی از این روحیه را به شاهنشاه بدهد خوب می شد. روز بعد رفتم حصارک تا بلکه آقای زاهدی را ببینیم. هوشنگ باتمانقلیچ و حسین دانشور آنجا بودند. طبق معمول آن روزها همه از یکدیگر

می پرسیدیم چه خبر؟ یکی گفت همه چیز منوط به این است که ایشان (اشاره به عکس آقای زاهدی) موفق بشود. گفتند ایشان نیم ساعت دیگر می آیند. در کاخ هستند. صبر کردم تا آمدند. به محض اینکه آقای زاهدی آمد همگی برخاستند و پرسیدیم قربان چه خبر؟ جواب داد: اولاً به شماها چای داده و پذیرایی کرده اند یا همین طور تشنه گرسنه نشسته اید؟ و اما جواب سؤال تان این است که فعلاً تعریف ندارد ولی باید دل قوی داشت. آقای زاهدی سالها بعد از انقلاب در مصاحبه های متعدد و نیز به نویسنده این سطور اظهار داشتند به اعلیحضرت آن روزها می گفتم اوضاع مانند مرداد ۳۲ نیست اگر از ایران بروید نه خودتان نه ولیعهد هرگز به ایران بر نخواهید گشت.

زاهدی مکرر به خبرنگاران گفت: اگر شاه در ایران می ماند خمینی جرئت نمی کرد به ایران بیاید. بهم خوردن اوضاع ایران در صحنه بین المللی عواقب وخیم به بار آورد. نمی بینم با بودن شاه در تهران شوروی به افغانستان حمله کند یا اینکه صدام حسین قشون کشی کرده کویت را بگیرد و هشت سال بین ایران و عراق جنگ خونین راه بیافتد.
پس از آن چند دقیقه در حصارک دیگر اردشیر زاهدی را مدتها ندیدم تا اینکه سعادت دیدارش در نیویورک نصیب شد. بعد از آن تلاش کرده ام تا عمری باقی است خودم را از دیدار این جوانمرد جنتلمن و از هر حیث قابل احترام و دوست داشتنی محروم نکنم. چه سعادتی داشتم که سرنوشت مرا در مسیر خدمت به این پدر و پسر قرار داد و از آنها درس وطن پرستی آموختم و این سخن اردشیر همیشه آویزه گوشم می باشد: اگر به چیزی اعتقاد داری و می دانی که درست و صحیح و در راستای منافع وطن است. باید با تمام وجود و با جرئت و قبول خطر دنبالش بروی.

بخش دوم

خاطرات پراکنده

جای خالی اردشیر زاهدی
در مراسم گشایش باشگاه کارمندان وزارت خارجه

دیشب ۲۶ اسفند ۲۵۳۵ باشگاه کارمندان وزارت امور خارجه در پیشگاه شاهنشاه و شهبانو افتتاح یافت والاحضرت های عبدالرضا و غلامرضا و بانو فریده دیبا و عده ای از معاونان وزارت دربار و شهردار تهران، وزیر اطلاعات کریم پاشا بهادری و وزیر اقتصاد و دارایی هوشنگ انصاری و دبیرکل حزب رستاخیز، جمشید آموزگار و البته هویدا نخست وزیر و کلیه معاون ها، مدیران کل و رؤسای ادارات وزارت امورخارجه دعوت داشتند. بنیان گزار این باشگاه اردشیر زاهدی است و به نام باشگاه کارمندان وزارت امورخارجه ثبت شده و هوشنگ باتمانقلیچ مدیر کل اقتصادی وزارت خارجه به مدیر عاملی آن تعیین گردید. انتخاب نام باشگاه کارمندان وزارت خارجه به جای باشگاه وزارت خارجه کار بسیار صحیحی بود و به این ترتیب کلیه کارمندان وزارت خارجه از آتاشه گرفته تا وزیر خود را در این باشگاه سهیم دانسته و ضمن استفاده از تسهیلات و سرویس های آن می توانستند از داشتن چنین باشگاه مجللی که در ایران همتا نداشت به خود ببالند. انصافاً هوشنگ باتمانقلیچ با به عهده گرفتن این کار عظیم و انجام آن در کمال سلیقه خدمت بزرگی به عمل آورد.

مهندسی ساختمان را آفتاندلیان و دکوراسیون داخلی را سیروس علم عهده دار بودند. بنای باشگاه ساختمان اصلی وزارت امورخارجه را به یاد می آورد و از معماری متین و سنگین آلمان الهام گرفته است.
نکته قابل توجه این است که باتمانقلیچ این کار را بدون تحمیل به بودجه وزارت خارجه انجام داد. وی موفق شد از محل کمک های دولت به ایجاد باشگاه های ورزشی کمک بگیرد. باشگاه دارای سالنهای غذاخوری، استخر، سینما، سالن بازی بریج و شطرنج، ژیمناستیک و کتابخانه و زمین های تنیس و والیبال است. فرش ها به رنگ رز و صندلی های بسیار راحت سینما را علیاحضرت انتخاب کرده اند. سالن رستوران بزرگ توانایی پذیرایی از ۱۰۰۰ نفر را دارد. ساختمان روی بلندی قرار گرفته و دور تا دور و بیشتر جلو و سمت غربی آن باغ نسبتاً وسیعی است با چمن و گل کاری و زمین های ورزشی و پارکینگ. فرش بزرگ کریدور را در ایران نتوانستند پیدا کنند از نیویورک خریداری وحمل کرده اند. در بعضی از موارد فرش ایرانی در نیویورک ارزان تر از خود ایران است.

آقای خلعت بری وزیر خارجه از آقای اردشیر زاهدی که در آن موقع در سویس به سر می بردند، تلگرافی دعوت کردند تا در مراسم افتتاح حضور یابند. آقای زاهدی با مخابره تلگراف بسیار مؤدبانه ای معذرت خواسته بود. فکر می کنم اگر می آمد وضع عجیبی می شد. کافی بود وارد محوطه شود تا به احتمال قوی تمام کارمندان وزارت خارجه و حتی پیشخدمت ها دورش حلقه زده و ای بسا با دست زدن از او استقبال بنمایند و البته این سناریو هویدا و خلعت بری را به اصطلاح عامیانه خیط می کرد. به نظرم آقای زاهدی با پیش بینی چنین وضعی است که جوانمردانه گذاشت هویدا و خلعت بری شب خودنمایی شان را داشته باشند.
جالب این است که مهر آبی رنگ که مقامات امنیت روی کارتهای دعوت زده اند یک دایره آبی است با یک شماره و نام اردشیر. مهر روی کارت من و همسرم اردشیر ۵۴۶ است به این ترتیب بنیان گذار این باشگاه

باشکوه هرچند در مراسم افتتاح شرکت ندارد ولی یادش در ذهن همه حاضر است.

ذوق و شوق برای ایجاد باشگاه و پیشرفت کارهایش آنچنان فراگیر بود که مهندس مشاور سیامک فریدی از قبول دستمزد خودداری کرد. آقایان مجیدی، رئیس سازمان برنامه و خوش کیش رئیس بانک مرکزی از کمک های ارزنده مضایقه نکردند.

پرویز رایین که به نمایندگی خبرنگاران خارجی جزو مهمانان بود موقعی که خلعتبری شروع به سخنرانی کرده بود صندلی نزدیک من نشست و در گوشم گفت: پرویز جان چقدر جای وزیر خودمان خالی است (منظورش اردشیر زاهدی بود) سپس گفت میدانی که من به خبرهای پشت پرده دسترسی دارم. ترا هم دوست دارم بهت میگم اوضاع خیلی خراب است به فکر خودت باش..

در آلاشت، زادگاه رضا شاه ۲٤ اسفند

جشن ها و مراسم پنجاهمین سال شاهنشاهی پهلوی امروز خاتمه یافت. من به نمایند گی وزارت خارجه به آلاشت (زادگاه رضاشاه) رفتم و درمراسمی که آنجا برگزار شد، شرکت کردم. ۹ سال است که روز ۲۴ اسفند روز تولد رضاشاه در آلاشت مراسمی ترتیب می دهند. امسال من برای بار اول به این مراسم دعوت شدم یک ترن ویژه ساعت ۸ شب ۲۳ اسفند از پاویلیون سلطنتی ایستگاه راه آهن تهران حرکت کرد. والاحضرت غلامرضا در این ترن بود و از طرف ایشان مرا دعوت کردند که شام را سر میزشان صرف کنم. آقای آیینه چیان معاون وزارت راه و ترابری هم کوپه من بود. مرد کم حرفی بود و تا از شام برگشتیم. پیژاما پوشید و شب بخیر گفت و خوابید. من هم بسیار راحت خوابیدم. ساعت ۵ صبح همه را بیدار کردند، تا صبحانه بخوریم. از پنجره های بخار زده جنگل های سبز و خرم دیده می شدند. ساعت پنج و نیم در ایستگاه مهرشاه پیاده شدیم. منظره کوههای سرسبز اطراف، خنکی مرطوب صبح گاه، هوای تمیز واقعاً جان تازه می داد. چندین مینی بوس ما را از یک راه کوهستانی پیچ در پیچ به آلاشت رسانید. در آلاشت اتاق ساده روستایی که رضاشاه در آن به دنیا آمده است به ما نشان دادند. تردیدی نیست که رضا شاه خدمات زیاد به ایران کرده و مرد وطن پرستی بوده است. افسوس که حرص مال اندوزی اش خاطره اش را تا حدودی لکه دار می نماید. خیلی ها می گویند آتاتورک که مرد حتی صد

دلار در بانک اندوخته نداشت و هیچ یک از خویشان و بستگانش را سر کارهای پر در آمد نگماشت. مطلب دیگر مقالات و اشعار و سخنرانی های تملق آمیز بی حد و حصر است که به جای آنکه اثر خوبی بگذارد، آنقدر گزافه گویی در بر دارد که اعصاب را خرد می کند. سواد کوهی نماینده مجلس ضمن نطق خود گفت ۳۶۰ روز است(روزهای پنجاهمین سال) روزنامه ها، رادیو، تلویزیون درباره خدمات و آثار رضا شاه کبیر داد سخن می دهند، گفتار پخش می کنند، فیلم نشان می دهند ولی هنوز یک هزارم واقعیات و عظمت خدمات ایشان را نتوانسته اند بیان کنند. وی این بیت را خواند:

کتاب فضل ترا آب بحر کافی نیست   که ترکنند سر انگشت و صفحه بشمارند

دکتر رهنوردی هم شهری من که این روزها با اصطلاح خیلی خرش می رود و ریاست سازمان عمران آلاشت را هم یدک می کشد و این مسافرت سالیانه به آلاشت و برگزاری مراسم در آنجا از ابتکارات او است. موقعی که در ترن بازگشت با من تنها بود به ترکی به من گفت: پرویز جان اینها همه درست ولی این هویدا پدر همه را در آورده است. نمی دانم اعلیحضرت چرا توجه ندارند که مردم حوصله شان از هویدا سر آمده، چرا اصرار در نگهداری وی دارند. مردم خیلی ناراضی می باشند و از عاقبت کار نگرانم.

معمای هویدا

امیرعباس هویدا حدود ۱۳ سال نخست وزیر ایران بود. وی با وجودی که به نداشتن اختیار تظاهر می‌کرد، از قدرت فراوان خصوصاً درمورد انتخاب وزرا و مقامات بالا برخوردار بود. درست است که شاه ارتش را دو دستی چسبیده بود، ولی وزارت اطلاعات و کار تبلیغات در حوزه نفوذ هویدا و همدستانش بود و این در حالی است که اگر ارتش به منزله سر باشد تبلیغات به منزله گردن است که می‌تواند سر را در هر جهت که می‌خواهد بگرداند. از آن بالاتر تبلیغات می‌تواند در نیروی فرماندهی سر که مغز باشد نفوذ کند (شستشوی مغزی).

پس از کناره گیری آقای اردشیر زاهدی، وزارت خارجه نیز دربست در اختیار هویدا و یار گرمابه و گلستانش خلعت بری قرار گرفت. آنها هر جا که با سختی و موج نارضایتی روبرو می‌شدند به بالا اشاره می‌کردند (ما اختیار نداریم و بی تقصیریم، مأمور معذور است) به این ترتیب به جای اینکه دولت سپر بلای سلطنت باشد، این سلطنت بود که سپر بلای دولت و هدف و آماج تمام نارضایتی‌ها شده بود.

بهانه و عذر نداشتن اختیار در نظر آگاهان آنقدر شور بود که می‌دانستند برای نیل به مقامات، مورد توجه هویدا بودن موثرتر از توجهات ملوکانه است. اتفاق افتاده که شاه یکی را از در بیرون رانده و هویدا با ترفندهای مخصوص به خودش او را از پنجره وارد دستگاه کرده است.

متاسفانه برای پژوهشگرانی که دنبال واقعیات می باشند و خوشبختانه برای آنهایی که از خوان نعمت گسترده هویدا بهره مند شده، دوستدارش شده اند، هویدا در پناه فرهنگ مظلوم پرور ایرانی از قضاوت هایی که می توانست به زیانش باشد تا حد زیادی در امان مانده است.
افراطی ترین دوستدار محمدرضاشاه نمی تواند تسلیم هویدا را دست بسته به جلادان جمهوری اسلامی توجیه بنماید.

با این برداشت است که در مورد هویدا از هرگونه قضاوت با وجودی که در این مورد گفتنی زیاد دارم خودداری کرده به نقل چند خاطره و صحنه که خودم شاهد و ناظر آن بوده ام بسنده می کنم، قضاوت به عهده خوانندگان خواهد بود.

کاخ اختصاصی رامسر ـ ۸ مرداد ۱۳۴۶

روز آفتابی ولی مرطوبی است. سران سه کشور محمدرضا شاه ایران ـ فیلد مارشال ایوب خان پاکستان و دمیرل نخست وزیر ترکیه در بالکن رو به شمال کاخ گردهم آمده اند. کنفرانس سالیانه پیمان عمران منطقه ای R.C.D تشکیل یافته است. در حالی که انگلیس در پیمان سنتو عضویت دارد و آمریکا با شرکت در کمیسیون های آن از این پیمان جانبداری می نماید، R.C.D از کمک دول بزرگ غربی برخوردار نیست. پاکستان از زمان جنگ با هندوستان از عضویت سنتو دلسرد شده قصد ترک آنرا دارد، ایران و ترکیه می کوشند پاکستان را از این تصمیم منصرف بنمایند. نظر ترکیه و ایران این است که فعلاً رها کردن R.C.D صلاح نیست. نخست وزیر امیر عباس هویدا و اردشیر زاهدی وزیر خارجه ایران کنار شاهنشاه هستند و وزرای خارجه ترک و پاکستان نیز حضور دارند.
در طبقه بالای هتل رامسر که بسیاری از شرکت کنندگان کنفرانس در این قسمت می باشند، یک میز انفورماسیون گذاشته ایم . هر دو سه ساعت با استفاده از تلکس آسوشیتدپرس آخرین اخبارجهان را به فارسی و ترکی

و اردو و انگلیسی بصورت بولتن خبری تهیه کرده توزیع می کنیم. عده ای از خانم های وزارت خارجه که به انگلیسی تسلط دارند پشت این میز به مراجعات پاسخ می دهند. این خانم ها در مورد نقاط توریستی ایران و ساعات پرواز هواپیما ها، وضع راه ها، هوا در نقاط مختلف توریستی همه گونه اطلاعات در اختیار علاقمندان می گذارند . خانم ها همگی یک یونیفرم زرد رنگ خوش دوخت پوشیده اند. به آنها که بیشترشان کارمندان اداره اطلاعات و مطبوعات می باشند، گفته ام همیشه به یاد داشته باشید، برخوردتان متین و با لبخند باشد و هرگز بی صبری حتی در برابر سؤالات طولانی نشان ندهید.

امروز صبح آقای هویدا نخست وزیر به اتفاق سلیمان دمیرل جلو میز اطلاعات توقف کرد و از خانم افسری که به اتفاق دو خانم دیگر پشت میز بود پرسید: شما عضو وزارت خارجه هستید؟ تا جواب بلی شنید، به انگلیسی آن هم در حضور دمیرل نخست وزیر ترکیه شوخی وار گفت: مردها که در وزارت خارجه نتوانستند کاری بکنند بلکه شما زن ها بتوانید کاری انجام بدهید. این نیش بی جایی بود به اردشیر زاهدی وزیر خارجه، آنهم در حضور نخست وزیر ترک.
آنچه از مذاکرات سران در کنفرانس رامسر آگاهی یافتم مطالب زیراست: شاه با یادآوری شکست اعراب از اسرائیل می گوید. این شکست موقعیت خوبی برای ازدیاد نفوذ شوروی در میان اعراب ایجاد کرده است. آمریکا نباید کاری بکند که احساسات مردم عرب جریحه دار بشود. باید از آمریکا خواست اعمال نفوذ بکند، اسرائیل سرزمین های اشغال شده را تخلیه بنماید. ما از سیاست عرب ها در مورد اینکه می گویند اسراییل باید از بین برود پشتیبانی نمی کنیم. شاید شوروی قادر باشد اسرائیل و عرب ها را سر یک میز بنشانند. در مورد ملک حسین شنیدیم وی با موافقت عبدالناصر در صدد صلح جداگانه با اسرائیل است.
چون ملک حسین اظهار تمایل کرده بود به رامسر آمده و در کنفرانس

سران شرکت نماید. سلیمان دمیرل با اشاره به این موضوع گفت اگر ملک حسین اینجا بیاید، دوستان عرب ما سوء تعبیرمی نمایند، ماهم اطلاع یافته ایم، وی می خواهد با اسرائیل صلح بکند و انتظار دارد سایر ممالک عرب هم همین کار را بکنند.

شاه: ملک حسین در این جنگ تمام قسمت غربی رود اردن را از دست داده است. هیچ کس نیست به اردن کمک برساند.

دمیرل (ترکیه) : ملک حسین اورشلیم (بیت المقدس) را هم باخته است. نیمی از ارتش و نیمی از نیروی هوائی اش از بین رفته است. با اینهمه بین اعراب قهرمان شده است. اسرائیل بی میل نیست به وی امتیازاتی بدهد تا بین اعراب شکاف حاصل شود. اسرائیل علاوه بر تخلیه اراضی اشغال شده اردن ممکن است دسترسی به دریای آزاد را هم برای اردن فراهم بیاورد. ما باید سعی کنیم خصومت اعراب را بر نیانگیزیم. دولت ها می آیند و می روند ولی مردم و ملت ها هستند. هرچند تا اسرائیل امنیت اش تأمین نگردیده است، امکان ندارد چیزی پس بدهد. باید در نظر گرفت که در عرب ها احساسات، بر واقعیت ها غلبه دارد. شوروی قبل از جنگ وعده داده بود، از عرب ها حمایت بنماید، ولی اینکار را نکرد.

شاه : در گرفتاری آذربایجان و مشکل نفت عرب ها حتی یک قدم به نفع ما بر نداشتند. در قبرس هم عبدالناصر با ماکاریوس ساخت . در حالی که ماکاریوس دشمن ترکیه مسلمان بود. ادعای ناصر درباره برادری بین مسلمانان فقط حرف است.

شاه: در ۱۹۵۶ درست است که شوروی از مصر جانبداری کرد ولی این آمریکا بود که مصر را نجات داد. با این همه ناصر حملات تبلیغاتی را علیه آمریکا از سرگرفت. با رئیس جمهوری پاکستان و هیأت ترکیه هم عقیده ام که برنده واقعی این جنگ شوروی است.

بسته شدن کانال سوئز برای ما زیان آور است. ما به قطع نامه یوگسلاوی دایر بر لزوم تخلیه فوری اراضی اشغال شده رأی موافق داده ایم. (در سازمان ملل متحد)

تا موقعی که رژیم های افراطی عرب هستند، اتحاد مسلمانان ممکن نیست. رویه ما بطور کلی عبارت است از سمپاتی نسبت به اعراب و لزوم خروج قوای اسرائیل از سرزمین های اشغال شده، با اینکه می دانیم بی فایده است.

ترکیه: با اینکه CENTO برای حمله به شوروی ایجاد نشده است، ولی شوروی می کوشد آنرا از بین ببرد.

شاه: نتوانسته ایم جانشین بهتری برای سنتو پیدا کنیم. ترکیه با توجه به اینکه عضو NATO است نیازی به سنتو ندارد.

کنفرانس سران در روزهای ۷ و ۸ مرداد ۱۳۴۶ برگزار شد. پاکستان به خاطر اینکه در جنگ با هندوستان اعضای سنتو به یاری اش بر نخواستند قصد داشت از سنتو کناره گیری بکند، این است که در تهیه اعلامیه نهائی مشکلات پیش آمد تا آنکه بالاخره در اعلامیه نهایی نوشتند سران سه کشور برای حفظ امنیت در چهارچوب ترتیبات و موافقت نامه های موجود همکاری خواهند کرد. به این ترتیب و با این فرمول بدون ذکر نام سنتو موجودیت آن را تأیید کردند. اعلامیه نهایی را پس از ترجمه با یک هواپیمای فرندشیب کوماندور به تهران بردم و پس از اینکه دکتر عاملی و امیر تیمور در آن اصلاحاتی کردند، در ساعت ۱۴:۳۰ روز ۱۰ مرداد از رادیو پخش شد.

۲۹ اسفند ۱۳۴۶ هتل هیلتن تهران

شب عید غدیر است و با وجودی که به نیمه شب نزدیک می شویم جشن عروسی با هیجان و نوای موزیک غربی و پای کوبی عده ای از جوانها ادامه دارد. جشن عروسی دختر آقای ظهیر سفیر سابق ایران در هلند با پسر آقای پناه پور است. به خاطر شخصیت خانواده های عروس و داماد عده ای از مقامات بالای دولت و بازرگانان معتبر بین مهمان ها دیده می شوند. پذیرایی گرم و عالی است و پیشخدمت ها همین طور با سینی شامپاین و مشروبات دیگر رد می شوند.

من با دو سه نفر از روزنامه نگاران نزدیکی های در ورودی گرم گرفته ام، آقای اسدی نماینده لیلاند موتورز هم که مردی بلند قد و خوش برخورد و بازرگان بسیار موفقی است به گروه ما پیوسته است.

داشت نیمه شب می شد که آقای امیرعباس هویدا نخست وزیر با گل ارکیده به یقه کت و عصا به دست، خیلی شنگول وار مثل اینکه دمی به خمره زده باشد وارد شد. تا گروه ما را دید نزدیک شد و قبل از اینکه سلام و علیکی رد و بدل بشود رو به من کرد و با صدای نسبتاً بلند گفت: حالت چطور است؟از حال مخالفان دولت چه خبر؟ این مخالف ها، دوستان شما کی دولت تشکیل می دهند. پیشخدمت با سینی مشروب رد می شد، صدا کرد به آقای عدل یک ویسکی بدهید. اوقاتشان تلخ است. حساب های سیاسی اش غلط از آب در آمده است.از این اظهارات نخست وزیر نه فقط من بلکه سایرین هم هاج و واج مانده بودند. من به فرانسه گفتم این حرف ها که می زنید دور از انصاف است من به عنوان کارمند دولت همیشه مراقب شئون دولت می باشم، چون از گرفتن ویسکی خودداری کرده بودم. هویدا دست بردار نبود. رو کرد به آقای اسدی و گفت حالا که ایشان ویسکی هم نمی خورند، یک سیگار بدهید بکشند و به ایشان بگویید ما حالا حالا در خدمتشان هستیم.

اسدی ضمن تعارف سیگار گفت: قربان عدل یک مأمور دولت خیلی مقرراتی است لابد خلاف به عرض تان رسیده است، هویدا به جای اینکه آرام بشود با حرارت گفت این حرف ها را من نمی زنم. مقامات امنیت گزارش داده اند.

***

١- تعطیلات نوروز در جنوب بودیم رادیوی اتومبیل هنگام بازگشت ا ز شوش در گزارش سلام عید نوروز گفت: شاهنشاه ضمن حمله به

شایعه پردازان فرمودند مملکت به زندگی حزبی و پارلمانی خو گرفته و هر دولت مادام که از اکثریت مجلس برخوردار است اقلاً ۴ سال بر سر کار می ماند، مگر اینکه مرتکب خلافی بشود. دولت فعلی که سرگرم انجام برنامه هایش است، در انتهای این دوره مجلس هم اگر اکثریت پارلمانی اش را حفظ کرده باشد. بر سر کار می ماند. با این فرمایشات ملوکانه آب پاک به دست همه ریخته شد و معلوم شد حرف آقای هویدا که گفت ما حالا حالاها در خدمت هستیم بیخودی نبوده است.

در هر حال جریان اظهارات آقای هویدا را در جشن عروسی از طریق وزارت خارجه پیگیری کردم معلوم شد در مهمانی سفارت آرژانتین آقای مرتضی عدل طباطبایی، سفیر سابق در آرژانتین اظهار داشته دولت هویدا رفتنی است و اردشیر زاهدی نخست وزیر می شود. مأمور ساواک که در این مهمانی بوده بدون دقت و توجه به عواقب وخیم که گزارش غلط می تواند در زندگی اشخاص بوجود بیاورد جریان را گزارش داده بدون اینکه قید کند کدام عدل. من وسیله داشتم پیگیری کردم تا حدودی رفع سوء ظن شد وای بر آنهایی که نتوانند خلاف گزارش ساواک را نشان بدهند.

و نتیجه گیری دیگر آنکه:

۱- در اغلب مهمانی ها مأمور ساواک هست.

۲- این مأمور می تواند گزارشی عوضی بی دقت داده بی گناهانی را دچار مخمصه بنماید و حکایت گنه کرد در بلخ آهنگری به شوشتر زدند گردن مسگری بشود.

متأسفانه از پی آمد های این گزارش غلط در امان نماندم و هویدای سوءظنی از آن تاریخ ته دلش از من چرکین شد و این ناراحتی ته دل نخست وزیر برای من خیلی گران تمام شد.

بمب سانفرانسیسکو

۱۵ اکتبر ۱۹۷۱ هم زمان با برگزاری جشن های ۲۵۰۰ ساله شاهنشاهی،

سرکنسولگری ایران را در سانفرانسیسکو با بمب با خاک یکسان کردند. رئیس آتش نشانی سانفرانسیسکو گفت: انفجار کنسولگری از بزرگترین انفجارهاست که به عمرم دیده ام. ۵۰ خانه اطراف کنسولگری هم آسیب دیدند. این اظهارات رئیس آتش نشانی شدت انفجار را نشان می دهد. سانفرانسیسکو شهر بلا دیده ای است زلزله های مخوف و آتش سوزیهای بزرگ داشته است. لوزان و یا ژنو نیست بنابراین موقعی که رئیس آتش نشانی بمب سانفرانسیسکو را بزرگترین انفجار مدت خدمت اش به شمار می آورد می توان به قدرت خرابکاری این بمب پی برد.
چه معجزه ای زن و بچه های مرا از این انفجار نجات داد؟ به جز فضل الهی جواب ندارم.
در آن شب بیش از ۵۰ مصاحبه رادیویی و تلویزیونی انجام می دهم و صبح زود خاک و خاشاک جلو کنسولگری را جمع کرده، دستور می دهم پرچم تازه ای افراشته شود. در مصاحبه ها می گویم کلیه برنامه های مربوط به ۲۵۰۰ سال شاهنشاهی از جمله سمینار در دانشگاه استانفورد و نیز جشن تولد شاهنشاه برگزار خواهد شد. در آن شب کمک های آقای دکتر افشار سفیرمان در واشنگتن که ضمن تقویت روحیه من مراتب را فوری در چادر اعلیحضرت در تخت جمشید قبل از همه رسانه ها به اطلاع شاه رسانید نقش بسیار سازنده ای داشت.

حمله به سر کنسولگری که اولین حمله تروریستی در آمریکا به یک نمایندگی سیاسی است واکنش فوق العاده ای داشت. بطوری که تا بیش از یک ماه اتوبوس های توریستی دسته دسته مردم را به تماشای ویرانی ها می آورزند.
حمله برای اعتراض به برگزاری جشنهای ۲۵۰۰ بود. چون سفارت ایران در واشنگتن از حفاظت شدید برخوردار بود و سرکنسولگری نیویورک داخل ساختمان راکفلر بود. سرکنسولگری سانفرانسیسکو را هدف قرار دادند. ساختمان دفاتر و رزیدانس سرکنسولگری در یک محله مسکونی

به نام پاسیفیک هایت قرار داشت و پلیس و یا مأمور انتظامات در آن حول و حوش نبود. تلگرافات اولیه وزارت خارجه که تا آن زمان با چنین واقعه ای روبرو نشده و نمی دانست چه واکنشی نشان بدهد، اعصاب خورد کننده و بسیار ناشیانه بود: چرا پیش بینی نکردید (در حالیکه بزرگترین قدرت ها قادر به پیش بینی و جلوگیری عملیات تروریستی نمی باشند) ما پول نداریم خسارت را آمریکا باید بدهد و آنها باید برای شما محل سکونت پیدا کنند... به ما مربوط نیست... پول هتل را آنها باید بدهند. بعد از این تلگرافات بی سر و ته بفاصله اندک تلگرافات تحسین و تقدیر از دفتر شاهنشاه و وزارت خارجه سرازیر شد و به عنوان وطن پرست رشید و سرکنسول شایسته که همه اعضای وزارت خارجه باید از او سرمشق بگیرند معرفی شدم. به تهران احضار شدم تا شرفیاب شوم تا با سازمان های مربوطه دور هم نشسته سیاست کلی در برابر اعمال خشونت آمیز کنفدراسیون محصل ها اتخاذ بنماییم.

در شرفیابی به پیشگاه شاهنشاه اعلیحضرت از اینکه خانواده ام سلامت هستند اظهار خوشوقتی فرمودند و اضافه کردند از شما، جز آنکه با کمال رشادت عمل کردید انتظار دیگری نداشتم. فرمودند با نخست وزیر ملاقات کرده برای آینده سیاست تازه ای برای رویارویی با این خشونت ها و نیز خشکانیدن ریشه این تحریکات پیدا کرده و اجرا کنید.

عصر همان روز پرونده در بغل به ملاقات نخست وزیر آقای هویدا شتافتم. نخست وزیری آن زمان در کاخ والاحضرت اشرف که دولت خریده بودقرار داشت. این کاخ در خیابان کاخ نبش حشمت الدوله بود. به من ساعت ۶ وقت داده بودند.

نخست وزیر از من پشت میز ناهار خوری اش استقبال کرد و گفت اقدامات شما بعد از بمب، مورد توجه اعلیحضرت قرار گرفته است (نظر خودش را نگفت) گفتم فرمودند خدمتتان رسیده و با ملاحظه پرونده هایی که آورده ام تصمیماتی برای آینده بگیریم.

گفت پرویز جان سفیر لبنان را که می شناسی مرد بسیار خوبی است. قرار است امشب برای شام بیاید اینجا، تو هم بمان باهم شام می خوردیم، شراب خوب هم سفارش داده ام که می دانم دوست داری، بعد از شام پرونده هایت را بررسی می کنیم. سفیر لبنان آمد. مرد خوش برخورد و خوش صحبتی است و هویدا علاوه بر فرانسوی گاهی هم به عربی با او حرف می زند. تا شام لذید همراه شراب فرانسوی و دسر تمام شود، ساعت شد هشت و ربع. سفیر رفت و من پرونده ها را که کنارم گذاشته بودم بلند کرده گذاشتم روی میز. گفت: پرویز جان هنوز غذا از گلویمان پایین نرفته و شراب سنگینی می کند. یک فیلم خوب سفارش داده ام این پایین آماده کرده اندبرویم تماشا بعدش راحت نشسته پرونده ها را می بینیم.
رفتیم سالن سینما که پایین بود. فیلم کمدی بود و من در حال و هوای فیلم دیدن نبودم. منتظر بودم تمام بشود. هویدا قاه قاه می خندید و این قاه قاه هایش مثل پتک گران بود که بسرم بکوبند. بهر حال فیلم لعنتی تمام شد. ساعت ۱۰ شب گذشته بود. پله ها را که بالا می آمدیم تا خواستم درباره پرونده ها صحبت کنم، گفت پرویز جان حالا خرد و خمیر و خسته شده ایم. پرونده ها فرار نمی کنند، روز دیگر با فکر آسوده بررسی می کنیم. فعلاً برو بخواب. از دفتر هویدا هرگز خبری نشد و هویدا هرگز پرونده ها را نخواند.

دروغ در روبروی آدم ـ خرداد ۱۳۵۶

ماموریت مرا در کانادا دنباله ماموریت سانفرانسیسکو به حساب آوردند در نتیجه یک سال و شش ماه بعد ناچار شدم به ایران برگردم. در ایران ماه ها با عناوین از قبیل مهماندار عالی ـ مشاور عالی ـ بازرسی عالی بیکار بودم. زاهدی رفته بود و وزارت خارجه شده بود جولانگاه والاحضرت اشرف و هویدا نخست وزیر و خلعتبری وزیر، هیچکدام از اینها با من خوب نبودند. بالاخره از بیکاری به تنگ آمدم. خیلی ها که فقط چندماه بود از مأموریت برگشته بودند، یکی یکی به مأموریت های خوب می رفتند

یا اینکه در تهران مدیر کل و معاون می شدند. از این همه تبعیض که آن را سرطان اداری می دانم جانم به لبم رسید و برداشتم نامه ای به آقای اردشیر زاهدی نوشتم که در آن از ایشان خواستم به عرض شاهنشاه برسانند که پس از اینکه مأموریت سفارت مرا در کانادا که به عنایت ملوکانه گرفته بودم، با انواع وسایل و عنوان اینکه دنباله مأموریت سانفرانسیسکو است، به یک سال و نیم تنزل دادند. با این همه با شوق و ذوق به تهران برگشتم به امید اینکه با رضایتی که شاهنشاه از کارهایم در سانفرانسیسکو داشتند، کار خوبی در مرکز به من واگذار می کنند. متأسفانه حالا ماه هاست که با عناوین بیهوده نظیر مهماندار عالی عملاً بیکار می باشم. چرا آنهایی که خیلی بعد از من از مأموریت برگشته اند به فاصله کوتاه به مأموریت جدید رفته اند و من بایدر در آتش تبعیض بسوزم.

آقای زاهدی این نامه را با شرحی پیوست آن به اعلیحضرت می فرستد. روزی که به دیدار معینیان رئیس دفتر شاهنشاهی رفته بودم، می گفت اعلیحضرت نامه شما را که آقای زاهدی به ایشان فرستاده بود به من دادند، فرمودند این جوان خیلی پرشور و خون گرم است کار مناسبی به وی داده شود. معینیان می گفت کمتر دیده ام که اعلیحضرت اینطور صریح درباره شخصی دستور بدهند. جریان را به نخست وزیر خواهم گفت، بروید ایشان را ببینید. از نخست وزیر وقت گرفتم طبق معمول همراه ده نفر دیگر به ناهار خبر کردند. آزمون وکیل اول تهران، عده ای از وکلا و پیروز استاندار سابق بنادر جزو مهمانها بودند. چون یکی از وکلای مجلس انتقاداتی از دولت کرده بود، آقای هویدا خطاب به دکتر شادمان معاون پارلمانی نخست وزیر که روبروی ایشان ته میز نشسته بود گفت: گذشته از اینکه به این آقای وکیل جواب دندان شکن می دهید ترتیبی بدهید که دیگر در آرزوی وکالت بماند تا یاد بگیرد از این غلط ها نکند. توی دلم گفتم اینهم نمونه ای از اعتقاد آقای هویدا به دموکراسی است که سعی دارد ادای آن را در بیاورد به نظر ایشان وکیل مجلس باید لال باشد و هرگز از

دولت ایراد نگیرد. علیاحضرت در کتاب خاطراتش (بزبان فرانسه صفحه ۲۵۸) چنین نخست وزیری را مردی متواضع و خاکی و دارای کلیه خصائل لازم برای ریاست وزراء معرفی می نماید.

زهی بر این تشخیص و قضاوت. معاون پارلمانی نخست وزیر سید ضیاءالدین شادمان در گروه غیر متجانس هیأت وزرا از نیکان به شمار می رفت. بطور کلی قضاوت من درباره وزرای کابینه بر اساس و پایه ملاحظات و مشاهدات خودم شکل گرفته است و نمی تواند نمودار شخصیت کامل آنان باشد. اینک بعضی از این ملاحظات: از نصیر عصار خوشم آمد چون که در مهمانی ناهار در دفتر وزیر خارجه خلعت بری دیدم و شنیدم که به وزیر گفت عدم رضایت مردم به درجه انفجار رسیده است. باید فکری برای آینده مملکت بکنید. هادی هدایتی وزیر امور اجرایی، با من در دانشکده حقوق تهران هم کلاس بود. روزی که کتیبه ای سر در دانشکده نصب می کردم که روی آن نوشته بودم آذربایجان جزء لاینفک ایران است، کت و پیراهنم را پاره پاره کرد. وی ۱۲ سال وزیر با نفوذ کابینه هویدا بود.

مجیدی را در کارش وارد و صاحب رأی و اراده یافتم. هوشنگ انصاری پاداش خوبی مرا که او را بدرخواست خسرواقبال نماینده خبرگزاری پارس در ژاپن کرده بودم با بدی داد و اولین روزی که وزیر اطلاعات شد مرا که معاون امور بین المللی آن وزارتخانه بودم برکنار نمود... چرا؟ هرگز نفهمیدم.

ارسنجانی موقعی که در پاریس بودم به فرانسه آمد و باهم بدعوت مقامات فرانسه به مناطق تولید شامپانی سفر کردیم. او را مردی باسواد و مطلع یک دنده و صاحب عقاید مخصوص به خودش یافتم.

جمشید آموزگار همواره خوش برخورد و متین بود. ولیان که خیلی ها را

ناراحت می کرد. با من یکی همواره با محبت و احترام رفتارمی کرد. استاندار خراسان که شد از من دعوت خصوصی به عمل آورد. افسوس که خیلی از کارهایش تعریف می کرد و بطور کلی صحیح یا غلط برداشت من این بود که بیشتر وزرا بفکر پیشرفت شخصی می باشند. تا پیشبرد مصالح و منافع وطن... مثلاً عالیخانی از کارهای هویدا انتقاد می کرد، ولی این انتقاد از جاه طلبی شخصی ریشه می گرفت و نه از درد وطن. وی با تکیه به دوستی آقای علم دنبال جاه طلبی های خودش بود. به هر حال بحث در این باره در حوصله این کتاب نیست جز اینکه باید خاطر نشان کنم در این میان اردشیر زاهدی در مدار دیگری قرار داشت. وجودش از تافته جداگانه بوده و خمیر مایه اش با مهر وطن ترکیب یافته و جز منافع و مصالح وطن اندیشه دیگری نداشت. وی ادامه نخست وزیری هویدا را بزبان سلطنت و مملکت می دانست و نگران آینده بود.

بعد از ناهار که نخست وزیر رفت دفتر کارش یکی یکی ما را خواست، نوبت من که شد تا در را باز کرده، وارد دفتر شدم هنوز به میز ایشان نزدیک نشده بودم که گفت: کار می خواهی؟ چرا به خودم مراجعه نمی کنی. حالا بگو ببینم چه جور کاری می خواهی داخل یا خارج؟ یک صحبتی آن بالا شده است، ظاهراً یحیی به عرض رسانیده است. هویدا گمان می کرد پروفسور یحیی عدل که خیلی با شاه نزدیک است سفارش کرده است.

گفتم کاری می خواهم که صلاحیت داشته باشم و بتوانم خدمت کنم. گفت: فلسفه نباف بگو چه جور کاری می خواهی؟ جواب دادم: اتفاقاً فلسفه اش مهم است زیرا کاری را می خواهم که اگر جنابعالی رفتید از اعلیحضرت تقاضا کردید بعداً شرمنده نشوید.

در خارج کشور ژاپن و ترکیه که هر دو پست فعال می باشند خالی است. گفت: اسم نبر. داخل و یا خارج؟ گفتم پس به خودتان واگذار می کنم. گفت داخل کجا؟ گفتم: در داخل اصفهان یا تبریز چطور؟ گفت آها... اتفاقاً آموزگار دارد لیست استانداران را تهیه می کند با ایشان

صحبت می کنم شما را توی لیست بگذارد.
یک ماه از این جریان گذشت دیدم هیچ خبری نیست. دوست و خویش عزیزم منوچهر محامدی که از دوستان نزدیک وزیر کشور جمشید آموزگار است. از ایشان خواهش کردم از آقای آموزگار بپرسد آیا نخست وزیر درباره من با ایشان صحبتی کرده است.
منوچهر دو روز بعد گفت از جمشید آموزگار سؤال کردم، گفت: آقای نخست وزیر درباره ایشان ابدا با من مذاکره نکرده اند. اگر می دانستم آقای عدل به استانداری علاقه دارند، خودم اسم شان را می گذاشتم توی لیست. ولی حالا لیست تهیه و کامل شده و رفته است بالا.

خدایا مگر می شود یک نخست وزیر به یک مامور دولت با این شهامت دروغ بگوید.

۲۶ خرداد ۱۳۵۶ ـ معرفی سفرا
رسم است سفرای جدید قبل از رفتن به محل مأموریت با شهبانو ـ رئیس ساواک، وزیر دربار و نخست وزیر ملاقات بنمایند، تا چنانچه آنها نظریات و یا دستوراتی دارند با سفیر در میان بگذارند.
ما چهار نفر در تاریخ ۲۹ خرداد ۱۳۵۷ به شاهنشاه معرفی شدیم.
من برای سفارت برزیل ـ شعاع الدین شفا برای رم ـ پرویز سپهبدی برای یونان و ملک مدنی برای عبیدجان (ساحل عاج) هر چهار نفر را آقای هویدا وزیر دربار به ناهار دعوت کرد.
علاوه بر ما عده ای دیگر از اعضای وزارت خارجه و وکلای مجلس نیز سر میز ناهار بودند، وزیر دربار آن زمان در خانه سابق تیمسار تیمور بختیار در سعدآباد بسر می برد. مملکت در آتش انقلاب می سوخت و انتظار داشتیم، آن روز دستورات لازم در جهت مقابله با عوامل انقلابی در خارج و نیز رویارویی با خبرنگاران خارجی داده، نظرگاه شاهنشاه را در این موارد تشریح بنماید.

بر خلاف انتظار من آنچه در آن روز سر آن میز ناهار گذشت مرا آنچنان دچار حیرت و شگفتی کرد که هروقت به یاد آن می افتم با خود می گویم چرا بلند نشدم فریاد بزنم: مملکت در آتش است، هستی مان در معرض نابودی است، دلقک بازی تا کی؟

این است آنچه مرا تکان داد و مات و مبهوتم کرد:

تا سر میز ناهار قرار گرفتم آقای شمسا آغاز سخن کرده گفت: این هفته وزارت خارجه عزادار است زیرا پسر آقای ملائکه در راه شمیران با درخت تصادف کرده و کشته شده است.

هویدا بلافاصله گفت: ترا به خدا حرف غصه دار نزنید آقای مافی که همیشه جوک های خوب در چنته دارند، دعوت مرا پذیرفته آمده اند. اگر آخرین جوک شان را نمی گویند من حکایت ترکه را بگویم.

آقای مافی که به شیرین زبانی و طنز گویی شهرت داشت گفت قربان جنابعالی بفرمایید:

هویدا رو به من که به خاطر ارشدیت کنارایشان نشسته بودم کرده گفت: لابد داستان ترکه را در ساواک شنیده ای؟ گفتم خیر قربان. گفت ترکه را برده بودند ساواک، بعد از یک هفته بازپرسی مرخص کردند به اولین هم شهری اش که برخورد گفت این ساواکی های تهران خیال می کنند ما خریم خودشان آنقدر خرند که خیال می کردند ماتحت ما یخچال است هی بطری کوکاکولا می کردند آن تو که خنک شود.

وطن مان می سوخت و این بود سخن وزیر دربار آنهم در روزی که آمده بودیم بپرسیم در این روزهای سرنوشت ساز چکار باید کرد.

فیشر که بود؟

خیلی کنجکاو بودم بدانم این فیشر کی بود که یکی از خیابان های بزرگ پایتخت را بخاطرش نامگذاری کردند. جسته و گریخته شنیده بودم که

فیشر یک اتریشی بوده و بعنوان مشاورامور پست‌خانه به ایران آمده و از لیاقت و استعدادش تعریف فراوان کردند، همان سیف الله پسرعموی من بود.

مظفرالدین شاه سیف الله را مورد تفقد قرار داده و گفت شما باید به ایران بیایید و به دیگران فنون نظامی را بیاموزید. دستور می‌دهم تمام وسایل راحتی کار شما را فراهم بیاورند.

سیف الله که جوانی بود با اعتماد به نفس بالا جواب داد: با کمال افتخار به وطن برمی گردم ولی یک استدعا از ذات ملوکانه دارم آن هم این است که اجازه فرمایند نزدیک ترین دوست وهم اتاقم را که مانند برادر من است همراه بیاورم. مظفرالدین شاه موافقت کرد.

سیف‌الله به اتفاق این دوست که نامش فیشر بود به ایران آمد، وی مدتی در سفارت اتریش کار می کرد و سپس یک شرکت بازرگانی تشکیل داد. چون مردی باهوش و خوش برخورد بود زود فارسی را یاد گرفت. دوستان زیاد پیدا کرد و ثروت فراوان اندوخت. شهر تهران در آن زمان شهر نسبتاً کوچکی بود که دورادور آن خندق کنده بودند. و فقط از چند دروازه می‌شد رفت و آمد کرد. فیشر اولین کسی بود که خارج از دروازه شهر خانه مجلل و زیبا با باغ گل کاری و درخت‌های تزیینی و چمن کاری بنا کرد. راه این خانه که دو طرفش درخت کاشته بودند، تا دروازه شهر، به فیشرآباد شهرت یافت. فیشر به گل کاری و درخت‌های زینتی علاقه فراوان داشت و دوستانش اغلب در باغ فیشر جمع می‌شدند و اسم گل هایی را که تا آن زمان ندیده بودند می پرسیدند. تعداد علاقمندان به گلهای فیشر آنچنان افزایش یافت که فیشر از یکی از دوستان‌اش که گل باز بود و در وین در قصر سلطنتی باغبانی می کرد، دعوت کرد که به ایران بیاید و او دعوت فیشر را پذیرفت و به ایران آمد و به پرورش انواع گل ها و بوته ها و درخت های زینتی مشغول گردید. نام وی پروتیوا بود.

فراموش نشدنی ترین شخص

مجله ریدرز دایجست سال ها پیش در هر شماره بخشی داشت به نام (فراموش نشدنی ترین شخصی که دیده ام) در این قسمت آنهایی که در مدت عمرشان به کاراکتر های استثنایی برخورده اند آنها را توصیف می کردند.
مثلاً چطور یک ژاپنی، آن هم با قیافه و شکل و شمایل تیپیک ژاپنی ها، دو دوره رئیس جمهور کشور پرو(در آمریکای جنوبی) می شود. یا چگونه مرد سفیدپوستی در میان قبایل وحشی برنئو جادوگر معرفی شده، به ریاست قبیله انتخاب می گردد.
کاراکتری که من در برهه های مختلف زندگی به او برخوردم و هرگز حرکات اش و حرف ها و طرز لباس پوشیدن اش و چرب زبانی هایش را فراموش نمی کنم، بیوک صبور است. وی آن چنان استاد چرب زبانی و مجیز گفتن به اشخاص را بلد بود که به اصطلاح مار را از سوراخ بیرون می کشید.
می دانستی که دروغ می گویدولی دوست داشتی ادامه بدهد وگوش می دادی. نوجوان در بازار تبریز از یک حجره به حجره دیگر می رفت و با انجام خدمات مختلف امرار معاش می کرد. پسر بدو برایمان دو پرس چلوکباب بیار. بگیر اینجا بنشین و به تلفونها جواب بده ... برو خانه خانم می خواهد باغچه را بیل بزند... هیچ کس نمی دانست از کجا می آید

و پدر و مادرش اگر زنده هستند کجا به سر می برند. دو دانگ صدایی داشت و چند گیلاس که بالا می انداخت با لحن حزین تصنیف ترکی آپاردی سل لرسارانی (سیل ها سارا را بردند) را زمزمه می کرد: صحنه های بعدی:

۱- بیوک صبور مقاطعه کار شده و در ساختمان راه آهن عهده دار ساختمان چند قطعه شده است. پولش با پارو جمع می شود و از نمایش پولداری هم خودداری نمی کند.
دکتر اقبال استاندار آذربایجان که به تبریز می آید در ورودی شهر برایش طاق نصرت زده و یک گاو قربانی می نماید.

۲- در دفتر امیران بزرگ ارتش که در معاملات بزرگ اسلحه صاحب اختیارند مانند طوفانیان و خاتم دیده می شود. با تجار معتبر نشست و برخواست می کند.

۳- دست و دل باز و شهرت طلب و ولخرج است. قمار هم زیاد می کند و دستخوش های کلان می دهد. در یک حراجی به نفع خیریه شهبانو فرح با رضایی صاحب ایران فولاد و سرمایه دار معروف به رقابت برخواسته، یک قاب عکس شهبانو را به یک میلیون تومان خریداری می نماید.

۴- انقلاب دارد نزدیک می شود. در حکومت شریف امامی همراه عده ای از تجار مهم و امرای ارتش زندانی می شود. با آنها طرح دوستی می ریزد و مرتب می گوید با من که هستید نگران نباشید. من همه را بیرون می آورم. اتفاقاً همکاران آقای راس پرو سرمایه دار تگزاس در همان زندان و بخشی که بیوک زندانی بود بسر می بردند. راس پرو چند میلیون دلار برای نجات همکارانش خرج کرده و با ترتیب دادن حمله به زندان و شکستن در و پنجره ها همکارانش را نجات می دهد. بیوک در این گیر و دار از

فرصت غیر منتظره استفاده کرده فرار می کند. البته فراموش نمی کند به همه بگوید که در طرح و اجرای این برنامه با آقای راس پرو همکاری داشته است. خیلی ها باور می کنند و چون راس پرو نامزد ریاست جمهوری است. خدا خدا می کنند انتخاب شود چرا که بیوک گفته اگر راس سرکار بیاید نان همه تان توی روغن است. پس از فرار از زندان مدتی از او خبری نیست تا اینکه...

۵- از پاریس سر در می آورد در خیابان بسیار شیک و اعیانی فوش (Foch) آپارتمان وسیع دارد. اتومبیل رولس رویس با راننده کاسکت به سر و انیفرم دم در است. آشپز و خدمتکاران در پذیرایی استاد اند. مردم برای شرکت در مهمانی های وی سر و دست می شکنند. معمولاً خاویار را توی کاسه های بزرگ می آورند.

۶- همه چیز را یا می بازد و یا از دست می دهد. دیگر هیچ چیز در بساط ندارد. پس این رولس رویس، اثاثیه، آپارتمان ودم و دستگاه چه شد؟ نکند از اول چیزی نبوده و ما ها خطای باصره داشتیم. شاید برای نمایش بوده و مال خودش نبوده. دکور فیلم بوده پس از فیلم برداری جمع کرده برده اند؟ خدا می داند... باز هم غایب می شود.

۷- این بار از جنوب فرانسه سواحل لاجوردی و شهر Nice سر در می آورد. چندین باب مغازه در بلوار ساحلی نیس بنام گردشگاه انگلیسی ها دارد. با یک فرانسوی که در آلمان آشنایان فراوان داشت وارد مذاکره می شود تا با معرفی وی نمایندگی مرسدس بنز را در ایالت آلپ دریایی Alpes Maritime بدست بیاورند. در آن اوان جشن عروس پسرش حسین را در پالم بیچ می گیرد. شخصیت های مهم بین المللی منجمله شیخ ذکی یمایی سعودی عربی شرکت دارند. خبر عروسی همه جا می پیچد.
با ملاحظه این همه جاه و جلال آن فرانسوی برای گرفتن نمایندگی

مرسدس بنز دست بکار می شود.
آن فرانسوی به نویسنده این سطور گفت: رفتم اشتوتکارت که مرکز کارخانجات مرسدس بنز است و با مقامات کارخانه وارد مذاکره شده موافقت آنها را جلب کردم. نماینده ای برای ملاحظه مغازه ها که بنا بود نمایشگاه اتومبیل بشود و امضای قرار داد به نیس فرستادند. تا این نماینده به نیس برسد از مغازه ها خبری نبود. همه را بیوک در کازینوی مونت کارلو باخته بود. آنچنان درمانده شده بود که از دست طلب کاران و کسانی که به آنها چک داده بود، ناچار هر شب خانه دوست و یا آشنایی به سر می برد. خودش مانده بود و چند دست لباس.

۸- در استانبول بودم که سر و کله بیوک آنجا پیدا شد. حالا می گفت برای نجات ایران وارد گود شده است. با ژنرال های ایرانی اپوزیسیون اویسی و آریانا همکاری می نماید. با CIA در تماس است. در مرز ایران قشون جمع کرده اند و منتظر چراغ سبز آمریکایی ها می باشند تا حمله کنند.
از ارتش ده بیست هزار نفری در مرز سخن می راند. به امید خدا به زودی مملکت را پس می گیریم.
یکی دو نفر که به واقعیات توجه دارند می گویند اینها عرضه گردآوری یک هزار گوسفند و علوفه اش را ندارند کجا مانده به قشون و مهمات جنگی.

۹- ژنرال ها را یا کشته اند یا اینکه خانه نشین شده اند. خودش هم دیگر یک لیره در بساط ندارد. شب ها در یک قایق بزرگ که در یک اسکله متروکه بلوار ساحلی منطقه بین تارابیا و ساری یر لنگر انداخته است، جلوس می کند. خودش آن بالا می نشیند. لباس سفید کت و شلوار و جلیقه پوشیده، کفش های سیاه برقی به پا دارد و همیشه یک عصا بدست می گیرد. عده ای هر شب دورش جمع می شوند. قایق چی چای سرو

می کند. این چایی ها را نسیه می دهد زیرا فریفته چرب زبانی های بیوک شده، یقین دارد بزودی ثروت رو می کندو بیوک جبران خواهد کرد. دیدن بیوک آن بالای قایق و عده ای که به حرف هایش گوش می دهند و قایق چی که چای سرو می کند. یک منظره کمدی ـ تراژدی است. بیوک از دوستان آمریکایی که بزودی بسراغ اش می آیند، سخن می راند. فعلاً می خواهنـد بـدانند، طاقت ما تا چه اندازه است؟ از ژنرال ها و سیاستمداران ناز پرورده اهل بزم خیری ندیده اند.

عجیب است بدون اینکه کتاب «جاسوسی که از سردی می آمد» جان لوکاره را خوانده باشد، نقش قهرمان این کتاب را بازی می کند. در عین حال از کوشش برای نزدیکی به سلیمان دمیرل رئیس جمهوری باز نمی ایستد. سلیمان دمیرل را موقعی که نخست وزیر بود در مهمانی هائی در تهران دیده است. به همدیگر شبیه هستند. هر دو نسبتاً چاق و با کله طاس و صورت گوشت آلود قیافه پدربزرگ مهربان را دارند. بیخود نیست که در ترکیه دوستداران دمیرل او را بابا خطاب می کنند.

بیوک با یادآوری زمان های گذشته و با بکار بردن ترفند های مخصوص به خودش مانند قربانی کردن گوسفند و چرب زبانی خودش را به دمیرل نزدیک کرده به وی اینطور تلقین می کند که در آسمان ها خدای یکتا و در روی زمین سلیمان دمیرل بی همتا را می پرستد و حاضر است در راه خدمت بوی جانش را فدا کند. نزدیکی به دمیرل یواش یواش اثرات اش را نمایان می نماید. به دستور دمیرل خودش و پسرش حسین وطن داش (تبعه ترکیه) شده اند. پتانچه نقره ای می بندد و از نشان دادن آن ابا ندارد. یکی دو عکس از پسرش در حال ماهی گیری در لاگوس (نیجریه) لای پرونده گذاشته به این و آن نشان می دهد و می گوید می خواهم یک کارخانه و موسسه وسیع تولید میگو در آنتالیا دایر کنیم. محصولات این موسسه به ژاپن صادر می شود و کمکی خواهد بود به صادرات ترکیه. به همین سبب دولت ترکیه اراضی کافی در ساحل دریای مدیترانه نزدیکی آنتالیا در اختیارمان گذاشته است. کار سنگینی به عهده گرفته ایم. آنچه به معجزه

شباهت دارد و همین یک ترفند کافی است. از بیوک صبور یک کاراکتر استثنایی بسازد این است بیوک موفق می شود از مؤسسات بین المللی نظیر بانک جهانی مقدار قابل توجهی که گفته شد ۴ میلیون دلار بوده، برای طرح میگو اعتبار بگیرد.

چگونه پرونده قابل قبول بانک تهیه کرده و چگونه Feasibility درست کرده خدا می داند. اتومبیل (دوتایکی خودش - یکی در خدمت موسسه) شوفر - آشپز و خدمه و دم و دستگاه مجدداً راه می افتد. می گوید عملیات ساختمانی شروع شده و رئیس جمهوری شخصاً تاسیسات را افتتاح خواهند کرد. غیاثی را هم بمانند دستیار ویژه به خدمت گرفته است. وی با کیف چرمی پر از اسناد زیر بغل و بارانی که مانند ناپلئون روی دوش انداخته و یقه چرب آن را برگردانیده است مانند ماژوردم MajorDomo همه جا دنبال بیوک است.

این یکی خودش یک کاراکتر تماشایی است و «ناجیه»، کلفت ترک ما اسم او را اسپانیول گذاشته است. در واقع با سبیل و موهای رنگ زده سیاه براقی که با بریانتین به عقب شانه می کند و قد کوتاه چهارشانه و کت سیستم نهرو و کفش پاشنه بلند شبیه مکزیکی هاست. به همه می گوید در ایران وزیر دربار بوده است و به عنوان رئیس قبیله کردها در یکه سواری و اسب دوانی یکتا است. در واقع غیاثی از لرستان بود و زمانی که مدیر کل انتشارات و رادیو بودم اورا سخنگوی برنامه عشایر کرده بودم. صدای کلفت رادیو فونیک داشت. یکی از دوستانم که به اسب و اسب سواری آشنایی کامل داشت پس از صحبت با غیاثی گفت یارو اصلاً الفبای اسب سواری را وارد نیست. کجا مانده به اینکه یکه سوار بشود. آپارتمانی که در آن زند گی می کرد، در یک ساختمان بسیار قدیمی بود و موش های بزرگ و کوچک در آن مسابقه می گذاشتند. اسم این آپارتمان را خیمه عشایری گذاشته بود. می رفت فرودگاه مسافرین ایرانی ناوارد را با چرب زبانی و اینکه هتل های شهر گران و غیر مطمئن است قانع می کرد که بنده نوازی کرده مهمان او بشوند. البته با انواع زبان بازی ها که خانه

خانه خودتان است آنها را راضی می کرد که بصورت پانسیون بمانند. الن همسرم می گفت در واقع یک Bed & Breakfast دایر کرده بود. دیدن صبور در جلو و غیاثی با کیف دستی زیر بغل دنبال وی یک دنیا تماشا داشت. غیاث لو هم که منتظر بود عملیات ساختمانی پایان بیابد و تولید میگو و محصولات دریایی و صادرات به ژاپن آغاز شود، تا او هم به نان و نوائی برسد.

صبور به او گفته بود شما را نماینده شرکت در ژاپن خواهم کرد و «اسپانیول» خواب زندگی اعیانی با چند گیشا را در ژاپن می دید و به چرب زبانی هایش می افزود.

ـ زمان می گذشت و از کارخانه خبری نمی شد. در پاسخ که کارخانه در چه حال است همیشه می گفت سخت مشغول هستیم. عملیات ساختمانی در پیشرفت است.

ـ سلیمان دمیرل پس از ده ها سال نخست وزیری و ریاست جمهوری بالاخره از کار بر کنار می شود.

ـ دولت هیأتی را مأمور بازرسی چگونگی کار مؤسسه تولید میگو و نحوه صرف اعتبارات مربوط می نماید.

ـ من از ترکیه می روم و می شنوم که بیوک صبور در تنگدستی در گذشته است. از پسرش که جوانی آرام، مبادی آداب و مطلع بود، خبری ندارم.

ـ غیاثی پس از وعده گرفتن ویزا برای عده ای از ایرانی ها و سازش با آنها شنیدم یا به ایران برگشته و یا اینکه گوشه ای پنهان شده و هیچ کس نتوانست درباره او اطلاعاتی به من بدهد. زبان ترکی ترکیه را لفظ قلم و بسیار ادبی حرف می زد اگر می شد به او اعتماد کرد. آدم لایقی بود. در یاری به ایرانی هایی که در زندان بایرام پاشا به دلایل گوناگون زندانی بودند، کمک های قابل توجهی بمن کرد. مهمترین اش اینکه از رئیس زندان موافقت گرفت که به زندانی ها پتو ـ صابون ـ خمیردندان ـ البسه ـ سیگار برسانیم و از طریق وکیل که گرفته بودم بسیاری را با دادن جریمه از بندرهایی بخشیدیم.

***

هرگز صحنه زیر را فراموش نمی کنم: بیوک نفس زنان از پله های آپارتمان من بالا می آید. تراس این آپارتمان مسلط بر بسفور و اتاق خواب های وسیع اش بروی باغ کنسولگری روسیه باز می شوند. هیچ جای دنیا ماه را آنچنانکه از بالکن این آپارتمان می دیدم، ندیده ام. شب های ۱۳، ۱۴ و ۱۵ خصوصاً در ماه سپتامبر، ماه از شرق تا غرب نیم دایره زده بالای آب های بسفور که در این منطقه وسیع و بمانند یک دریاچه کوچک بود نور افشانی می کرد. بیوک و بسیاری از دوستان عاشق منظره ماه از تراس آپارتمان ما بودند. تا در آپارتمان را باز می کنم، بیوک می گوید خبر خوب برایت دارم، اول آن ودکای خوب را که قایم می کنی بیار.

می نشیند یک گیلاس ودکا بالا می اندازد و می گوید پدرم در آمد تا بالاخره حرفم را در مورد تو پیش بردم و کار ترا راه انداختم. می پرسم چطور؟ می گوید مگر نمی دانی دولت در تبعید تشکیل شده است. دکتر امیراصلان افشارنخست وزیر است. همین روزها بر می گردیم ایران، چراغ سبز هم داده اند فقط فکرش را بکن، نمی دانم چطور با بودن تو و لطفی که جناب نخست وزیر به تو دارند آمده داشتند داریوش همایون را وزیر اطلاعات می کردند. من ایستادگی کردم و بالاخره قبولاندم که تو باشی. رادیو و تلویزیون هم در اختیارت خواهد بود(پا می شود، دستش را دراز می کند تا دست مرا بفشارد) می گوید تبریک عرض می کنم. تکرار می کند تبریک عرض می کنم. جناب وزیر بیا جلو صورتت را ببوسم. حالا که وزیر شدی ماها را فراموش نکن ها.

الن خانم کجا هستند که به ایشان هم که خانم وزیر شده اند، مژده بدهم و تبریک بگویم.

راستی به انگلیسی به وزیر اطلاعات چه می گویند؟

دو سه گیلاس که خورده سرمست می شود و می گوید آن تلفن را بیار.

تلفن که سیم دراز دارد می آورم. نمره می گیرد تا آلو می شنود می گوید والاحضرت را می خواهم بگویید بیوک.

بیوک صبور از وطن، از ایران صحبت می نماید. متوجه می شوم والاحضرت اشرف را می خواهد. چند لحظه می گذرد. خودش را می گیرد. جدی و هیجان زده می گوید: والاحضرت دست مبارک را می بوسم پا می شود و آمرانه می گوید: قربان من الان از خاک پاک ایران زنگ می زنم. رضاییه را با دوربین می بینم والاحضرت قربانی حاضر کرده ایم، به زودی خودتان تشریف می آورید. والاحضرت اینجا هوا دارد رو به سردی می رود، بچه ها پالتو زمستانی ندارند. اینها سربازان از جان گذشته وطن هستند من خودم ده هزار دلار هرچه پالتو و پتو در بازار دیار بکر بود خریدم والاحضرت هم کمکی بفرمایند بسیار به جا خواهد بود. فدای تان هستم. گوشی را می گذارد.

یک گیلاس دیگر ودکا لاجرعه سر می کشد... می نشیند روی یک صندلی راحتی. می بینم انرژی اش را از دست داده، مثل اینکه ناگهان واقعیت جلو چشمش قرار گرفته و او را از دنیای رویاها بیرون آورده است. با صدای حزین تصنیف آپاردی سل لر سارانی را می خواند.
می بینم از گوشه چشمش اشک جاری شد.

تلاش بی‌حاصل برای آلوده کردن سفارت

روز ۱۲ فوریه ۱۹۷۹ مطبوعات آمریکا خبر دادند که طرفداران خمینی کنترل سفارت ایران را در واشنگتن خیابان ماساچوست بدست گرفته‌اند. سخنگوی این عده آقای شهریار روحانی به نمایندگان رسانه‌های گروهی می‌گوید در سفارت اسناد و مدارک فراوان درباره عملیات غیر قانونی و خلاف روش دیپلماسی پیدا کرده‌ایم. این اسناد حاکی است که بین سالهای ۱۹۷۳ تا ۱۹۷۹ سفیر ایران به بسیاری از نمایندگان کنگره و مقامات بالای آمریکایی رشوه می‌داده است. این رشوه‌ها از واریز پول به حساب بانکی آنها تا هدیه جواهرات و ساعت‌های گرانبها تا پرداخت هزینه سفر و هدیه شامپانی و خاویار را در بر می‌گیرد. چون برای ذلیل کردن یک ملت باید بزرگان آن ملت را هدف قرار داد. این است که شهریار روحانی از وارد کردن انواع اتهامات به سفیر ایران آقای اردشیر زاهدی خودداری نکرده و برای جراید جنجالی سوژه‌های جالب ایجاد کرد. روحانی با هدف آلوده کردن آقای زاهدی انواع و اقسام اتهامات را به ایشان وارد کرده بود. در پاسخ سؤال خبرنگاران در مورد پذیرایی‌های سفارت، روحانی گفت: در این مهمانی‌ها که ربط به پذیرایی‌های سیاسی نداشت افراد

بدسابقه گرد هم آمده مواد مخدر صرف می کردند. نشانه گیری اردشیر زاهدی از سوی دشمنان سربلندی ملت ایران حساب شده بود. آنها می دانستند تا بزرگانی مانند اردشیر زاهدی هستند ملت ایران حتی زیر چکمه (و یا نعلین) اشغال گران زنده می ماند و بالاخره یک روزی به صورت آتشفشان از زیر خاکستر و خاک فوران می کند. بنابراین برای اسیر و برده کردن یک ملت باید بزرگانش را پایین کشید.

چون اظهارات روحانی سوژه جالب برای جراید جنجالی شده بود، دولت آمریکا تصمیم گرفت بطور خیلی جدی با این موضوع برخورد کرده و صحت و سقم اتهامات را معلوم کرده و در اختیار ملت قرار بدهد.
کمیته Commitee of Offical Conduct Standard کنگره آمریکا U.S House of Representatives برای بازرسی و بررسی و تحقیق کامل موضوع یک هیأت بسیار قوی با اختیارات وسیع انتخاب می نماید.
این هیأت بازرسی مرکب بود از نمایندگان CIA ،وزارت دادگستری سازمان FBI ،سرویس مالیات های داخلی IRS که از نیرومندترین تشکیلات آمریکاست. اداره گمرکات ـ سازمان مهاجرت و تابعیت، وزارت امور خارجه، پلیس واشنگتن و منطقه کلمبیا، نمایندگانی از دوحزب دموکرات و محافظه کار و تعداد کافی Investigators و کارشناس.
به این هیات از طرف کنگره آنچنان اختیارات داده شده بود که می توانستند حساب های بانکی و آرشیو های خصوصی هر که را که می خواهند بازرسی بنمایند.
این هیأت بطور دقیق به اصطلاح سنگی نبود که بر نگردانده باشند. تمام پرونده های سفارت و افرادی که گفته می شد در مهمانی هاشرکت داشته و یا اینکه هدیه گرفته اند بررسی شده و خود آنها را ساعت ها زیر بازپرسی و سؤال و جواب قرار دادند. از گل فروش گرفته تا رستورانهایی که با سفارت سر و کار داشتند تا حسابهای بانکی جواهر فروش ها ـ مؤسسا ت حمل و نقل ـ شرکت های هواپیمایی ـ پست خانه و مؤسسات خصوصی

نامه و بسته رسانی مانند فدرال اکسپرس، آرشیو عکاس ها، آرشیو وزارت خارجه آمریکا، ساعت فروشی های لوکس آمریکایی و نمایندگی ساعت های سویس، ایرانی های طرفدار شاه و یا مخالف شاه، مطبوعات ایرانی برون مرزی، اعضای سابق و فعلی سفارت یکایک احضار و ساعت ها بازپرسی شدند. جالب است که شهریار روحانی و هم کارانش که ادعا می کردند درباره اعمال خلاف قانون سفارت سند و مدرک دارند نتوانستند چنین مدارکی را به کمیته نشان بدهند.

هیأت حتی یک یک کارگرانی را که طی سال ها با سفارت سر و کار داشته اند از تلمبه ساز گرفته تا کارگران نظافت و نقاش در و دیوار و باغبان و گل کار و کارگران پاک نگهداری آب استخر به اضافه خدمه سفارت و آشپزها را مورد بازپرسی قرار داد. دکان دارانی که به سفارت مواد غذایی تحویل می دادند، از قصاب گرفته تا فروشنده لیموناد و کوکاکولا همگی به پای میز تحقیقات کشانیده شدند. تمام این افراد سوگند می خوردند که راست بگویند. دروغ گویی کسانی که سوگند خورده اند مجازات شدید دارد. مأموران جمع آوری آشغال نیز در امان نماندند.

مؤسساتی که برای نمایشگاه ها و گالری ها و کنوانسیون ها مدل می فرستند، تجار فرش و شرکت های آگهی که از مدل ها استفاده می کنند چون روحانی گفته بود چنین مدل هایی به سفارت دعوت می شدند، به پای میز سؤال و جواب خوانده شدند. هیأت در بعضی موارد از دستگاه دروغ سنج الکترونیکی استفاده می کرد. نتیجه تمام این بازرسی ها و تحقیقات که میلیونها دلار هزینه آن بود این بود که ثابت شد هرچه روحانی و همکارانش درباره کارهای خلاف قانون و عرف سفارت گفته اند، سرتاپا دروغ و ساختگی است. هدیه های مورد بحث عبارت بوده از ارسال گل و یا خاویار به هنگام کریسمس و یا سال نو و روز ملی آمریکا به مقامات دولتی و ملی، همراه با نامه تبریک (غفلت از ارسال نامه تبریک در این

روزها یک نوع کوتاهی در امر روابط عمومی است) نویسنده این سطور که در برزیل و کانادا سفیر بوده، همواره به هنگام سال نو و کریسمس و روز جشن ملی به ارباب مهم مطبوعات و مقاماتی که با سفارت سر و کار داشتند، نامه تبریک با مقداری خاویار می فرستادم. زمانی هم که مدیر کل اطلاعات و مطبوعات وزارت خارجه بودم در عید نوروز از تمام سفارت ها کارت تبریک همراه با یک هدیه برایم می رسید. فرانسوی ها جگر غاز و شامپانی، چکسلواکها گلدان کریستال، انگلیسی ها ویسکی کهنه شده ۱۲ ساله، هلندی ها دسته گل لاله و از این قبیل... این یک رویه متداول است و ابداً خلاف شمرده نمی شود بلکه غفلت از آن قابل ایراد است.

در مورد هدیه ساعت های گرانبهای مارک واشرون کنستانتین مأموران هیأت تا سویس و مرکز کارخانه رفتند، معلوم شد این ساعت ها را آقای زاهدی شخصاً خریداری کرده چک حساب شخصی خودش را پرداخته است. وی این ساعت ها را به هنگام سفر رسمی شاه و شهبانو از جانب آنها به مهماندار هدیه داده بود.

شاید بی مناسبت نیست که یادآوری کنم هدیه ساعت در خاورمیانه خصوصاً از جانب مقامات سعودی و یا شیوخ خلیج فارس بسیار معمول است. از این ساعت ها که معمولاً تصویر شیخ هم روی صفحه ساعت است، نصیب من هم شده است.

چون اتهام صرف مواد مخدر اتهام بسیار بزرگی در آمریکا شمرده می شود و معلوم شد این اتهام به کلی بی اساس است. آنهایی که این اتهام دروغ را زده بودند از ترس تعقیب قانونی یکی یکی پنهان شده و از آمریکا گریختند.

برای دسترسی به گزارش نهایی این هیأت که ریاست آن با Robert Birmigham بوده و مشاور ویژه گروه Robert Ranolph Jr. است می توان به آرشیو وزارت خارجه آمریکا و یا کتابخانه کنگره مراجعه کرد.

کتاب فضل ترا آب بحر کافی نیست
که ترکنند سر انگشت و صفحه بشمارند

هنوز دو ماه از آغاز کارم در اداره کل انتشارات و رادیو (و خبرگزاری پارس) نگذشته بود که صدها نامه سرتاپا مدح و ثنا، شعر و قصیده در وصف حالم و تابلوهای نقاشی که بسته به اعتقادات نقاش مرا در پناه مولای متقیان و امام رضا و یا رضاشاه کبیر و سپهبد زاهدی نشان می‌داد و شرح خواب‌هایی که دیده‌اند و بر آنها ثابت شده خدمت به من اطاعت از فرامین الهی است روی میزم باریدن گرفت. البته هر نامه و هر قصیده و شعر توقع و انتظاراتی در پی داشت. بی‌اعتنایی به این توقعات و برآورده نکردن خواسته‌های آنها موجب می‌شد، همان نویسندگان و شعرایی که مرا به عرش برده بودند، حالا شایسته دوزخ دانسته و هم شأن شمر ذوالجوشن بشمارند.

آنچه برای من یک تجربه شخصی ناراحت کننده گردیده و اغلب به آن می‌اندیشم این است که با گذشت چندماه و ادامه نوشته‌ها و شعرهای ستایش آمیز رفته رفته با وجودی که می‌دانستم این نوشته‌ها و نقاشی‌ها از روی چاپلوسی است بازهم ته دلم از آنها بدم نمی‌آمد و بعضاً آنها را به خانه آورده به همسر و خویشان نشان می‌دادم. کار، به جایی کشید که از این مدح و ثناها با اینکه می‌دانستم دروغ است خوشم می‌آمد و فکر می‌کردم شاید بخشی از آنها درست باشد و واقعاً من مردی استثنایی هستم.

با توجه به اینکه کار و مقام من آنچنان مهم نبود و اختیارات محدود داشتم و به علاوه مدت زمان زیادی دوام نیاوردم ولی مدح و ستایش افراد داشت در من اثر می کرد.
به این اندیشه افتادم که این فرهنگ چاپلوسی و تملق که در جامعه ما ریشه کهن دارد یکی از آفت های بزرگ است که می تواند در رفتار و کردار صاحبان مقام و پادشاهان و سرداران ما اثر منفی بگذارد.

چطور یک فرد که بیست و سی و چهل سال می شنود که مادر دهر همتایش را نزاییده است، می تواند از خود بزرگ بینی و خود برتر از همه دانستن برحذر و در امان باشد، و به اصطلاح امر بر خودش مشتبه نشود.
شاید همانطوریکه داریوش کبیر در سنگ نوشته هایش از خداوند می خواهد ایران را از دروغ در امان بدارد، لازم باشد به دعای روزانه مان اضافه کنیم ای پرودگار بزرگ پادشاهان و رهبران ما را از آفت چاپلوسی و تملق برحذردار.

روزی از روزها روزنامه نگاری که مورد علاقه من بود عریضه ای برای سپهبد زاهدی نخست وزیر نوشته و نامه را با ذکر جمله ای شروع کرده بود که می گفت مادر دهر نظیر چون تویی را نزاییده و قرن ها باید صبر کرد تا همتایی نظیر تو بوجود آید.
نامه را به آقای حجازی نشان دادم و گفتم نویسنده این نامه آدم خوبی است و علاقه دارم تقاضایش انجام شود. جواب داد که من به اخلاق تیمسار آشنا هستم، از این تملق ها خوشش نمی آید، همان جمله اول را بخواند نامه را می اندازد توی سبد. گفتم پس چه توصیه می فرمایند؟ گفت بگو تمام این جملات که نوشته ای زاید است، صاف و پوست کنده در خواست اش را بنویسد. اگر قانونی باشد یقین بدان تیمسار دستور خواهند داد.
مطیع الدوله نگاهی به من کرد و گفت خودت هم بدان تیمسار از تملق و چاپلوسی بیزار است هر وقت هیجان زده شده خواستی تعریف اش را بکنی،

همین که بگویی زاهدی، سربازی است شجاع، لایق و وطن پرست کافی است.

سال ها بعد که اردشیر زاهدی درمقام وزیر خارجه رئیس من شد با رضایت خاطر و خوشحالی متوجه شدم، بیزاری از چاپلوسی در رأس صفاتی است که از پدر به ارث برده است.
با اندیشه مبارزه با آفت چاپلوسی است که مقاله «مهملات ادامه دارد» را نوشتم این نوشتار در چند نشریه برون مرزی با تغییرات مختصر چاپ شد. نظر به استقبالی که از این مقاله شد آن را در این کتاب می آورم:

«...مهملات ادامه دارد»
هر قدر پیش می رویم، بیشتر به این حرف ژنرال دو گل می رسیم که می گفت:
« Le ridicule tue یاوه و مهمل کشنده است. کاری نکنید که مردم به شما بخندند.»
من نمی فهمم که چرا ما ایرانیان از گذشته درس عبرت نمی گیریم و از تملق و چاپلوسی که برای ما، چیزی جز بدبختی به بار نیاورده است، دست برنمی داریم و هنوز که هنوز است مطالبی می نویسیم و یا می گوییم که باعث مسخره و خنده دیگران می شود.
برای سر در آوردن از حال و وضع درون مرزهای ایران به این گزارش روزنامه، «رسالت» (۱۸ اردیبهشت ۷۲) درباره مسافرت خامنه ای به نوشهر توجه فرمایید:
«نوشهر ـ امروز قلب مازندران و قلب ایران در نوشهر فرود آمد. امروز روز بیعت عظیم با ولایت است. مازندران یکباره غرق در شادی ونور شد تا «رهبر» بر چشم آنان فرود آید. از شیعه تا اهل سنت ترکمن، همه آمدند. پیر و جوان، زن و مرد... آمدند تا یکی بودن، عاشق ولایت بودن، اطاعت از رهبری و حمایت از دولت را به نمایش بگذارند.

اینان آمدند تا سیمای مبارک رهبر جهان اسلام حضرت آیت الله خامنه ای را از نزدیک با دو چشم خود ببینند و بر این دیدن افتخار کنند و فخر بفروشند و چه فخرفروشی با ارزشی...

جویبارهای مازندران امروز عطرآگین شده و دریای خزر در برابر خروش و عظمت «آقا» قطره ای در کنار اقیانوس گشته و البرز در برابر استقامت او سر تعظیم فرود آورده است. در نوشهر مازندران همه یک سؤال را می پرسند: آقا آمد؟ و بله... ولی امر مسلمین، رحمت مؤمنین آمد. آمد که مردم مازندران بر او و قدمگاهش بوسه زنند و اشک شوق بریزند. امروز روز شادی است».

ترا بخدا اگر در فرانسه یا آمریکا بخوانید «شیراک» یا «بوش» بفلان شهر که رسیدند، رودخانه ها عطرآگین شدند و کوهها سر به تعظیم فرود آوردند! چه فکری می کنید؟ آنوقت خواهید دانست چرا خارجی ها به ما می خندند و قضاوت خوبی درباره ما ندارند.

و اما در مورد نوشته های برون مرزی به این آگهی که در کیهان چاپ لندن (۳۰ مرداد) و چند شماره مکرر زیر علامت شیر و خورشید چاپ شده است توجه فرمایید:

«شورای پادشاهی ایران بر پا خاسته است تا پرچم شاهنشاهی هفت هزار ساله ایران زمین را در درون کشور به اهتزاز در آورد.»

خود محمد رضا شاه جشن ۲۵۰۰ ساله، شاهنشاهی را برپا کرد. حالا که رژیمش بر افتاده تاریخ شاهنشاهی به ۷۰۰۰ سال رسیده است. راستی این شورای پادشاهی برای به اهتزاز در آوردن پرچم شاهنشاهی ۷۰۰۰ ساله منتظر چیست و درکجا بپا خاسته اند، که ما خبر نداریم؟

و اما آگهی دیگر در صفحه اول کیهان لندن از طرف سازمان «ایران پاد» در ۳۰ اکتبر امسال:

«پیشگاه مبارک رضاشاه دوم شهریار ایران، مفتخراً میلاد فرخنده، اعلیحضرت و سالروز قبول مسؤولیت خطیر پادشاهی را به پیشگاه مبارک

ملوکانه تبریک و تهنیت عرض نموده و موفقیت و تندرستی اعلیحضرت را از ایزد توانا مسئلت می نماییم. فرصت را غنیمت شمرده ضمن تجدید عهد، مراتب آمادگی خود و کلیه اعضای این سازمان را در اقصی نقاط جهان در راه بازگشت سلسله، پرافتخار پهلوی به شرف عرض می رساند. مردم کشورمان با اعلام پشتیبانی از اعلیحضرت در مبارزه برای رهایی ایران عزیز از سلطه جانیان قرون وسطایی در این دوران حساس تعیین کننده و سرنوشت ساز، بی صبرانه منتظر فرمان پادشاه خود می باشند.»
اگر در میان مشاوران «رضا شاه دوم» اندکی خرد و تدبیر باشد نخست باید جلوی این قبیل آگهی های مالیخولیایی را بگیرند. ضمناً این مردم کشور و اعضای سازمان برای چه منتظر فرمان هستند و چرا ایشان در صدور فرمان تعلل می فرمایند؟

معروف است فتحعلیشاه که از پیشرفت های قشون روس عصبانی بود، روزی در حضور درباریان می گوید آخرش می ترسم این اوروس ها (روسیه) مرا عصبانی کنند و ناچار شوم شمشیرم را از غلاف در بیاورم. درباریهای متملق و چاپلوس بدست و پای شاه می افتند و التماس می کنند که قربان به زن و بچه اوروس ها رحم کنید و شمشیر را بیرون نکشید. خودشان وقتی خبر عصبانیت شاهنشاه را بشنوند، از بیم شمشیر عقب خواهند کشید.
حالا هم به «رضاشاه دوم» باید گفت ترابخدا فرمان صادر نفرمایید به زن و بچه مردم رحم کنید. زیرا ممکن است خشک و تر باهم بسوزند. خودشان تا این آگهی را بخوانند و بفهمند که ممکن است فرمان صادر فرمایید جل و پلاسشان را جمع می کنند و می روند.
و اما طرفداران دکتر مصدق یا بهتر بگوییم شیفتگان وی و اعضای جبهه ملی با ستایش های مبالغه آمیز آن چنان ما فوق بشر و بت اعظمی از وی ساخته اند که هر صاحب اندیشه و خرد، خدمات وی را فراموش کرده از چنین ما فوق بشر و تابنده ستاره ای گریزان می شود.
نشریه هم گامان جبهه ملی در شماره اسفند ۱۳۷۹ دکتر مصدق را چنین

معرفی می نماید:
استوارتر از کوه البرز، سوزان تر از آتش، صحیفه آزادی، رسالت خودجوش، روبنده بساط چپاول گران غرب، خورشید انسانیت، اسطوره دلاوری، تابنده ستاره آسمان سیاست ایران، گرمی بخش جان و روان...
و اما درگذشته نیز چاپلوسی های بی معنی و هارت و پورت هایی که موجب خنده خود و بیگانه می شد فراوان بود. اینک یکی دو نمونه:
هواپیمایی «هما» در مجلات «نیوزویک» و «تایم» آگهی های یک صفحه تمام، چندین بار گذاشت که در این آگهی ها مدعی شده بود ایران در سال ۱۹۹۰ پنجمین قدرت صنعتی دنیا (بعد از آمریکا، روسیه، آلمان و ژاپن) خواهد شد، یعنی جلوتر از فرانسه، انگلیس، کانادا و ایتالیا...

و نیز محمدرضا شاه در مصاحبه های مطبوعاتی زمامداران ممالک اروپایی را به ضعف و حتی عدم کفایت و لیاقت متهم کرد و در مصاحبه با تلویزیون آمریکا گفت چرا آمریکایی های آبی چشم، مملکت داری را از ما ایرانی های چشم سیاه یاد نمی گیرند. وی در یکی از سخنرانی های معروفش در پاسخ آنهایی که انتقاد می کنند گفت: «مه فشاند نور و سگ عو عو کند» هویدا نخست وزیر مکرر تأکید می کرد که ایران وارد مدار ممالک پیشرفته جهان شده است. پس از این هارت و پورت ها که کار به پیسی کشید و ایران تقلا می کرد از بانکهای خارجی وام بگیرد، جراید اروپایی بخصوص اشپیگل آلمان با یادآوری ادعاهای ایران در سالهای پیش، مقالات تندی نوشتند که خلاصه آنها این معنا را می داد که آن افاده ها چه شد؟ حالا چطورید؟ و یک روزنامه فرانسوی ایران را به آن قورباغه ای تشبیه کرده بود که آن قدر باد کرد که ترکید. خدایا ما را چه می شود.

همکار خوش قریحه ام ناصر امینی در کتاب رازها و روزها، چاپلوسی را بزرگ ترین بلای جان ایرانیان به شمار آورده و نمونه هایی از اثرات ویرانگر آن را نقل کرده است.

خاطراتی از آخرین روزهای زندگی دیوید نیوسام

صبح گاه روز دهم فوریه سال ۱۹۸۰ سرهنگ جهان بینی با یک اتومبیل جیپ مقابل اتاق هتل محل اقامتم در جزیره کنتادورا توقف کرد. سوار شدم و سرهنگ از یک راه تنگ پرپیچ و خم سر بالا که دو طرف آن پوشیده از گل های کاغذی رنگارنگ و بوته های سرسبزتر و پیکال بود به سوی ویلایی که بالای تپه قرار داشت و شاه و شهبانو و عده ای از نزدیکانشان در آن بسر می بردند پیش راند. سرهنگ برای دوری از هر بحث سیاسی از هوای خشک و معتدل جزیره سخن می راند. می گفت آب و هوای جزیره به مزاج اعلیحضرت سازگار است و ماشاالله در هفته اخیر هفت تا هشت کیلو وزن اضافه کرده اند و حالشان روبه بهبود است. سرهنگ جهان بینی محافظ اصلی شاه قیافه و اندام محافظان لیدرهای جهان و اشخاص معروف را که معمولاً تنومند و غول آسا و مانند کشتی گیرها می باشند، ندارد. سربازی است با جثه لاغر و کوچک. عینک بر چشم و موهای کم پشت فلفل نمکی. وی از دانشکده معروف نظامی ساندهورست انگلیس فارغ التحصیل شده و پانزده سال است که در مقام محافظ شاه و فرمانده واحد ویژه حفاظت وی مانند سایه، همه جا دنبال و همراه شاه است. سربازی است کم حرف، مودب و متواضع.

جیپ روباز بود و نور خورشید از لابلای برگ های درختان نارگیل که بر

روی جاده خم شده بودند گذشته سایه روشن هایی روی راه مان بوجود می آورد. ما از روی این سایه روشن ها می گذشتیم. طولی نکشید که به در آهنی ویلا رسیدیم. از آنجا می شد دیواره های سفید رنگ ویلا، پوشیده از پیچک و گل های کاغذی و تنبوشه های زرد رنگ پشت بام ساختمان را دید. سرهنگ پرید پایین در آهنی را باز کرد و به من اشاره کرد. دنبالش راه افتادم، از باغچه گذشتیم و رسیدیم به در خود ساختمان. این در، بر روی یک پله کان باز می شد. از پله ها بالا رفتیم و رسیدیم به یک سرسرای وسیع. سرهنگ به آن سوی سرسرا که نور آفتاب از آن طرف می تابید اشاره کرد. نگاه کردم شبح مردی را دیدم که پشت بر ما زیر چتر تراس ایستاده و به افق دوردست و دریا نگاه می کند. سرهنگ گفت اعلیحضرت هستند بروید جلو، رفتم جلو شبح برگشت. اعلیحضرت بودند. دست شان را به سوی من دراز کردند بوسیدم. به یک صندلی راحتی حصیری بالش دار اشاره کردند و فرمودند بنشینید. صبر کردم تا اعلیحضرت صندلی حصیری روبرو نشستند. آنگاه نشستم. بین ما یک میز گرد شیشه ای بود.

در اولین نگاه چهره شاهنشاه را آرامش یافته تر از آخرین دیدار یافتم. آخرین دیدار در بیمارستان نیویورک حدود یک ماه پیش بود. بطوریکه بعدها دانستم در این فاصله اعلیحضرت با نام مستعار دیوید نیوسام که آمریکایی ها به وی داده بودند بدترین و موهن ترین ایام تبعید را در پایگاه Lackialand و بیمارستان نیویورک گذرانده بودند.

آن روزهای نیویورک که تلویزیون ها شعارهای زننده تظاهر کنندگان را پیرامون بیمارستان و تهران نشان می دادند و هر روز خبر می رسید که رهبران ممالک مختلف، حتی دوستان دیرین وی مانند پرزیدنت اتریش و ملک حسین پشت سر هم از قبول ایشان خودداری می نمایند از هر زمان بدتر بود. بنابراین کنتادورا نسبت به روزهای گذشته بهشت بود. نمی دانم مناسب بود یا نه. تا نشستم گفتم قربان در جزیره الب هستیم.

لبخندی زدند، ولی چیزی نگفتند.

جزیره الب در دریای مدیترانه جایی است که متفقین ناپلئون بناپارت را در آنجا زندانی کردند. ولی ناپلئون از آنجا گریخت و وارد جنوب فرانسه شد. در همه جا سربازان و افسرانی که برای دستگیری او فرستاده بودند. به امپراتورشان پیوستند و ناپلئون پیروزمندانه بسوی پاریس شتافت. لوئی هجدهم فرار کرد و ناپلئون در مدت صد روز همان امپراتور سابق شد تا آنکه در واترلو شکست خورد و این بار انگلیسیها او را به جزیره دوردست سنت هلن، وسط اقیانوس فرستادند که در همان جا درگذشت. سالیان بعد جنازه ناپلئون را با تشریفات زیاد میان استقبال مردم به پاریس آوردند و در انوالید به خاک سپردند. آرامگاه با شکوه ناپلئون در انوالید با گنبد طلایی اش از نقاط دیدنی پاریس به شمار می رود.

یک سگ بزرگ که تا آن موقع زیر میز خوابیده بود، بلند شد به سوی زانوی من آمد. پرسیدم قربان این سگ Danois است گفتند خیر این نوع سگ Danois Bleu را می گویند. سگ بسیار باهوشی است. به این ترتیب گفت و شنودی با شاه آغاز شد که تا امروز در هیچ نوشته و یا محفل و مجلسی از این مصاحبه و آنچه گفتیم و شنیدیم سخنی به میان نیاورده ام. اعلیحضرت پس از اینکه به آرامی مطالبی بیان کردند فرمودند این موضوعات را «Off Record» تلقی بفرمایید. به همین سبب این مطالب فقط در دفتر خاطراتم یادداشت شده و حفظ می گردد.

با اینکه در یک جزیره بودیم، در واقع کونتادورا در سوی غربی خاک اصلی پاناما حدود ۵۰ کیلومتر دور از ساحل وسط اقیانوس آرام قرار دارد. هوای جزیره در این ماه فوریه خشک و ملایم و آفتابی و چمن ها سبز و گلها پر طراوت و درخشنده هستند.

یک طرف تراس چمنزار مانیکور شده ای رو به پایین می رفت. این چمنزار به یک رشته صخره های بزرگ و کوچک و درخت های نارگیل ختم

می شد. پشت این صخره ها امواج نیلگون متمایل به سبز اقیانوس کبیر دیده می شد. صدای برخورد امواج دریا به صخره ها به گوش می رسید و در چنین محیطی است که افتخار گفتگو با شاه فقید را پیدا کردم.

قبل از این که قسمت هایی از این گفت و شنید را نقل کنم خوب است به ماجرای چند هفته آخری که منتهی به پناهندگی شاهنشاه و خانواده اش درجزیره کونتادورای پاناما گردید، اشاره کنم. شاه و خانواده روز ۲۳ اکتبر ۱۹۷۹ با یک هواپیمای کرایه ای به طور ناشناخته از شهر Cuernavaca مکزیک پرواز کرده، در فرودگاه لاگاردیا نیویورک پیاده شدند. حال شاه در مکزیک به هم خورده بود و نزدیکان و دوستان توصیه کردند چون مریضخانه های مکزیک فاقد تجهیزات کافی است شاه باید به سرعت خودش را به نیویورک برساند و زیر درمان جراحان و اطبای بیمارستان مجهز Cornell قرار بگیرد. پرزیدنت Portillo مکزیک قول داده بود که شاه می تواند پس از مداوا درنیویورک به مکزیک بازگردد. قولی که بعداً زیرش زد.

موقعی که هواپیمای حامل شاه و همراهان در فرودگاه لاگاردیا به زمین نشست، شاه آنقدر ضعیف شده بود که نمی توانست از پله های هواپیما پایین آمده و چند قدم بسوی لیموزینی که منتظر ایشان بود پیش برود، ناچار دو نفر زیر بازوهایش را گرفتند.

شاه و اطرافیانش از فرودگاه، به ویلای والاحضرت اشرف در نیویورک رفتند و شب را در آنجا به سر بردند. روز بعد شاه با نام مستعار دیوید نیوسام در بیمارستان کورنل مانهاتان بستری شد نام داوید نیوسام را روی ورقه باریکی نوشته توی یک باند پلاستیکی مانند بند ساعت دور مچ شاه پیچیدند. با این همه احتیاط و تلاشی که برای محرمانه نگاه داشتن بستری شدن شاه به کار بردند، معلوم نیست چطور خبر به گوش خبرنگاران رسید و بلافاصله رسانه های گروهی مریضخانه را محاصره

کردند و گروه های ایرانی مخالف و موافق اطراف بیمارستان به تظاهرات پرداختند و خمینی همان روز در تهران اعلام کرد که آمریکا برای براندازی رژیم انقلابی در حال توطئه است.
تا شاه در مریضخانه کورنل بستری شد، پروفسور فلاندرن فرانسوی که تا آن زمان طبیب معالج شاه و مورد اعتماد شهبانو بود، پرونده بیماری شاه را در اختیار پروفسورهای آمریکایی، کین Kean و کولمن Coleman قرار داد.
روز ۲۴ اکتبر، دکتر کولمن خبردار شد که شاه دراتاق جراحی است و دارند کیسه صفرای او را می برند. با شنیدن این خبر سراسیمه خودش را به اتاق جراحی رسانید و گفت مادامی که شاه در بیهوشی است طحال سرطان زده او را نیز بردارید. متأسفانه دیر شده بود. این نقص ارتباط بین اطبای مریضخانه مدرن و مجهزی مانند کورنل واقعاً شگفت آور است. بیشتر اطباء اعتقاد دارند اگر همان روز طحال شاه را هم آورده بودند بیرون، شاه مدت درازتری زنده می ماند.

در نوامبر ۱۹۷۹، گروهی که خود را دانشجوی طرفدار خط امام می نامیدند، سفارت آمریکا را در خیابان تخت جمشید تهران اشغال کرده و دیپلمات های آمریکایی را به گروگان گرفتند. شاه با آگاهی از این جریان توسط دیویدراکفلر به پرزیدنت کارتر پیامی فرستاد و طی آن پس از ابراز تأسف از آن چه در تهران می گذرد، خاطرنشان ساخت که اگر دست خودش بود، برای این که مزاحمت برای دستگاه دولتی آمریکا فراهم نیاورد خاک این کشور را ترک می کرد، متأسفانه اطباء اجازه مسافرت ندادند. روزهایی که شاه بستری بود، عده ای از دوستان آمریکایی او به عیادت وی آمدند. دویوید راکفلر هرروز می آمد. کینسیجر و آگنلی رییس کارخانه های فیات ایتالیا و ریچارد هلمز رییس پیشین CIA و سفیر آمریکا در ایران یکی دو بار به دیدار شاه آمدند. از همه این ها جوانمرد تر فرانک سیناترا بود. وی با اصرار از شاه و شهبانو و اطرافیان نزدیک دعوت کرد

که در پالم اسپرینگ مهمان وی باشند. وی گفت ویلای وسیع من در پالم اسپرینگ تا هرزمان که بخواهید در اختیارتان خواهد بود.
تا آن زمان هنوز هیچ عکسی از شاه بیمار منتشر نشده بود و رسانه ها تشنه اخبار مربوط به شاه و خصوصاً تصویری از ایشان بودند.

اصولاً آن روزها اخبار مربوط به خاندان سلطنت بسیار داغ بود و نمایندگان رسانه ها برای بدست آوردن عکس و خبر به هر دری می زدند. نظر من این بود که تمام مصاحبه ها و عکسبرداری از شاه و شهبانو و یا سایرین که مطرح می باشند در یک جا متمرکز شود و درآمد حاصله از آن در یک صندوق ویژه جمع آوری شده خرج تحصیل فرزندان افسرانی بشود که به شاه وفادار مانده و حالا کشته شده اندو یا این که در آوارگی و پریشانی به سر می برند. شخص مسؤول این کار ضمناً باید دقت کند عکس و خبرهایی که منتشر می شود از نظر روابط عمومی در افکار مردم اثر مثبت بگذارد. در واقع تا آن زمان اشتباهات تبلیغاتی بسیار روی داده بود. عکاس ماجراجوی بلژیکی ژان دزانوا که خود را به شهبانو نزدیک کرده، عکس های زیاد از شاه و شهبانو و خانواده سلطنت گرفته بود. این عکس ها را به آژانس های مختلف می فروخت، آن ها هم بدون توجه به واکنش افکار عمومی این عکس ها را به روزنامه ها می فروختند. البته مخبر یا عکاس خارجی دنبال در آمد مالی بودند و من می خواستم دست این قبیل اشخاص کوتاه شود که البته موفق نشدم، زیرا سنت در خاندان پهلوی این بوده که همیشه خارجی را ولو بی سر و پا باشند به ایرانی ها ترجیح بدهند و این جریان از آوردن پرون توسط ولیعهد از سویس به ایران تا آوارگی در آمریکا که آرمائو گرداننده سناریو و همه کاره شاه شده بود، ادامه یافت.
من تقریباً هر روز به دیدار شاه می رفتم و مدت ها در اتاق انتظار با همراهان صحبت می کردم، روزی که دستگاه عکاسی همراه آورده بودم، از شهبانو اجازه خواستم یک عکس یادگاری از اعلیحضرت بگیرم. به بهانه اینکه شاه خوش شان نمی آید اجازه ندادند، در همین موقع ناگهان سر و کله

باربارا والترز پیدا شد و به اتفاق آرمائو بی معطلی به اتاق شاه شتافت و با دستگاه عکاسی پولارويد که همراه آورده بود، چند عکس از شاهنشاه گرفت.

این عکس که شاه بیمار و فرسوده را با روبدوشامبر نشسته کنار تختخواب نشان می داد. اولین عکس از شاه بیمار بود که در سرتاسر رسانه های دنیا انتشاریافت. در مدتی هم که شاه در پاناما بود سرانجام یک مصاحبه طولانی با وی، بین رسانه های همگانی رقابت سخت در گرفت. کیسینجر، مایک والاس را جلو انداخت. باربارا والترز مصاحبه را حق خودش می دانست. من پیشنهاد کردم که شاهنشاه مصاحبه را با آقای پرویز رائین نماینده پیشین آسوشیتدپرس در ایران که آن وقت در مجله تایم لایف کار می کرد به عمل بیاورند تا عواید آن به همان صندوق ویژه کمک به بازماندگان افسران کشته شده و یا درمانده برسد. در این گیر و دار آرمائو، دیوید فراست انگلیسی را به کونتادورا آورد و وی چندین جلسه با شاه به گفتگو نشست. بنا به نوشته روزنامه دیلی نیوز نیویورک (ژانویه ۱۹۸۰) فقط بخشی از این مصاحیه را کانال تلویزیون ABC به مبلغ ۶۰۰,۰۰۰ دلار خریداری کرده است.

در ۳۰ نوامبر که حال شاه نسبتاً روبه بهبود گذاشته بود، دولت مکزیک اطلاع داد که به شاه اجازه بازگشت به مکزیک را نمی دهد. از این رو مقامات آمریکایی به دست و پا افتادند تا جایی را برای اقامت شاه پیدا کنند. شاه در سویس ویلا داشت، ولی مقامات سویس از دادن ویزا خودداری کردند. شاه در تلویزیون و در اتاق مریضخانه، پارسونز سفیر انگلیس درتهران را که خیلی به شاه نزدیک بود دید که دارد به خانم تاچر توصیه می کند، از قبول شاه خودداری کند. این خبر شاه را خیلی ناراحت کرد. اتریش هم که شاه با رییس جمهوری اش دوستی نزدیک داشت حاضر نشد شاه را بپذیرد. استرالیا، باهاماس، ایسلاند، کستاریکا، گواتمالا و

حتی تونگا جواب منفی دادند. البته انورسادات حاضر بود شاه را بپذیرد ولی آمریکا اعزام شاه را به مصر برای ثبات رژیم سادات خطرناک می دانست. در این جو آشفته، Jimmy Breslin مقاله نویس نیویورک دیلی نیوز نوشت زمان آن رسیده است که شاه با مردانگی به تهران برود و آماده محاکمه بشود. شاه با خواندن این مقاله گفت خیلی نسبت ها به من داده اند ولی حماقت جزو آن ها نیست.

تغییر عقیده و رفتار خانم تاچر بیش از هرچیز شاه را ناراحت می کرد. وی قول داده بود چنانچه در انتخابات پیروز شودموجبات مهاجرت و اقامت شاه را در انگلستان فراهم خواهد کرد. شاه و همراهان آنچنان به این وعده خانم تاچر دل بسته بودند که در منطقه کنت انگلیس خانه مجللی در همسایگی خانه های شاهزادگان سعودی خریداری کردند. آنها در روز سوم ماه مه ۱۹۷۹ در باهاماس (در دریای کارائیب) خبر موفقیت حزب محافظه کار انگلیس را در انتخابات و در نتیجه نخست وزیری خانم تاچر را شنیدند و شادی ها کردند و شامپانی به سلامت یکدیگر (و خانم تاچر) نوشیدند.

متاسفانه روزها و هفته ها می گذشت از دعوت نامه دولت انگلیس خبری نمی شد. وزارت خارجه انگلیس به نام مصالح ملی به نخست وزیر توصیه کرده بود از پذیرفتن شاه خودداری بنماید. خانم تاچر به شاه پیام مودبانه ای فرستاد و خاطرنشان کرد ما حاضریم شما را بپذیریم، ولی فکر می کنیم در یک کشور دیگر راحت تر باشید.

وزارت خارجه انگلیس به سه دلیل با پذیرش شاه مخالفت می کرد: اول اینکه تأمین امنیت شاه و همراهان بسیار مشکل خواهد بود. دوم اینکه منافع اقتصادی بریتانیا در ایران به خطر می افتد. سوم اینکه با آمدن شاه به انگلیس امکان دارد ایرانی ها دیپلماتهای انگلیس را در تهران به گروگان بگیرند.

در انتظار یافتن کشوری که حاضر به قبول شاه باشد، آمریکایی ها تصمیم

گرفتند شاه و شهبانو را به عنوان حفاظت از جانشان به پایگاه هوایی Lackland در تگزاس بفرستند.
این پایگاه ویژه آموزش خلبانان است. بسیاری از خلبان های دوران شاه در همین پایگاه آموزش یافته بودند. شاه و شهبانو روزهای بدی را در این پایگاه گذرانیدند.

در نیمه شب دوم دسامبر، دیوید نیوسام، را روی صندلی چرخ دار از زیرزمینی های بیمارستان و در عقب گذرانیده سوار اتومبیل کردند و یک راست به فرودگاه لاگاردیا رسانیدند. در فرودگاه یک هواپیمای نظامی منتظر شاه و اطرافیان بود. آن ها با این هواپیما به سوی تگزاس حرکت کردند. تا هواپیما در پایگاه Lackland به زمین نشست و شاه و خانواده از پله ها پایین آمدند آن ها را سوار آمبولانس کرده به سرعت به قسمت بیماران روحی پایگاه بردند. ژنرال آکر فرمانده پایگاه عقیده داشت قسمت مریض های روانی برای حفاظت شاه بسیار مناسب است. پنجره های این قسمت مجهز به میله های آهنی بود. درها از داخل دستگیره نداشتند و فقط می شد آن ها را از بیرون باز و بسته کرد. شهبانو که این اتاق ها را دید سخت ناراحت شد و گفت اگر چند روز در این اتاق ها بمانم دیوانه می شوم. دو سه روز بعد شاه و شهبانو را به قسمت پذیرایی از افسران مهمان منتقل نمودند.

در چنین وصفی است که ژنرال عمر توریهوس دیکتاتور خوشنام و روشنفکر متمایل به چپ اعلام کرد که حاضر است به شاه و خانواده اش پناهندگی بدهد و آن ها را در پاناما بپذیرد. ژنرال توریهوس با تمایلات چپ از دوستان فیدل کاسترو و نویسندگانی مانند گراهام گرین بود. وی با پرزیدنت کارتر دوستی نزدیک داشت و فکر می کرد با پذیرفتن شاه بار سنگینی از دوش کارتر بر می دارد و چون انتخابات ریاست جمهوری در پیش است آتوی کارتر برای چیرگی به رونالد ریگان بیشتر می شود.

توریهوس که به امید کارتر می‌خواست قرار داد کانال پاناما را به سود پاناما تجدید کند و این منطقه را از کنترل آمریکا خارج کرده به حاکمیت پاناما در بیاورد، می‌دانست که اگر ریگان سر کار بیاید به این آسانی‌ها کار قرارداد کانال پاناما حل نمی‌شود.

از طرف دیگر توریهوس می‌گفت مکزیکی‌ها با زدن زیر قولشان به شهرت و سنت مهمان نوازی آمریکای جنوبی لطمه زدند و من باید نشان بدهم که ما یک ملت مهمان نواز هستیم. با این ملاحظات و نیز برای این که اسمش در تاریخ بماند به خط خودش دعوت نامه به شاه نوشت و این دعوت نامه را توسط هامیلتون جردن، نماینده پرزیدنت کارتر به شاه فرستاد. جزیره کنتادورا که برای اقامت شاه و همراهان در نظر گرفته شد در ساحل غربی پاناما به فاصله حدود ۵۰ کیلومتر از ساحل در آب‌های اقیانوس کبیر قراد داشته و یک جزیره توریستی است. بیشتر ثروتمندان پاناما در تپه‌ها و سواحل این جزیره ویلاهای زیبا ساخته‌اند. یک هتل توریستی با رستوران و کافه تریا و شب‌ها کازینو در اختیار توریست‌ها است. ایجاد کانال پاناما یکی از شاهکارهای ساختمانی دنیای مدرن است. چون سطح آب بین اقیانوس اطلس و اقیانوس آرام به خاطرجزر و مدهایشان تفاوت زیاد می‌کند، کشتی هایی که از کانال می‌گذرند باید حوضچه به حوضچه تا دریاچه مصنوعی وسط کانال پیش رفته و از آن جا حوضچه به حوضچه خودشان را به اقیانوس مقابل برسانند. پیش از ایجاد کانال پاناما کشتی‌ها ناچار بودند، تمام قاره آمریکای جنوبی را دور بزنند. ملوانان و ناخدایان کشتی‌ها از بادهای تند و طوفان های سهمگین منتهی الیه قاره آمریکای جنوبی که به آن Cape Horne می‌گویند داستان‌ها نوشته‌اند. کانال سوئز که دریای احمر و دریای مدیترانه را به هم وصل می‌کند به مناسبت این که جزر و مد و تفاوت سطح آب بین این دو دریا ناچیز است، ناراحتی‌های عبور از کانال پاناما را ندارد.
روز دوم ورود شاه به پاناما و اقامت در ویلای جزیره کنتادورا، توریهوس

به دیدار وی رفت ولی این دیدار به سردی انجام شد. توریهوس مردی بود بشاش، خوشگذران و بسیار صریح‌اللهجه درحالی که شاه مردی بود محجوب و در عین حال مغرور و البته در آن دوران بیماری اندوهناک و غمگین. با این اوصاف روابط این دو در سطح ادب و نزاکت سیاسی باقی ماند و هرگز آن دو صمیمی نشدند. Royo رییس جمهوری پاناما یکی دو بار شاه و خانواده اش را به ناهار دعوت کرد. وی وکیل سابق دادگستری، جوان آرام و بی ادعایی بود و قدرتی هم نداشت زیرا تمام سرنخ ها دست توریهوس بود. توریهوس مراقبت پزشکی شاه را به پزشک خصوصی خودش دکتر چارلی گارسیا واگذار کرد و دکتر گارسیا پس از معاینه کامل شاه متوجه تورم طحال شاه شد.

پس از روزهای سخت پایگاه لاک لند و بیمارستان نیویورک آسایش نسبی در جزیره کونتادورا و هوای خشک و معتدل آن برای شاه و اطرافیان دلپذیر بود. حال شاه بهتر شده و نویسنده او را در حال بازی تنیس و شناوری و اسکی روی آب مشاهده کرد. نگرانی شاه و اطرافیان از ناحیه کلنل امانوئل نوریگا فرمانده گارد ملی پاناما بود. وی مردی بود عیاش، فاسد و بدون پای بندی به اصول اخلاقی. در گذشته با CIA همکاری کرده و حالا گفته می شد با قاچاقچی های مواد مخدر و قاچاق اسلحه در ارتباط است. یک چنین مردی مسؤول حفاظت از شاه و خانواده اش بود. مأموران نوریگا ویلای محل اقامت شاه و اطرافیان را در محاصره داشتند. صادق خلخالی در تهران اعلام کرده بود، آدم می فرستم شاه را هرجا که هست بکشند. یاسر عرفات رهبر فلسطینی ها هم برای اینکه از قافله عقب نماند به خبرنگاران گفته بود، همانطوریکه اسرائیلی ها آخمن را در آمریکای جنوبی گرفته به اسرائیل بردند، من هم گروهی را می فرستم بروند شاه را گرفته برای محاکمه به تهران ببرند. با توجه به این تهدیدهاست که افراد گارد ملی به دستور نوریگا شدیداً مراقبت می کردند. در فرودگاه، مسافرها یکی یکی کنترل می شدند تا مبادا تروریست های اعزامی خلخالی وارد

پاناما بشوند. شاه و شهبانو هنگامی که اسکی روی آب می کردند چندین گارد کلاشینکف به دست روی اسکی دنبال و اطراف آنان بودند.

چون می ترسیدند از طرف دریا حمله ای بشود، دستگاه سونار کارگذاشته بودند تا از نزدیک شدن زیردریایی ها باخبر بشوند به موازات این اقدامات نوری یگا با زبان چرب و نرم، خود را به شاه نزدیک کرده و با احساس این که حوصله شاه سر رفته شاه را به مهمانی های خصوصی در سویت هتل های درجه یک با شرکت بانوان زیبای پاناما دعوت می کرد. شاه هم برای رهایی از روند روزمره و تکراری ایام تبعید بدش نمی آمد این دعوت ها را بپذیرد. از طرف دیگر نوری یگا اصرار داشت شاه در پاناما سرمایه گذاری کند. اغلب روزها مأموران نوری یگا که بیشتر خانم های بسیار زیبا و شیک پوش بودند با لیموزین به اقامتگاه شاه می آمدند و شاه را برای بازدید ویلاهای فروشی به اطراف می بردند. شاه هم که در واقع اسیر سربازان نوری یگا بود نمی توانست از این بازدید ها سرباز زند. و اما، نوری یگا پنهانی با مقامات جمهوری اسلامی خصوصاً صادق قطب زاده در ارتباط بود. صادق قطب زاده شب و روز تلاش می کرد تا موجبات انتقال شاه را از پاناما به ایران فراهم سازد و به این ترتیب شهرت بیشتری کسب نماید. مقامات قضایی پاناما به قطب زاده گفته بودند چون بین ایران و پاناما قرار داد استرداد مجرمین وجود ندارد، جمهوری اسلامی باید پرونده قابل قبولی در مورد تجاوزات و تعدیات شاه نسبت به ملت تهیه کرده در اختیار مقامات پاناما بگذارد تانسبت به بازداشت و تحویل شاه به مأموران جمهوری اسلامی تصمیم بگیرند. قطب زاده دو وکیل ماجراجوی بدسابقه را مأمور چنین پرونده ای کرده بود. این دو وکیل عبارت بودند از کریستیان بورگه فرانسوی و هکتور ویلالون آرژانتینی. روزی که این پرونده تکمیل و برای تحویل به مقامات پاناما آماده شد روزی بود که روز قبل از آن شاه و همراهان به سوی مصر پرواز کرده بودند.

یکی از آگاهان به احوال مقامات پاناما به نویسنده گفت به جای این همه تلاش و پرونده سازی، اگر قطب زاده و دیگر مقامات جمهوری اسلامی سرکیسه را شل می کردند و سبیل نوری یگا را حسابی با چند میلیون دلار چرب می نمودند، شاه که سهل است مادر خودش را هم بازداشت کرده، به ایران یا هرجای دیگری می فرستاد.

در چنین وضع و شرایط سخت و ناراحت کننده ای، آن چه برای نویسنده تأثر آور بود، ملاحظه رفتار بعضی از اطرافیان شاه خصوصاً جوانانی بود که والاحضرت اشرف با خودش آورده بود. یکی از این آقایان آبجوی محلی را نپسندیده بطری را به سوی گارسن پرت کرده بود. وی ساعت ها تلفنی و از طریق فاکس با نیویورک تماس می گرفت تا برای او آبجو Coors بفرستند. این درحالی است که آبجوی محلی به نام Balboa خواستاران فراوان داشت و با بهترین آبجوی آلمان برابری می کرد. یکی از والاحضرت های برادر شاه از اطوی پیراهن هایش ناراضی بود و ترتیبی داده بود که پیراهن ها به نیویورک فرستاده شود تا در آن جا اطو کرده پس بفرستند. دیگری هوس خاویار کرده از پاریس خاویار می خواست.

ممکن است خواننده بپرسد نقش من در آن میان چه بوده و آن جا چکار می کردم. توضیح این که در همان اوایل انقلاب که در برازیلیا به کلی درمانده بودم، سفیر کانادا به دیدن من آمد و گفت عالیجناب میچل شارپ که زمان مأموریت شما در اتاوا وزیر خارجه بود و حالا سرپرست پروژه بزرگ لوله نفت آلاسکا است پیامی فرستاده که طی آن از من خواسته است به اطلاع تان برسانم که دولت کانادا آماده است بلافاصله اوراق اقامت و پناهندگی برای شما و خانواده صادر کرده و برای خودتان در دانشگاه اتاوا یک کرسی دانشیاری اعطا نماید. مشغول مذاکره با مقامات دانشگاه اتاوا بودم و پیش نویس قرارداد امضا شده بود که از والاحضرت اشرف پیامی رسید که می خواست در نیویورک برای معرفی هنر و ادب و فرهنگ

ایران با ایشان همکاری کنم. من در تمام دوران خدماتم، هیچ گونه ارتباطی با والاحضرت اشرف نداشتم و بطور کلی در جبهه ای قرار داشتم که نسبت به ایشان نظر خوبی نداشت و از مداخلات شان در اموری که به ایشان مربوط نبود ناراحتی داشت. هنگامی که در برازیلیا بودم، والاحضرت اشرف به سفر رسمی آمد و از ترتیبات و پذیرایی که برایشان فراهم آوردم بسیار خشنود شد و با این سابقه است که از من می خواست در دفترشان کار کنم. من هم به تصور این که حالا والاحضرت تغییر روش داده و واقعاً می خواهد کار مثبت برای مملکت انجام بدهد کار دانشیاری دانشگاه اتاوا را رها کرده به نیویورک رفتم. اوایل دفتر و وسایل کار در اختیارم گذاشتند ولی به تدریج آهسته آهسته زیر پایم را خالی کردند به طوری که روزی نامه های رسیده را به من ندادند. روز دیگر تلفن را قطع کردند. کلید دفتر را عوض می کردند تا ناچار منتظر شوم بیایند باز کنند، به منشی ها سپردند که بدون اجازه آن ها حق ندارند نامه های مرا تایپ کنند. آن قدر از این بازی ها در آوردند تا سرانجام به تنگ آمدم و عطایشان را به لقایشان بخشیده، نیویورک را پشیمان و نادم ترک کردم. به خودم لعنت می فرستم که چرا کار محترم دانشیاری که بعداً به استادی منتهی می شد رها کردم.

عامل دیگر که باعث شد همکاری با پهلوی ها را کناربگذارم، علاقه مندی خاص آن ها به خارجی ها بود. من که یک عمر در کار مطبوعاتی بودم و خبرنگاران بیشتر کشورها را می شناختم، انتظارداشتم کارهای مربوط به رسانه های همگانی را عهده دار شوم. متأسفانه این کار را دربست در اختیار آرمائو گذاشتند. علیاحضرت هم عکاس بدنام و پول پرست بلژیکی ژان دزانوا را آورده بود و بدون توجه به این که امثال دزانوا به فکر پول هستند و شهرت نیک و بد خاندان سلطنت برای آن ها مطرح نیست اجازه می دادند که دزانوا مرتب از ایشان عکس گرفته و به آژانس ها بفروشد.. نتیجه بسیار بد این تکیه به خارجی ها این شد که روزنامه را که

برمی داشتید بخوانید در صفحه اول عکس جنازه و جسد اعدام شدگان را در ایران می دیدید. صفحه را بر می گردانیدید شاه و شهبانو و فرزندان را می دیدید که در دریای کارائیب شاد و خندان شنا می کنند. آشکار است که خوانندگان به این نتیجه می رسیدند که شاه ایران نسبت به سرنوشت مملکتش بی اعتناست، درحالی که چنین نبود. این علاقمندی به خارجی ها و توجه به توصیه آن ها و بی اعتنایی به راهنمایی و دلسوزی ایرانی ها از خصلت های نکوهیده پهلوی ها بود.

اینک می پردازم به آن چه در آن صبح گاه به عرض شاه رسانیدم و آن چه از ایشان شنیدم:

شرح مفصل این مصاحبه را در آینده به طور مستقل به صورت کتابچه منتشر خواهم کرد. در این مقاله به یکی دو مورد قابل توجه که شایسته است پیرامون آن اندیشید اشاره می نمایم به اعلیحضرت عرض می کردم قربان شخصیت و افکار درونی شاهنشاه به صورت معما باقی مانده است. چرا راز دلتان را برای مردم ایران بازگو نمی فرمایید؟ اعلیحضرت بلافاصله حرف مرا قطع کرده گفتند این که مرا درک نکرده اند و به طوری که می گویید به صورت معما مانده ام کاملاً درست است. من که در باغ سعدآباد قدم می زدم، دقت می کردم پایم را روی مورچه ها نگذارم، غذا می آوردم و گوشه و کنار باغ برای پرندگان می گذاشتم. اگر یک کبوتر و یا یک گنجشک بال و پر شکسته می دیدم اشک از چشمم سرازیر می شد. آن وقت نوشتند و گفتند که از سعدآباد به اوین تونل زیرزمینی ساخته ام تا بروم و شکنجه زندانیان را تماشا کنم.

هنگامی که اعلیحضرت می فرمودند: «دقت می کردم پا روی مورچه نگذارم» این اندیشه مثل برق از سرم گذشت که آیا یک چنین دل نازکی برای رهبری و فرمانروایی یک مملکت، صفت مثبت است یا نقطه ضعف؟ به شاه عرض کردم قربان مردم ایران از سکوتتان در تعجب هستند. فرمودند

اگر حرف بزنم آمریکایی ها خواهند گفت جان گروگان ها را به خطر انداخته ام. عرض کردم به خاطر گروگان ها به قدر کافی از خودگذشتگی نشان داده اید. به فرض جان گروگان ها به خطر بیافتد چه می شود؟ فرمودند این هم موضوع قابل توجهی است. در این موقع ناگهان پرسیدم قربان اگر ایران را ترک نمی فرمودید چه می شد؟ جواب دادند این ژنرال ها که حالا به من ایراد می گیرند چرا از ایران رفتم. در آن روزهای آشوب زده با رنگ پریده نزد من می آمدند و می گفتند قربان تا مانند نیکلای دوم روسیه کشته نشده اید بهتر است از ایران بروید. آیا می شد به پشتیبانی این ها اعتماد کرد؟
دراین جا باز هم برق آسا در ذهنم این فکر آمد که بگویم قربان ژنرال های قوی و حسابی را کنار گذاشتید. ولی البته چیزی نگفتم.
این دو مطلب که برای بار اول فاش می شود فکر می کنم به قدر کافی محل برای اندیشیدن باز کند و علاقه مندان به تاریخ معاصر کشورمان باید به این نکات توجه بنمایند، تا شاید روشن تر شود که چرا این طور شد؟ لابد آن طور بود که این طور شد.

آنچه در این ملاقات نسبتاً طولانی دستگیرم شد و در ذهنم نقش بست و به تشخیص شخصیت شاهنشاه یاری نمود. این است که به این نتیجه رسیدم که شخص محمدرضاشاه با اصطلاح عامیانه آدم خوبی است. ولی فرق است بین آدم خوب و انسان شایسته رهبری.
ابراهیم حکیمی که در روزهای سخت بحران آذربایجان مدتی نخست وزیر شد. انسانی بود، والا، مودب، متواضع و دموکرات منش ولی به درد مقابله با اوضاع آن روز نمی خورد. آن روز مملکت مردی می خواست متکبر و با اراده و مدبر و مستبد مانند قوام السلطنه مردی که حتی وزرایش در حضورش آنقدر ایستاده می ماندند تا اجازه نشستن بدهد. مقابله با استالین و بیرون کشیدن آذربایجان از حلقوم او سیاستمداری خشن مانند قوام السلطنه را می خواست و نه ابراهیم حکیم مودب و متواضع.

پرنس تالیران صدر اعظم ناپلئون بناپارت مردی بود رشوه بگیر و عیاش ولی در سیاستمداری هم تا نداشت وی در کنگره وین که متفقین پس از شکست فرانسه جمع شده می خواستند قراردادهایی ببندند که نتیجه آن سرشکستگی و خواری فرانسه می شد و این کشور را به حالت یک قدرت درجه ۲ در می آورد آنچنان با تدبیر و سیاست رفتار کرد که بقول تاریخ نویسان کنگره را سر انگشت اش به رقص در آورد و فرانسه شکست خورده را از این کنگره بصورت یک کشور فاتح و سربلند بیرون آورد.
محمد رضا شاه علاوه بر اینکه آدم خوبی بود، از اطلاعات وسیع درباره اوضاع اقتصادی و سیاسی دنیا برخوردار بود. فرانسه و انگلیسی را به راحتی حرف می زد. ورزش کاری بود مقاوم و خلبانی بود ماهر ولی شجاعت رویارویی با اوضاع بحرانی را نداشت. مردی نبود که مانند ملک حسین سوار تانک شده به مقابله دشمن بشتابد.

بیشتر ناظران خارجی شاه را یک لیدر دو دل و غیر مصمم معرفی کرده اند. ملکه ثریا در خاطراتش می نویسد، شاه اغلب از ترک کشور و آغاز یک زندگی تازه در یک گوشه آرام دنیا صحبت می کرد. سرلشگر پاکروان در صحبت های خصوصی می گفت شاه، خمیر مایه یک دیکتاتور را ندارد. او بیشتر یک مستبد روشن بین است. شاه نه دیکتاتوری است مانندحافظ اسد یا صدام حسین، نه دموکرات مصمم مانند وینستن چرچیل.
سرلشگر پاکروان برای مستبد روشن بین فردریک کبیر پادشاه پروس را مثال می آورد. در دوران این پادشاه که دربارش مرکز تجمع روشنفکران اروپا بود و ولتر هفته ها در آنجا بسر می برد. پروس به شکوفایی و پیشرفت زیاد رسید.
در مورد دموکرات مصمم سرلشگر وینستون چرچیل را نمونه دانسته و میگفت به هنگام اعتصاب همگانی و تظاهرات خشونت بار کارگران معادن ذغال در سالهای قبل از جنگ، چرچیل دستور داد بروی کارگران آتش

گشوده شده، آنها را به زور وادار به کار کنند. وی به هنگام صدور این دستور به همکارانش گفت بعضی وقت ها مقداری خونریزی مفید است در حالی که شاه از گشودن آتش بر روی شورشیان خودداری می کرد. از یک دیدگاه دیگر پژوهشگری می گفت ضعف شاه در اتخاذ تصمیم در برابر شورش و اقدامات ماه های آخرش که از یک سو مغرورانه می گفت اروپایی ها و آمریکایی ها باید مملکت داری را از وی بیاموزند و از سوی دیگر از سفرای انگلیس و آمریکا میپرسید چکار بکنم؟
نمودار عقل سالم در بدن سالم نیست و ای بسا بیماری پنهانی اش آگاهانه و یا ناخودآگاه در تصمیمات، تردیدها و دودلی هایش مؤثر بوده است.

***

بیماری شاه سابقه طولانی داشت، پنهان داشتن این بیماری خطائی بود بس بزرگ.
چنانچه محمدرضاشاه درد درونش را با ملت در میان می گذاشت، ملت مظلوم پرور ایران ایشان را در آغوش دلسوزی و عطوفت می فشردند و به احتمال زیاد سرنوشت مملکت غیر از این می شد که حالا هست.
هرمقامی که تصمیم بر پنهان کاری گرفته مرتکب خطای عظیم و ای بسا بالاتر از آن خیانت شده است. در جستجوی این مقام کتاب ویلیام شوکراس The Shahs' Last Ride چاپ نیویورک ۱۹۹۸ نشریات Touchestonرا بررسی کردم. شوکراس چندین صفحه به بیماری شاه اختصاص داده و عملیات جراحی در مریضخانه نیویورک و کشمکش بین اطبای آمریکایی و پانامایی را بر سر جراحی شاه در پاناما به تفصیل شرح داده است.

شوکراس می نویسد: اطبای فرانسوی معالج شاه به من گفتند دکتر ایادی به ما اخطار کرده است هرگز کلمه سرطان را در حضور شاه به زبان نیاوریم. چون ایادی در مقامی نبوده که سرخود چنین دستوری بدهد. لابد از مقام بالاتری اطاعت می کرده است. در نوشته های ویلیام شوکراس این مقام

بالاتر معین نشده است.
از نوشته های مختلف چنین بر می آید که دکتر فلاندرن فرانسوی که مورد اعتماد شهبانو بوده در سال ۱۹۷۵ به معرفی پروفسور صفویان، شاه را معاینه کرده و تشخیص داده بود شاه دچار نوعی سرطان خون شده است. از ۱۹۷۵ تا ۱۹۷۹ سال انقلاب، دکتر فلاندرن ۳۶ بار از پاریس مخفیانه به تهران آمده به معالجه شاه می پردازد. آیا این رفت و آمد ها می توانسته از نظر علیا حضرت مخفی بماند؟ برای آگاهی از نظرات شهبانو صبر کردم تا کتاب ایشان چاپ نشر XO به زبان فرانسه در اکتبر ۲۰۰۳ در پاریس منتشر شود.

شهبانو با توجه به اهمیت موضوع پنهان کاری چندین صفحه به بیماری شاه اختصاص داده اند. قسمت هایی از این کتاب را نقل می کنم.
علیاحضرت در صفحه ۲۶۳ می نویسند در اواسط سال ۱۹۷۷ و اوایل ۱۹۷۸ اطبای فرانسوی گفتند باید شاه را از وخامت بیماری اش آگاه کنیم. چون تعجب مرا دیدند زیرا گمان می کردند من از بیماری شاه مطلع هستم اظهار داشتند ما تا به حال در حضور شاه کلمه سرطان را به زبان نیاورده ایم.

در صفحه ۲۶۲ می خوانیم شاه از ناخوشی اش آگاه بود ولی نمی خواست به کسی بازگو کند. در جای دیگر آمده است که خودداری شاه برای این بوده که علیاحضرت را ناراحت نکند.
علیاحضرت مکاتبات دکتر فلاندرن را با استادش دکتر برنارد مطالعه کرده و در صفحه ۲۶۱ این جملات را از نامه فلاندرن بازگو می نماید: ما تصمیم گرفتیم مراتب را به همسر بیمار، علیاحضرت که ابداً اطلاعی از بیماری شوهرش نداشت بازگو کنیم. پیش از اینکه با علیاحضرت صحبت کنیم، سعی کردیم شاه را راضی کنیم خودشان بیماری شان را با علیاحضرت درمیان بگذارند، ولی شاهنشاه طفره رفته و قبول نکردند.

فلاندرن و دکتر صفویان در یک آپارتمان در پاریس با علیاحضرت جلسه تشکیل داده و مفصل ایشان را از چگونگی بیماری شاه مطلع می‌نمایند. پس از این جلسه علیاحضرت در ژوئن ۱۹۷۷ به تهران می‌آیند و می‌نویسند برایم خیلی مشکل بود به شاه بگویم می‌دانم که ناخوش هستند ولی بهر نحوی بود موضوع را با ایشان درمیان گذاشتم و از آن به بعد می‌توانستیم دوتایی درباره بیماری صحبت کنیم. ولی بازهم گمان من این بود که شاه از میزان وخامت بیماری آگاه نبودند.

در صفحه ۳۱۲ علیاحضرت از نامه دکتر فلاندرن به استادش در پاریس جملاتی بیرون کشیده‌اند که بسیار مهم بوده و ناقض بسیاری از نوشته‌هاست. پروفسور فلاندرن چنین می‌نویسد: برخلاف آنچه بعدها گفته شده است. یقین دارم بیمار کاملاً از ناخوشی اش آگاهی داشته است. خصوصاً که من شخصاً همه چیز را با کمال صراحت به ایشان گفته بودم. این نوشته گناه و خطای پنهان کاری را برمی گرداند به خود شاه. آنچه می‌خواستم در کتاب علیاحضرت پیدا کنم این است که آیا ایشان پس از آگاهی از وخامت بیماری شاه با مخفی کردن آن موافق بوده‌اند یا نه ؟ چون معمولاً علیاحضرت خلاف اراده شاه جهت گیری نمی کرده باید نتیجه گرفت که در مورد پنهان کاری بیماری مخالفتی نکرده‌اند.

جاسوس ما در قاهره
نفوذ در وزارت خارجه - صوت العرب - جراید و فریب وزارت اطلاعات مصر
تلاش برای شکستن رد مصری ها

اولین کاری که پس از گرفتن درجه دکترا از دانشگاه لوون بلژیک و بازگشت به تهران توانستم بدست بیاورم اداره امور تبلیغات و روابط عمومی سازمان بیمه های اجتماعی کارگران بود. در آن زمان (سال ۱۹۵۲) استخدام در دستگاه های دولتی به مناسبت تنگنای بودجه بسیار سخت بود و این کار را هم به زور و سفارش آقای احمد حسین عدل که وزیر کشاورزی کابینه تیمسار زاهدی بود دست و پا کردم. البته دلم می خواست وارد خدمت وزارت امور خارجه بشوم. ولی این وزارتخانه در آن زمان هر گونه استخدام تازه را ممنوع کرده بود.

مدیر عامل بیمه های اجتماعی کارگران محسن خواجه نوری (۱) بود. وی با پشتکار، دلسوزی زیاد سازمان را اداره می کرد، آنچنان به کارش دل بسته بود که هنگام برکناری اش در سخنرانی خداحافظی هق هق به گریه افتاد. ساختمان سازمان بنای نسبتاً کوچکی بود، در یکی از خیابانهای بین کاخ و پهلوی. به مناسبت تنگی جا من با سه نفر دیگر هم اتاق شدم. هم اتاق ها عبارت بودند از محمود خواجه نوری (که بعدها وزیر و

(۱) در اوایل انقلاب اسلامی محسن خواجه نوری اعدام شد.

مدیرعامل بیمه های اجتماعی شد)، حسن نزیه که کارهای حقوقی سازمان را بعهده داشت (وی در کابینه بازرگان مدیر عامل شرکت نفت شد) و یک جوان بنام اوحدی که خیلی جاه طلبانه حرف های گنده گنده میزد و فقط دبیرستان تمام کرده بود. عجب اینکه وی دری به تخته خورده و از طرف حزب ایران نوین وکیل مجلس شد.

من اغلب برای کار چاپ نشریه سازمان و پوسترهای مربوطه در چاپخانه ها بسر می بردم و کم تر با هم اتاق ها بودم. نشریه ماهیانه بسیار شکیل با الهام از مجله سازمان بین المللی کار وابسته به سازمان ملل متحد با روجلد آبی رنگ و مقالات مربوط به حفاظت کارگران و تأمین امنیت محل کار به راه انداختم. یک سری پوسترهای گویا و قشنگ در مورد رعایت شرایط ایمنی در کارگاه ها و کارخانجات از طرف کارگران و کارفرمایان تهیه کرده و به تمام کارگاه ها فرستادیم. این پوسترها و نشریه ماهیانه فوق العاده مورد توجه هیات مدیره و مدیر عامل جدید دکتر مهران قرار گرفت. بعدازظهرها هفته ای سه روز در نمایندگی سازمان بین المللی کار که ریاست آنرا مهندس حبیب نفیسی بعهده داشت کار می کردم. مهندس نفیسی مرد مبتکر و خودش فکری بود. دختر عموی من خانم عظمی عدل (خواهر پرفسور عدل) همسر وی بود، وی اولین بانویی است که آثار کلاسیک نویسندگان بزرگ فرانسه را به فارسی برگردانید.

چون دفتر همکاریهای فنی سازمان ملل متحد به ریاست مسیو Debaer بلژیکی و اداره اطلاعات سازمان ملل متحد به ریاست دکتر فریار در همان ساختمان بود. آنها نیز امور تبلیغات همکاریهای فنی و اداره اطلاعات را بمن واگذار کردند. من علاوه بر تهیه مقالاتی بزبان فرانسه برای همکاریهای فنی موفق شدم از رادیوی تهران هفته ای ۱۵ دقیقه روزهای سه شنبه وقت بگیرم و برنامه هایی در جهت شناسانیدن تشکیلات سازمان ملل مانند شورای امنیت و مجمع عمومی و سازمان های وابسته مانند یونسکو (در پاریس)، FAO غذا و کشاورزی (در رم)، هواپیمایی کشوری

(در مونترال)، کمیساریای عالی پناهندگان (در ژنو)، بین المللی کار (در ژنو) و یونیسف (در بلژیک) پخش کنم.
برنامه های من همواره با نواختن آهنگ جاویدانی سنفونی نهم بتهون شروع می شد.

جمعه ها و ایام تعطیل در لارک (شرق شمیرانات) به دیدن تیمسار حسن ارفع و همسرش هیلدا می رفتم. هیلدا و مادر من از دوران نوجوانی در لندن دو دوست جدا نشدنی بودند. مادرم که صدای سوپرانو داشت کلاس آموزش آواز کلاسیک میرفت و هیلدا هنر آموز رقص باله بود. این دو علاوه بر دوستی بخاطر دلبستگی به هنر، به یکدیگر علاقه فراوان یافتند، هر دو با مردان ایرانی ازدواج کرده به ایران می آیند ولی سرنوشت آنها از همدیگر جدا می کند.

مادرم طلاق گرفته همراه من که دو ساله بودم به لندن باز می گردد، پدرم یک سال بعد به لندن آمده اجازه می گیرد روز یکشنبه ای مرا به گردش ببرد. از همان گردشگاه با همان لباس ها که بر تن داشتم مرا می رباید (کیدناپ) و به پاریس و از آنجا به تهران می برد. (سرگذشت حیرت انگیز مادر و مادربزرگم سوژه کتابی است که دخترم ماریا در فرانسه به عنوان Tous mes jours sont des adieux (هر روزم روز وداع است توسط نشریات Lattes منتشر کرده است).

۲۰ سال تمام نه من مادرم را می بینم و نه هیلدا از وی خبری بدست می آورد (مراجعه فرمایید به کتاب من سید اولاد پیغمبر، نواده وزیرجنگ آمریکا) چاپ شرکت کتاب لوس آنجلس).

۲۰ سال می گذرد تا من و مادرم همدیگر را می یابیم. مادرم برای شرکت در عروسی من به تهران می آید و در باغ لارک مهمان هیلدا می شود. باغ لارک با استخر بزرگ ویژه آبیاری و درخت های کهن به حالت طبیعی نگهداری می شد. محل سکونت تیمسار و خانواده دو سه اتاق در یک طبقه کاه گلی به سبک خانه های روستایی بود. در یک قسمت از باغ،

گاوداری داشتند و شیر و کره طبیعی لارک مشتری های فراوان داشت که به درخانه هایشان برده می شد. تیمسار کتابخانه بسیار مجهزی گرد آورده و بویژه درباره ایلات و عشایر ایران گذشته از کتابها و رساله های فراوان، نقشه های متعدد به در و دیوار نصب کرده و بیشتر خان ها و روسای ایلات را با اسم و رسم می شناخت.

تیمسار و هیلدا هر دو بسیار هنرشناس و هنردوست و اهل مطالعه و پژوهش بودند. این است که بیشتر سفرا و دیپلماتهای خارجی مقیم تهران و ایرانی ها و خارجی های انتلکتوئل مانند تیمسار حسن پاکروان و دکتر صورتگر و امثال آنها با اشتیاق فراوان به لارک می آمدند و در یک محیط و فضای روشنفکرانه وقت را با صحبت های جالب می گذرانیدند. پذیرایی ساده ولی با مراعات پروتکل همراه بود. پیشخدمت های تیمسار روی آستین کت، نوارهایی داشتند که سنوات خدمت و جایگاه شان را در سلسله مراتب خدمتکاران نشان می داد. آنها با مهارت زیاد بمانند کارآموخته ترین پیشخدمت های سفارت خانه های خارجی غذا را سرو می کردند.

مهمانها بر حسب شغل و مقام سر میز قرار می گرفتند و تیمسار همیشه قبل از شروع غذا، سخنرانی کوتاهی کرده جام خود را به پایداری ایران و سلامتی شاهنشاه بلند می کرد. آنگاه پیشخدمت ها تربیت شده که آداب سرویس سر میز را خوب می دانستند غذا را سرو می کردند. یکی از مهمانی های پروپا قرص لارک تیمسار حسن پاکروان بود که ساعت ها روی نیمکت های راحت اتاق کتابخانه غرق مطالعه می شد و اگر سراغش نمی رفتند سر میز غذا نمی آمد. وی با دیپلماتها و خبرنگاران خارجی به انگلیسی و فرانسه بحث می کرد و اغلب متوجه می شدم که از نظر وسعت اطلاعات و معلومات بر آنها می چربد.

یکی از جمعه ها در همان لارک، تیمسار پاکروان بمن نزدیک شد و سئوالاتی درباره تحصیلات و اینکه حالا کجا کار می کنم بعمل آورد و در پایان از من خواست بیوگرافی کوتاهی از تحصیلات و سوابقم تهیه کرده و هفته آینده در لارک بایشان بدهم. بهار ۱۳۵۷ بود. در آن روز بیوگرافی

که تهیه کرده بودم به تیمسار دادم و ایشان یک نگاه مختصر به نوشته من که آن را ماشین کرده بودم انداخت و گفت ما تشکیلاتی داریم و ترتیب هایی خواهیم داد که با استعدادترین و لایق ترین جوانان مملکت در این تشکیلات جمع شده و برای اداره امور مملکت در آینده آماده بشوند. عده ای را هم به خارج خواهیم فرستاد تا ما را از آنچه در دنیای خارج ، آن سوی مرزهایمان می گذارد، آگاه بدارند. درباره شما تحقیق شده است و اگر مایل هستید می خواهید با ما همکاری نمایید، بدیدن من بیایید (نشانی داد). با پذیرفتن پیشنهاد تیمسار پاکروان بود که من وارد خدمت سازمان اطلاعات و امنیت کشور شدم که به آن ساواک می گفتند. (در این سازمان ۴ سال ماندم و دوستانی خوب و ارزنده ای بین همکاران پیدا کردم. متاسفانه با آمدن تیمسار نصیری حال و هوای ساواک عوض شد و او مردی بود کم سواد مغرض و کینه توز. او مرا بنحو بسیار زننده ای از ساواک بیرون کرد).

در اوایل خدمت ساواک، محل کار من و عده ای از همکاران جوان در خیابان ایرانشهر شمالی بود. کار و وظیفه ما که بین آنها دکتر عالیخانی، محمد نامدار، دکتر تاج بخش و ابراهیم ناهید را بیشتر می دیدم این بود که هر شب از نیمه شب به بعد با گیرنده های قوی به رادیوهای خارجی گوش داده و اخبار و گفته های مهم آنرا یادداشت کرده بصورت گزارش به دفتر ریاست کل بفرستیم.

تیمسار بختیار رئیس کل بود، قبلاً او را در فرمانداری نظامی دیده بود و سبب هم این بود که زمانی باتفاق چند هم فکر دیگر، سرم بوی سبزی قورمه گرفت. در هم جمع می شدیم و از نبودن آزادی و دموکراسی ابراز نگرانی کرده و بعضاً نامه هایی هم در مورد عدم رعایت حقوق بشر در ایران و لزوم احترام به آزادی قلم و بیان تهیه کرده و به سازمانهای بین المللی و نیز سفارت های خارجی می فرستادیم.

این کار خطرناک و جسورانه ادامه داشت و آقای احمد آرامش که اغلب در گردهم آیی ما حاضر می شد به ما امیدواری می داد که کارهای ما مؤثر

بوده و در آینده نزدیک زمامداران مملکت آزادی هایی را که قانون اساسی تصریح کرده محترم خواهند شناخت و انتخابات آزاد بعمل می آید و نمایندگان واقعی ملت به مجلس راه می یابند. نخست وزیر و وزرا، در برابر مجلس مسئول شناخته می شوند و کار حکومت از کار سلطنت جدا می شود. در آن اوان، روزی دو مأمور به خانه فیشر آباد (کوچه صدر) آمدند و گفتند باید بیایید فرمانداری نظامی. در آن موقع فرمانداری نظامی درمحل حضیره القدس بهائی ها که فرمانداری نظامی ضبط کرده بود، قرار داشت و در خیابان فردوسی واقع بود. با ترس و لرز همراه آن دو مأمور رفتم و تا وارد فرمانداری شدیم. مرا یکسره بردند اتاق تیمسار بختیار.

تیمسار پشت میزی بود و یک تپانچه روی میز توجه ام را جلب کرد. با ادب گفتم قربان امری داشتید؟ با لبخند ولی با لحنی تند گفت خانواده ات را خوب می شناسم. حیف است تو در اوایل جوانی با امکاناتی که برایت هست، دچار گرفتاری و جریانات حطرناک و ناگوار بشوی... برو... برو گم شو. دیگر تو را خیابان دامغان نبینم. (خانه آرامش که بعضاً آنجا جمع می شدیم خیابان دامغان بالای کلوب فرانسه منشعب از فیشرآباد بود). اخطار تیمسار که ضمن تندی، حالت نصیحت برادرانه ای را داشت فوق العاده در من اثر کرد. اخطارش را پذیرا شدم و نه فقط دیگر سراغ آرامش نرفتم بلکه با دوستان هم که جمع می شدیم جز جوک گوئی اجازه نمی دادم مطلب دیگری مطرح شود. در ساواک دو سه بار تیمسار را دیدم و هر بار دستوراتش قاطع و صریح بود. از قیافه مردانه و مصمم اش خوشم می آمد. یکبار که دستور داده بودند همگی در تشییع جنازه یکی از همکاران شرکت کرده و دنبال جنازه راه بیافتیم به تیمسار عرض کردم قربان این چه کار ابلهانه ای است؟ اینهمه از پوشش و رازداری بحث می شود، آن وقت می خواهند همگی در خیابان راه بیافتیم تا عوامل خارجی براحتی فیلمبرداری کرده همه ما را شناسایی بنمایند. از این حرف من خیلی خوشش آمد. و دستور داد فوری تحقیق کنند چه کسی چنین دستوری داده است.

این دستور ضمناً نشان می داد تا چه اندازه ساواک بی تجربه و در آن اوایل ناشی بود. هر چند گفته می شد کارشناس از آمریکا آورده اند ولی نظر من این است که در مورد سازمان های ضدجاسوسی و جاسوسی، هر کشوری باید تشکیلات مخصوص بخود را داشته باشد. سازمان های خارجی نمی آیند تجربیات خود را در اختیار ما بگذارند. پرورش گوسفند و گاو و یا شهر سازی و بهبود بذر گندم نیست که آخرین اطلاعاتشان را بما بدهند. تیمسار بختیار به من اعتماد یافته بود. دلیل من این بود که دکتر اعتبار که وزیر تلفن تلگراف بود یکی دوبار مرا به باغ ییلاقی اش (سه راه قزوین) دعوت کرد، درحالیکه جز تیمسار بختیار و دو نفر دیگر مهمان دیگری نبود.

در رده های بالای ساواک افسران تحصیل کرده و با معلومات کم نبودند. دو تای آنها دکتر پاشائی و کاوه با معلومات وسیعی که داشتند صحبت هایشان گیرا و جالب بود، حیف که غرق در پرونده های روی میز بودند. در سال های سال بعد که گذارم به آمریکا افتاد و اتفاقاً با گردانندگان شرکت های عظیم چند ملیتی ملاقاتی دست داد. از اینکه روی میز کارشان خالی از اوراق و پرونده بود و در مدت ملاقات، تلفن زنگ نمی زد در شگفت شدم. در ایران ندیدم وزیر و یا مدیرکلی، روی میزش خلوت باشد و در مدت ملاقات یک یا چند تلفن مرتب زنگ نزند. افسر مطلع دیگری که شناختم، عیسی پژمان بود، که کمتر در مرکز دیده می شد.

پس از مدت کوتاه کار آموزی، با عنوان آتاشه مطبوعاتی، مأمور سفارت ایران در قاهره شدم. قاهره در آن زمان با توجه به نفوذ فوق العاده جمال عبدالناصر در عالم عرب اهمیت فراوان یافته بود و از مراکز مهم فعالیت گروه آفریقا - آسیا و کشورهای غیرمتعهد و بی طرف در جنگ سرد میان شوروی و آمریکا بشمار می رفت. قهرمانان این سیاست جمال عبدالناصر، مارشال تیتو، (یوگسلاوی)، نهرو (هندوستان) و

سوکارنو (اندونزی) بودند. کوبا نیز با این گروه همراهی می کرد.
در بهار ۱۹۵۷ وارد قاهره شدم. همسرم و بچه ها را در تهران گذاشتم. آپارتمانی اجاره کردم و تا پیدا کردن خدمتکاری، در هتل سیمرامیس که می گفتند ۵ ستاره است اتاق کوچکی گرفتم. هتل تهویه خنک نداشت و تمام روز از گرما و رطوبت شدید رنج می بردیم. هتل پهلویی بنام شپرد تهویه مطبوع داشت ولی قیمتهایش برای من سرسام آور بود. بمن گفتند اگر اتاق با پنجره رو به شمال بگیرم از نسیم که از شمال می وزد بهره می برم و راحت تر خواهد بود. به این دلیل اتاقم را عوض کردم و تا حدی آسوده شدم. روزی که واردهتل شدم کنفرانس گروه آفریقا- آسیا دایر بود و سرسرا و راهروی ورودی هتل غلغله بود. برای این که از فضای سیاسی آن روز مصر آگاه باشیم ناچارم مختصر توضیحاتی بدهم:
در ۱۸جون ۱۹۵۳گروهی از افسران جوان که خود را افسران آزاد می نامیدند و با سفارت آمریکا هم سروسری داشتند، تحت فرماندهی ژنرال سلیم النفسی به نام محمد نجیب که الحق اسم بامسمائی بود، قیام کردند و فاروق پادشاه مصر را بدون خشونت با کشتی تفریحی خودش همراه خانواده روانه جنوب فرانسه کردند.
مصری ها اصولاً مردمان بسیار ملایمی هستند و خشونت عراقی ها یا سوریه ای ها را ندارند. بطور کلی فکر می کنم آب و هوا و اوضاع جغرافیائی، در خلقیات یک ملت اثر می گذارد. سرزمین مصر کاملاً مسطح است. از تغییرات شدید جوی و یا بلایای طبیعی مانند طوفان شدید و گردباد و زلزله و آتشفشان و برف خبری نیست. فقط طغیان آب های رود نیل است که آنهم نعمتی است. زیرا این طغیان یک لایه گل در اراضی باقی می گذارد که برای کشاورزی حالت کود را دارد. بدیهی است اخلاق و رفتار مردمی که در چنین شرایطی بسر می برند، نمی تواند با خلقیات کسانی که در مناطق کوهستانی یا سرزمین های پربلا زندگی می کنند و با طوفان و زلزله و آتشفشان و گردباد و ریزش برف سنگین دست بگریبان هستند، یک سان باشد.

مصری ها خشن و جنگجو نیستند. این هم عجیب نیست، یک صفت مثبت است. در مصر از یک وکیل مصری شنیدم که در جنگ شش روزه با اسرائیل بیشتر تانکیست های مصری دچار سکته قلبی شده کشته شدند. برای آنها سرو صدای جنگ واقعی تحمل پذیر نبود.

۲۳جولای ۱۹۵۳سرهنگ جوانی از میان افسران آزاد بنام سرهنگ عبدالناصر که می گفتند گرداننده پشت پرده کودتا بوده، محمد نجیب را محترمانه کنار می زند و خودش رهبر بلا منازع مصر می شود.

عبدالناصر حکومت خود را بصورت یک قهرمان ملی گرا برپایه مبارزه با کمونیست ها و افراطی های مذهبی دست راستی آغاز می کند. در اکتبر ۱۹۵۴ اخوان المسلیمن به جان ناصر سوء قصد می نماید، ولی او جان به در می برد.

هنگامی که در آوریل ۱۹۵۵ پیمان بغداد، بین عراق و ایران و پاکستان و ترکیه امضا می شد، آمریکا به مصر فشار آورد که به این پیمان بپیوندد. عبدالناصر نه فقط این پیشنهاد را رد می کند، بلکه لبه تیز تبلیغات دولت اش را از طریق رادیوی صوت العرب و روزنامه ها متوجه این پیمان و اعضای آن می نماید. ناصر از آن به بعد خود را بعنوان قهرمان غیرمتعهدین معرفی می کند.

دیگر قهرمانان این نهضت، مارشال تیتو و نهرو به ناصر نزدیک می شوند. آمریکا با وجودی که مصر از پیمان بغداد روی گردانیده و به آن حمله می کرد، مدت ها به ناصر روی خوش نشان می داد. تا آنکه عبدالناصر برای ایجاد سد بزرگ آسوان از آمریکا کمک خواست. و آمریکا در آغاز موافقت نشان داد تا آنکه جان فاستر دالس وزیر خارجه آمریکا در روز ۱۸ ژوئیه ۱۹۵۶ طی نطق بسیار تندی، با لحن موهن و شدید کمک به مصر را رد کرد. ناصر از این نطق برآشفته شد و در همان هفته بعد از سخنان جان فاستر دالس کانال سوئز را ملی اعلام کرد.

۲۹ اکتبر ۱۹۵۶ فرانسه و انگلیس با اسرائیل همدست شدند و به مصر حمله کردند. خطوط دفاعی مصری ها به آسانی درهم ریخت و قاهره در

تیررس قوای فرانسه و انگلیس قرار گرفت. فرانسوی ها به فرماندهی ژنرال ماسو، آماده حمله به قاهره و تصرف این شهر بودند که حکومت فرانسه زیر فشار و تهدید آمریکا دستور توقف و عقب نشینی داد. جان فاستردالس شدیداً به فرانسه و انگلیس و اسرائیل اخطار کرده بود که باید بلافاصله نیروهای خود را از مصر بیرون بکشند. آمریکا برای این که نشان بدهد اخطارش جدی است ناوگان ششم را در مدیترانه به حرکت درآورد. قوای فرانسه و انگلیس با تلخی و روحیه پریشان، ناچار به عقب نشینی شدند و در نتیجه عبدالناصر از این مخمصه با پرستیژ بیشتری بیرون آمد.

با اینکه آمریکا عبدالناصر را نجات داده بود، او از حمله به متحدان آمریکا خودداری نکرد. خصوصاً ایران و عراق هدف حملات رادیوهای نیرومند قاهره بودند.

از سال ۱۹۵۶ عبدالناصر خرید اسلحه از اروپای شرقی و شوروی را آغاز کرد.

شوروی ها با توجه به علاقه فراوان ملت و دولت مصر به ایجاد سد بزرگ آسوان، آمادگی خود را برای ایجاد این سد اعلام کردند. تبلیغات رژیم عبدالناصر در مورد سد بزرگ آسوان، آنچنان اغراق بود که به بسیاری از فلاح ها (روستائیان) قبولانده بودند که با ایجاد سد، مصر بهشت برین می شود. هرگز این کاریکاتور روزنامه الاخبار را فراموش نمی کنم. یک فلاح، یخچال تازه ای را پشت کامیونت گذاشته دارد بسوی شهر می راند. فلاح دیگری که دارد درخت می کارد به او می گوید برادر کجا می روی؟ جواب می دهد همسرم رنگ این یخچال را نمی پسندد. دارم می برم عوض کنم. تیتر و عنوان کاریکاتور عبارتست از: فلاح مصری بعد از ایجاد سه بزرگ آسوان.

من موقعی داشتم وارد قاهره می شدم که ابرهای سیاه در آسمان روابط ایران و مصر دیده می شدند.

دلخوشی من در مدت اقامت در هتل سمیرامیس این بود که شب ها به رستوران پشت بام بروم. مهمانداران این رستوران فقط دیپلمات ها و مصری هایی را که می شناختند به رستوران راه می دادند. هوا شب ها خنک می شد و ارکستر جاز پنج شش نفری آهنگ های ملایم رقص و آهنگ های رایج روز را می نواخت. بیشتر مشتری های مرد، با کت سفید اسموکینگ همراه با خانم های زیبا و بسیار شیک پوش می رقصیدند. فضای پشت بام در ذهن من، یادآور میهمانی های مقامات انگلیسی دوران امپراتوری در هند بود که در فیلم ها دیده بودم. از آن بالا رود نیل و چراغ های پل قصرالنیل دیده می شد. آب رود نیل که روزها گل آلود بود، شب ها در پرتو نور چراغ های بلوارهای کناره اش، نیلگون به نظر می آمد.

نشانی یک بانوی ایرانی را که شوهرش در وزارت خارجه قاهره کار می کرد، همراه آورده بودم و همان روزهای اول به آن ها تلفن و دعوت کردم شب در رستوران پشت بام سمیرامیس میهمان من باشند. شبی که آمدند همراه شان بانوئی بود که نه فقط من خیره زیبائی اش شدم بلکه بیشتر مشتری های رستوران چشمشان را بوی دوختند. او بزرگترین و زیباترین هنرپیشه سینمای مصر، «ایمان» بود.

دو سه بار ایمان را به تنهایی دعوت کردم و دعوت مرا پذیرفت. وارد رستوران سمیرامیس که می شدیم، ارکستر آهنگ مورد علاقه او را می زد، این آهنگ، «من عشق ام را در پورتو فینو یافتم» نام داشت. یک روز که با ایمان به بازار خان خلیل رفتیم آنچنان مردم هجوم آورده از ایمان امضا می خواستند که ناچار شدیم از ادامه خرید منصرف بشویم. ایمان که در فیلم روباه صحرا درخشیده بود بعدها به آلمان رفت و با مدیر آلمانی این فیلم ازدواج کرد.

وسط رود نیل که از میان شهر قاهره می گذرد جزیره ای است بنام زمالیک که از زمان انگلیسی ها، باشگاهی به سبک کانتری کلوب در آن به یادگار مانده است. این باشگاه که دیپلمات ها به عضویتش پذیرفته می شدند،

دارای زمین های تنیس و کرکیت و اسب سواری و گلف و استخر شنا است. در آن ایام گذشته از دیپلمات ها، اعیان و پاشاهان سابق که حالا بیکار شده بودند ولی رژیم تازه کاری به کارشان نداشت، همراه با قدرتمندان تازه به دوران رسیده و نودولتان در گوشه و کناری می لولیدند و بریج و یا تخته نرد بازی می کردند. من موفق شدم در همین جزیره زمالیک، یک آپارتمان سه اتاقه مدرن اجاره کنم. یک طرف بالکن و پنجره های گلف کلوب جزیره دیده می شد. آشپز ایرانی ام مشهدی حسن از تهران رسید و یک پرستار بچه بنام مادام لونا و یک خدمتکار سودانی هم به کار گرفتم و به همسرم تلگراف کردم همه چیز آماده است حرکت کرده بیایند. مشهدی حسن آشپز، دست پخت اش حرف نداشت ولی بسیار بیسواد و عامی بود. می گفت رود نیل از چین و ماچین سرچشمه می گیرد. هر چه تلاش کردم بقبولانم که اینطور نیست زیر بار نمی رفت. و اما خدمتکار سودانی که تمام کار نظافت خانه و پذیرایی سر میز را بر عهده داشت بنابر اصطلاح معمول در مصر، «سفره چی» شناخته می شد. چون مصری ها ج و چ راگ تلفظ می نمایند و مثلاً جمال عبدالناصر برای آنها گامال عبدالناصر است سفره چی هم سفره گی بود. این سفره گی، مرد سیاه پوست قدبلند و خوش قیافه ای بود با دماغ قلمی که قبلاً نزد انگلیسی ها کار کرده و تربیت شده بود. وی هنگام پذیرایی، چه مهمان داشتیم و چه نداشتیم، کمربند قرمزی بر روی لباده (قلابیه) سفید بلند می بست و موقع نظافت، کمربند سبز را بکار می برد. چنان با فوت و فن های مهمان داری و پذیرایی آشنائی داشت که کافی بود باو بگوییم برای ناهار و یا شام و یا کوکتیل چند مهمان داریم. تا او همه چیز را تدارک ببیند.

حقوق او در ماه فقط دوازده لیره بود که خدمتکاران مصری از این هم کمتر حقوق می گرفتند. و در صداقت او همین بس که در ماه دوم خدمت خود به من گفت: من چون شما را خیلی دوست دارم به شما اطلاع می دهم که اداره اطلاعات مصر ما را وادار می کند هر روز محتویات سبد آشغال زیر

میز تحریرتان را به آنها تحویل بدهیم. بدین جهت مراقب باشید و مطالبی را که نمی خواهید آنها بدانند، در این سبد نیاندازید. آنها هر اندازه هم که شما کاغذ را پاره پاره کنید، بلندند که آنرا بهم بچسبانند و بخوانند. اگر ما این کاغذها را تحویل ندهیم، آنها اجازه اقامت و کار به ما نمی دهند. این آگاهی خیلی برای من ارزش داشت، زیرا بعد از آن بخصوص گزارش هائی را پاره کرده و به سبد می انداختم که میل داشتم اطلاعاتی از آن دست که مورد نظر خودم بود به مصری ها بدهم.

با این همه کار کردن در مصر زمان عبدالناصر برای دیپلمات ها و وابستگان مطبوعاتی آسان نبود. با این که حداقل کاری که یک وابسته مطبوعاتی باید انجام می داد، این بود که شرح حال روزنامه نگاران و گردانندگان رسانه های گروهی و مقامات و شخصیت های مملکتی را گردآوری کند و یک آرشیو مرتب در این زمینه برای خود ترتیب بدهد، این قبیل اطلاعات که در کشورهای اروپای غربی و آمریکا بسیار پیش پا افتاده است و در دسترس همگان قرار دارد، در مصر آن زمان، برای دسترسی به این معلومات باید به راه هائی توسل می جستیم که هر دیپلماتی را بصورت یک جاسوس در می آورد. بعنوان مثال، نقشه جغرافیائی و یا مشخصات راه های مصر که در تمام کتابخانه های خارجی و کتاب های اطلس موجود بود، در مصر آن زمان به بهانه این که مملکت با اسرائیل در حال جنگ است، جزو مدارک سری محسوب می شد و چون روزنامه نگاران و مقامات محلی مصر اجازه نداشتند با خارجی ها معاشرت نمایند، کسانی بسراغ اعضای سفارتخانه ها می رفتند و با آنها رفت و آمد می کردند که در اغلب موارد عوامل اطلاعاتی خود مصری ها بودند و جزئیات گفت و شنودهای خود را ناچار گزارش می دادند. خانم و آقای جلاد مدیران روزنامه فرانسوی ژورنال دژیپ که در همه میهمانی های سفارت های خارجی حضور داشتند، فقط از آب و هوا و مد لباس صحبت می کردند و لاغیر.

من که به معرفی وابسته مطبوعاتی ترکیه با خانم جوانی از نویسندگان الاخبار که می گفتند با مصطفی امین صاحب روزنامه سروسری دارد، آشنا

شده و توسط او از تیراژ مطبوعات و پاره ای از تمایلات سیاسی گردانندگان جراید معروف آگاهی هائی بدست آورده بودم، آنقدر به این اطلاعات خود می بالیدم که گوئی شق القمر کرده ام.

بتدریج دوستانی هم در رادیوی صوت العرب و وزارت امور خارجه یافتم تا روزی در هتل آمباسادور با یک خبر نگار عکاس بلژیکی به نام «ژان دزانوا» برخورد کردم.

این مرد که در وضع فلاکتباری بسر می برد، به من پیشنهاد کرد که حاضر است در مقابل دستمزدی که از من می گیرد، برایم عکس ها و اطلاعاتی درباره شخصیت های مصری فراهم بیاورد.

به این ترتیب همکاری من با وی شروع شد که ایکاش اصلاً شروع نمی شد. چون این شخص را بعدها برای تهیه یک نشریه مخصوص درباره ایران به زبان فرانسه و عربی به ایران فرستادم. او در تهران با دکتر مصباح زاده دارنده روزنامه کیهان آشنا شد و با همکاری مؤسسه کیهان یک نشریه هفتگی به زبان فرانسه به نام پانوراما راه انداخت که گرچه پس از چند شماره تعطیل شد، اما از قبل آن، دزانوا مبلغ هنگفتی به جیب زد و در این فاصله با اوضاع و احوال ایران آشنائی پیدا کرد و خیلی زود به چم و خم بسیاری از امور پی برد و فهمید که برای چاپیدن ده باید کدخدا را دید. و این تماس ها سرانجام منجر به آشنائی او با مهدی بوشهری همسر والاحضرت اشرف شد. وقتی برای سرگرمی این عضو خانواده سلطنتی «خانه ایران» در پاریس را براه انداختند، دزانوا مشیر و مشاور بوشهری از آب درآمد و از طریق فروش عکس ها و مصاحبه های اختصاصی با افراد خانواده سلطنتی، ثروت قابل ملاحظه ای کسب کرد و کم کم طوری یکه تاز میدان شد که وقتی من با مقام وزیر مختاری در پاریس متصدی دفتر مطبوعات ایران در اروپا شدم، شبی آندره فونتن مدیر فعلی روزنامه لوموند به من گفت مادامی که دلقکی مانند دزانوا خود را همه کاره خانه ایران معرفی می کند شما نمی توانید با روشنفکران و نویسندگان معتبر اروپا دوستی و ارتباط برقرار کنید!

در آن اوقات، سفیر ایران در قاهره انوشیروان سپهبدی بود که من او را شخصی استخوان دار و طن پرست یافتم. و گرچه در روزهای اول با من رفتاری سرد داشت، ولی به تدریج این رفتار سرد، تبدیل به دوستی و محبت پدرانه شد. او اغلب مرا به دفترش می خواند و مدت ها با من صحبت می کرد و چون مراحل خدمت را گذرانده بود، دیگر دنبال نمایش و خودنمائی نمی رفت و آنچه را که برای شاه و ایران مصلحت می دانست، روی کاغذ می آورد ولو اینکه وزارت خارجه خوشش نیاید.

وی مانند یک استاد و راهنما به من کمک کرد تا با مقامات مطبوعاتی و دیگر وابستگان مطبوعاتی سفارت های خارجی آشنا شوم و به جواد وکیلی دبیر اول سفارت که به زبان عربی تسلط کامل داشت و بسیاری را در قاهره می شناخت، دستور داده بود که بعضی از اخبار پشت پرده را در اختیار من بگذارد تا گزارش های من به تهران جالب از آب دربیاید. این جواد وکیلی بود که مرا با یک روحانی ایرانی به نام قمی که در دارالتقریب نمایندگی داشت، آشنا کرد. هدف دارالتقریب نزدیکی سنیان با اهل تشیع بود.

قمی با انور سادات که آن زمان رئیس مؤتمر اسلامی بود، رفت و آمد داشت و من در خانه قمی بود که با این مرد خونگرم و سمپاتیک آشنائی یافتم. رنگ پوست سادات سیاه تر از مصری های معمولی بود و بیشتر به سودانی ها شباهت داشت. قمی و همسر جوان و شیک پوشش در سوئیس آپارتمانی داشتند که اغلب به آنجا می رفتند و به من توصیه می کردند که اینهمه برای حال جوش نزنم بلکه بیشتر به فکر آینده باشم و یک آپارتمان در فرانسه یا سوئیس بخرم (ای کاش به حرف آنها گوش داده بودم).

انوشیروان سپهبدی همسر نداشت و دخترش فاطمه با او زندگی می کرد و یک خانم مسن سوئیسی که به او مادموازل می گفتند امور خانه او را می گرداند. فرهاد سپهبدی پسرش نیز گاهگاهی به دیدن پدر می آمد. یکبار فاطمه و من با اتومبیل زرد رنگ اوپلی که جدیداً خریداری کرده بودم، در رالی اتومبیل قاهره شرکت کردیم و اکیپ ما برنده جایزه اول

شد و این امر وسیله آشنا شدن هر چه بیشتر من با دیپلمات های خارجی گردید. به طوری که دیگر در اغلب میهمانی ها و ضیافت های کوکتل خود، مرا هم دعوت می کردند.

در یکی از بعدازظهرهای ماه مارس ۱۹۵۹ که هوا بشدت گرم بود، سپهبدی زنگ زد که چون دلم گرفته بیائید با هم تا به حلوان برویم. حلوان در جنوب قاهره کنار رود نیل است و عبدالناصر داشت در آنجا یک کارخانه بزرگ ذوب آهن می ساخت.

اتومبیل ما در بین راه در محله مئادی - که سرتا سر آن باغچه و چمن و ویلاهای بزرگ و کوچک است و بیشتر آمریکایی ها در آنجا بسر می برند- جلوی یک ویلا که وسط باغچه بود توقف کرد. سپهبدی گفت برایت یک سورپریز دارم. در واقع سورپریز هم بود. زیرا ما به دیدار پرنسس فوزیه می رفتیم. پرنسس فوزیه در آن زمان با همسرش کلنل شیرین در آنجا زندگی می کرد.

سپهبدی نامه ها و بسته هائی داشت که به پرنسس تحویل داد. فوزیه بنظر من زیبائی نمکین و متانت خاصی داشت، ولی یک نوع غبار غم، نظیر همین غبار غمی که اینک بر چهره بیشتر ما ایرانی های دور از وطن نشسته، بر صورت او نیز سایه انداخته بود. پس از صرف قهوه ترک که در مصر بمراتب بهتر از خود ترکیه درست می کنند. از او خداحافظی کرده و بسوی حلوان رفتیم.

هنگامی که در پارک کنار نیل در حلوان قدم می زدیم، سپهبدی خیلی درددل کرد. او گفت: هر چند بعضی از حرکات این مرد (عبدالناصر) را نمی پسندم ولی حالا او یک قهرمان ملی شده و عرب ها او را دوست دارند. به صرفه ما است که سوء ظن را از ذهن او دور کنیم. به او تلقین کرده اند که پیمان بغداد علیه مصر است، هر چند که ناصر از روسیه اسلحه می خرد و کارشناسان روسی و اروپای شرقی به مصر آمده اند، ولی سیاست او ملی و ضد کمونیستی است و زندان هایش پر از کمونیست هاست، با اخوان المسلمین هم درافتاده و آنها را می کوبد.

روی این اساس می توان بین او و اعلیحضرت توافق ایجاد کرد، ولی مثل اینکه دست هائی در کار است تا شاه و ناصر را از یک دیگر دور نگهدارند. سپهبدی گفت: ما باید در این جهت تلاش کنیم. من فعلاً می سپارم که وقت بگیرند تا شما بروید با محمد حسنین هیکل که خیلی به ناصر نزدیک است صحبت کنید.
یک هفته بعد طبق وقت قبلی که از طرف سفارت گرفته شده بود، من با محمد حسنین هیکل در آپارتمان وسیعی که در زمالیک داشت، ملاقات کردم. او در ایوان وسیع آپارتمان خود که مشرف به رود نیل بود از من پذیرایی کرد. مردی بود خوش قیافه و شیک پوش و خیلی از خودراضی، صحبت من این بود که چرا بر سر پیمان بغداد این همه به شاه حمله می کنید؟ به او گفتم: شما که با امام یمن که یک سلطان صد درصد مرتجع است، پیمان دوستی بسته اید، چطور می توانید به شاه ایران که یک رهبر ترقی خواه است، حمله کنید؟ جواب داد: این شما هستید که مرتب از عبدالناصر بدگویی می کنید. جمال عبدالناصر امروز قهرمان ملی دنیای عرب است. شما نمی توانید نیرو و اهمیت او را نادیده بگیرند. ما قبول داریم که شاه هم یک مرد ناسیونالیست است، ولی گزارش هائی که از تهران به ما می رسد برای ما جای گلایه می گذارد، گفتیم: اگر صحبت گلایه است باید بگویم بخاطر دارید که زمان ملی شدن صنعت نفت در حکومت دکتر مصدق که ایران با دنیای غرب درافتاده بود، کشور مصر و دیگر ممالک عرب، کوچکترین کمکی به ما نکردند و ما را تنها گذاشتند.
من سپس به حسن نیت سفیر ایران، سپهبدی، اشاره کردم و قرار شد که ما از یک هیئت روزنامه نگار مصری دعوت کنیم تا از ایران دیدن کنند و این کار را مقدمه تلاش هائی قرار بدهیم که باید برای بهبود روابط دو کشور و حسن تفاهم فیمابین بعمل بیاید.
همانطور که قرار شده بود، یک هیئت مطبوعاتی از مصر به ایران رفت و از ایران نیز متقابلاً هیئتی به مصر آمد و تلاش های سپهبدی برای ایجاد

یک محیط حسن تفاهم در حال پیشرفت بود و از حملات رادیو صوت العرب به ایران به نحو محسوسی کاسته شده بود و حالا دیگر صحبت از این بود که مقامات رسمی دو کشور با یکدیگر ملاقات کنند، تا زمینه دیدار رهبران دو کشور را فراهم آورند که ناگهان سفرای ایران و مصر در قاهره و تهران تغییر کردند. یک دیپلمات جوان مصری به نام حماد که سفیر مصر در آرژانتین بود، به سفارت مصر در تهران منصوب شد و تهران نیز جمشید قریب را بعنوان سفیر خود به قاهره فرستاد.

عجیب است که چگونه بعضی واخوردگی ها و عقده های شخصی می تواند در روابط سیاسی بین ممالک و در نتیجه در سرنوشت یک منطقه حساس اثر بگذارد. حماد دیپلمات لاغر اندام خوش قیافه ای بود که به مجلس آرائی وPlay Boy بودن شهرت داشت. شاید هم آن عواملی که به گسترش روابط بین دو کشور علاقمند نبودند، او را برای همین به تهران فرستاده بودند که همه رشته ها را پنبه کنند.

چند ماه پس از رفتن او به تهران، وقتی برای مرخصی به قاهره آمده بود، من از او وقت ملاقات خواستم و در باشگاه جزیره زمالیک کنار استخر با او به گفت و شنود نشستم. او از ایران دل پری داشت و بدون اینکه مراعات نزاکت معمول بین دیپلمات ها را بکند، تهران را با بوینس آیرس مقایسه می کرد و بد گوئی ها بعمل می آورد. با بی پروایی می گفت: در ایران، همه از رژیم ناراضی اند و برای یک دیپلمات زند گی در تهران هیچ لطفی ندارد. شما همین جزیره را ببینید. آیا نظیر این را در تهران دارید که بتوان به آن دلخوش کرد؟ گفتم: عالیجناب، اگر گزارش های شما به قاهره هم با این دید باشد که با من صحبت می فرمایید، وای به حال روابط بین دو کشور.

بعداً یک جوان مصری تحصیلکرده انگلستان که با یک خانم ایرانی از خویشان سببی من ازدواج کرده بود و با حماد دوستی داشت، به من گفت که دلیل سرخورد گی و بد بینی حماد از ایران اینست که این جوان مغرور و Play Boy که در بوینس آیرس معشوقه های فراوان داشت، در تهران

مورد بی مهری خانم ها قرار گرفته و بقدری از این بابت عصبانی است که می گوید این خانم های تهرانی دور و بر این سفیر کچل (اشاره به رضا سفیر پاکستان) پروانه وار می گردند، ولی دعوت مرا که در آرژانتین موجب افتخار همه بود رد می کنند.

توسط شوهر آن بانوی ایرانی که در وزارت امور خارجه کار می کرد، اطلاع یافتم گزارش های حماد از تهران اغلب بدبینانه است. حماد با تکیه بر خو و عادت ایرانی ها که اغلب شکوه و شکایت می نمایند، گزارش داده بود که نه فقط مردم، بلکه مقامات مؤثر کشوری و لشگری ایران از رژیم و کارهای شاه ناراضی می باشند و به احتمال قوی، رژیم ایران همین روزها سرنگون می شود (۱) بنابراین صلاح نیست با چنین رژیم متزلزلی نزدیک بشویم.

گزارش های آقای قریب هم بهتر از این نبود. وی پس از ورود به قاهره قبل از هر چیز بفکر تغییر محل اقامت سفیر افتاد. تا آن موقع دفاتر سفارت و رزیدانس سفیر، هر دو، در یک ساختمان قدیمی در محله دقی قرار داشت. قریب در محله هلیوپولیس سه راه فرودگاه، ساختمان بزرگی با باغ وسیع و استخر خریداری کرد. حسن شفیق برادرشوهر والاحضرت اشرف که ساکن قاهره بود، مکرر به من گفت این ساختمان را خیلی گران خریده اند.

آقای قریب علاقه عجیب داشت که بین کارمندان بدبینی و نفاق ایجاد کند. وی مرا احضار می کرد و ضمن صحبت می گفت شما چه هیزم تری به عظیما فرخته اید که این همه از شما بدگویی مینمایید. روز بعد به منوچهر عظیما که نفر دوم سفارت بود می گفت تو به این نازنینی و خوش باوری که به همه کمک می کنی، چرا این آقای عدل مرتب پشت سرتان انتریک می کند؟ باین ترتیب فضای سفارت همواره گرفته و متشنج بود.

۱- پیش بینی که ۱۹ سال بعد تحقق یافت.

از یک سو گزارش های مغرضانه حماد سفیر مصر از تهران، و از سوی دیگر گزارش های بدبینانه آقای قریب از قاهره، روابط بین دو کشور را بکلی آشفته کرد. حسن تفاهمی که زمان سپهبدی بوجود آمده بود، جای خود را به سوءتفاهم داد تا آنکه در ۲۸ جولای ۱۹۶۰ عبدالناصر در اسکندریه طی سخنرانی بسیار تندی به شاه ایران حمله کرد. انتقاد جراید و یا اشخاص را می توان توجیه کرد، ولی حمله یک دولت به یک رئیس دولت دیگر ناچار به قطع روابط بین دو کشور منجر می گردد.
در همان شب جمشید قریب را به وزارت خارجه احضار می کنند و وزیر خارجه بدون اینکه به قریب تعارف کند که بنشنید، خودش هم سرپا می گوید تا ۴۸ ساعت دیگر کلیه اعضای سفارت و خود جنابعالی باید خاک مصر را ترک بنمایید. وزیر مصر اضافه مینماید: مردم مصر آنچنان از شماها نفرت دارند که ما نمی توانیم خشم آن ها را کنترل بنماییم.
ساعت یک بعداز نصف شب بود که قریب مرا از خواب بیدار کرد و گفت جامه دان هایتان را به بندید. ۴۸ ساعت وقت دارید خاک مصر را ترک بنمایید. خواب آلود گفتم با توجه به لحن گزارش های سفرای طرفین، چنین انتظاری را داشتم. افسر جوانی که درجه لیوتنانی داشت و مأمور حفاظت جان ما شده بود، چون می گفتم بیمناک هستم مبادا به جان بچه ها و یا همسرم صدمه ای برسانند، با لبخند گفت مالش (به مصری یعنی ول کن) ماها شماها را دوست داریم و به فرهنگ ایران احترام فراوان داریم. یقین بدانید در اینجا در کمال امن و امان می باشید هیچ نگران نباشید.
و به این ترتیب فقط ۵ روز دیگر توانستم خود و خانواده را آماده ترک سرزمین مصر کنم.
روزی که قاهره را ترک می کردم، به بیلان تلاش هایم در مصر می اندیشیدم. این بیلان چشم گیر بود. زیرا در واقع در اغلب دستگاه های مصری رخنه کرده و شبکه اطلاعاتی گسترده ای آنهم در کوتاه مدت بوجود آورده بودم. بطور خلاصه:
- تا ایمان در قاهره بود از او درباره عالم سینما و چگونگی سانسور فیلم های

ساخت داخل و فیلم های خارجی اطلاعات می گرفتم.

- مها عبدالفتاح خبرنگار زیبای روزنامه مهم الاخبار که ضمناً رفیقه آقای امینی دارنده روزنامه بود و من او را به تهران فرستادم و در تهران به او هدایای قیمتی داده شد، درباره دنیای جراید و چگونگی روابط بین روزنامه نگاران با وزارت اطلاعات و نحوه اعمال سانسور آگاهی های ارزنده بمن می داد.

- آن عضو وزارت خارجه مصر که زن ایرانی داشت اطلاعاتی بسیار ذی قیمت در اختیارم می گذاشت. دست من هم برای تشویق این مهره مهم باز بود، بطوریکه یک بار تمام هزینه سفر زن و شوهر را به اروپا برای اینکه تعطیلی دلخواه شان را در رم و پاریس بگذرانند، پرداختم.

- در رادیوی صوت العرب، توسط دو دانشجوی ایرانی که در بخش فارسی این رادیو کار می کردند، رخنه کرده بودم. این دو دانشجوی مذهبی که از جنبه Secular رژیم خوششان نمی آمد، نسبت به پول نقد ضعف زیادی داشتند. من هم در برابر اطلاعات، از پر کردن جیب شان مضایقه نمی کردم.

- خدمتکار سودانی مرتب سبد کاغذ پاره های زیر میز تحریر را به وزارت اطلاعات می برد و من از این راه آنچه مورد نظرم بود به مصری ها می خوراندم. بعضاً با مشورت تهران، اطلاعات جالب صحیحی هم (اطلاعاتی که بعداً درست از آب درمی آمد و موجب می شد توجه بیشتری به محتوای سبد بنمایند) پاره کرده توی سبد می ریختم.

- حسن شفیق برادر احمد شفیق شوهر والاحضرت اشرف که از قریب دل پری داشت، درباره کارهای ایشان اطلاعات جالبی برایم می آورد. این یکی عاشق خاویار و ویسکی کهنه اعلا بود.

مادامی که ژان دزنوا از چنگ من درنیامده و به دربار راه نیافته و عزیز دردانه علیا حضرت نشده بود، از او عکس و بیوگرافی های جالب می گرفتم و برایش مقرری تعیین کرده بودم. عکس هائی که از دفیله ارتش گرفته بود، در تهران مورد توجه قرار گرفت.

عملیات سری من زیر نام مستعار عبدالمنعم انجام می یافت. این نام مستعار

بسیار نامتناسب بود زیرا در مصر هم چنین اسمی متداول نبود. یک مأمور بی سیم با دستگاه های مربوط برایم فرستاده بودند که جوانی بود بسیار باهوش و پرکار با استعداد خاص در زمینه ریاضیات و عددها.
هر وقت به سراغش می رفتم او را سرگرم پس و پیش کردن حروف و اعداد می یافتم. کتاب های متعددی درباره دستگاه های رمز ممالک مختلف همراه آورده بود. وی درباره چگونگی شکستن رمز آلمانی ها بنام Enigma توسط انگلیسی ها، داستان های جالبی نقل می کرد. می گفت انگلیسیها رمز ژاپونی ها را هم شکسته بودند و می دانستند که آنها در تدارک حمله هوائی به پرل هاربر می باشند. انگلیسی ها این آگاهی را به آمریکائی ها ندادند، زیرا می خواستند موجبات ورود آمریکا به جنگ فراهم گردد. بعضی ها می گویند چرچیل به شخص روزولت درباره تدارکات ژاپونی ها جهت حمله هوائی اطلاعاتی داده بود، ولی روزولت که پی بهانه برای ورود به جنگ می گشت این مطلب را پنهان نگهداشت.
مأمور بی سیم می گفت ما باید در جنگ، رمز موفقیت نهایی را به دست بیاورم و آن این است که رمز مصری ها را بشکنیم.
روزی که قاهره را ترک می کردیم می گفت با تلاش شبانه روزی تا حرف E را در رمز مصری ها کشف کرده است. همین حرف E در رمز مصری ها به صدها نوع جلوه گر می شود. یک موقع همان خود E است بعداً می شود D+1 بعد بصورت 2+9- در می آید. بالاخره E باز هم می آید ولی جایگزین E واقعی نیست. می گفت اگر دو سه سال دیگر در قاهره می ماندیم با احتمال زیاد می توانست رمز مصری ها را بشکند.
دستگاه رمز مایک ماشین ساخت سوئیس بود. می گفتند شکستن آن بسیار بسیار سخت است. البته در آن موقع کامپیوتر متداول نشده بود. نمی دانم حالا با توجه به کامپیوتر وضع مبادلات سری با حروف رمز، چگونه است. و آیا رمزی هست که کامپیوتر نتواند بشکند؟ موقعی که من از دستگاه رمز ساخت سوئیس و بی سیم مستقیم با تهران استفاده می کردم، سفارت رمز کتابی بسیار ابتدایی را بکار می برد و تلگرافاتش را توسط اداره

تلگراف مصر مخابره می کرد. فقط با آمدن آقای اردشیر زاهدی است که وزارت خارجه به دستگاه های مدرن رمز مجهز گردید.

در بازگشت به تهران که در انتظار تقدیر و تشویق بودم با وضع ناهمواری روبرو شدم. تیسمار بختیار کنار رفته و بجایش تیسمار نصیری، رئیس کل شده بود. من از نصیری فوق العاده بدم می‌آمد. او هم به من لطف نداشت. در کتاب «من سید اولاد پیغمبر» چاپ شرکت کتاب، نامه خصوصی تیمسار پاکروان را چاپ کرده ام. در این نامه خصوصی، پاکروان به من نصیحت می کند از فحش و بدگویی به نصیری خودداری کنم. من در این مورد نمی توانستم جلو احساساتم را بگیرم و با وجودی که در آن موقع، ناسزاگوئی به رئیس کل ساواک، دل شیر می خواست، از بدگوئی به ایشان آنهم در محافل عمومی که می دانستم به نصیری خبر می دهند، مضایقه نمی کردم. بالاخره نصیری یک نامه آشکار (غیرمحرمانه و غیررمز) به آقای معینیان که با ایشان همکاری می کردم، فرستاد. با رونوشت به وزارت امور خارجه. محتوای نامه این بود که آقای عدل نمی توانند هم از شما حقوق بگیرند، و هم کارمند ما باشند و از ما حقوق دریافت کنند. باید یکی را انتخاب بنمایند.
این بهانه که یک کارمند نمی تواند ضمناً عضو ساواک هم باشد، یک ادعای پوچ و خنده دار بود زیرا اکثریت اعضای ساواک با پوشش های مختلف در سازمان های دولتی و ملی و وزارت خانه ها کار می کردند. بعضی از وزرا و مقامات بالا و سفرا، ضمناً عضو ساواک هم بودند. از آن میان می توان پرویز خوانساری (معاون وزارت خارجه) سرهنگ ولیان (وزیر و استاندار) و دکتر عالیخانی (وزیر) را نام برد.
باید بگویم اگر هم نصیری پیشدستی کرده چنین نامه انتقام جویانه ای را نمی فرستاد، قصد داشتم با ارسال یک نامه استعفا داده بنویسم: به مناسبت عدم اعتقاد به صلاحیت ریاست کل سازمان کناره گیری می نمایم.
نصیری تا می توانست جلو پیشرفت مرا می گرفت. چندین بار تا پای وزارت

و پست های مهم رسیدم و هر بار نصیری وتو Veto کرد.
آخرین بار که او را دیدم و او برای اولین دفعه به من دست داد، در دفتر آقای خوانساری بود. نصیری را که در پاکستان سفیر بود، به تهران خواسته بودند و او پریشان و نگران در دفتر خوانساری نشسته بود. من مدیر کل اطلاعات وزارت خارجه بودم. وارد دفتر خوانساری که شدم، نصیری را دیدم. با احترام سلام کردم، او هم نیم خیز شده با من دست داد.
بار آخر با نهایت تاثر عکس دلخراش شکنجه شده و نیز عکس جسد تیرباران شده اش را در برزیل در روزنامه های آنجا دیدم و حیران و غمناک اشک ریختم.

بازی تقدیر

محلی که در شهر Cuernavaca مکزیک برای اقامت شاه و شهبانو و خانواده و همراهانشان آماده کرده بودند. دو ویلا نزدیک به یکدیگر بود، که در یک کوی بن بست ساکت و آرام، پر از گلهای رنگارنگ و گیاهان تروپیکال قرار داشتند. همسایه ها بیشتر ثروتمندان سالخورده آمریکایی بودند که این شهر خوش آب و هوا و زیبا را برای روزهای بازنشستگی انتخاب کرده بودند.

ویلیام سالیوان سفیر آمریکا در ایران یکی از این آمریکایی ها بود. نام ویلایی که به اقامت شاه و شهبانو اختصاص یافته بود روی یک کاشی درب ورودی دیده می شد. این نام عبارت بود از Villa Des Roses. بعضی از همراهان شاه بعد ها به نویسنده گفتند اولین بار که این نام را دیدند یکه خوردند و خاطرات بسیاری مانند فیلم سینما از نظرشان گذشت آنها بخاطر می آوردند که بیست و اندی سال پیش، شاه آن ژنرالی را که اوضاع بر گردانیده واو را که از وطن رفته بود به کشور بازگردانیده بود، در اولین فرصت برکنار کرده و به خارج از کشور فرستاد. شاه در حالی ژنرال را برکنار می کرد که ژنرال در اوج قدرت فکری و بدنی در مقام نخست وزیر مشغول اقدامات و اصلاحات عمیق اقتصادی و اجتماعی بود.

***

دیدگاه سپهبد زاهدی در مقام نخست وزیر بر این پایه بود که در آمد نفت باید در درجه اول صرف عمران کشور و تأمین موجبات رفاه و آسایش مردم گردد و نه خرید سلاح های آمریکایی آنهم به قیمت سرسام آور. وی می گفت اگر آمریکا اصرار دارد ایران وارد پیمان بغداد شده سلاح های خود را با سلاح های اعضای پیمان هم آهنگ بنماید، باید این سلاح ها را رایگان به ما بدهند. سپهبد می خواست هزینه رفرم های مورد نظرش را از محل درآمد نفت تأمین بنماید. متأسفانه شاه این طور فکر نمی کرد.

کارشناسان بسیاری به نویسنده گفتند با انجام رفرم های دولت زاهدی پایه هاو ستون فقرات لرزان رژیم تقویت شده استحکام می یافت و مملکت به بلایی که امروزه گرفتار آن است دچار نمی شد.

ژنرال بر کنار شده دور از وطن در خانه ای در سویس اقامت گزید و در آن خانه (که ویلای گلسرخ ها نام داشت) نگران آینده ایران عزیزش بود. نزدیکان شاه می گویند این بار هنگامی که شاه و شهبانو اشک در چشم وطن را ترک کردند در ضمیر انتظار و امید داشتند، ژنرالی پیدا می شود و مملکت را از چنگال رژیم آخوندی می رهاند. ولی افسوس که آن ژنرال دیگر زنده نبود. همتا و مانندی هم نداشت. مگر مملکت چندتا فضل الله زاهدی داشت؟

ژنرال تا آخر عمر برخوردار از عطوفت خانواده و ملت اش در «ویلای رزها» بسر برد در حالی که به شاه هنگامی که در بیمارستان نیویورک پس از عمل جراحی دوران نقاهت را می گذرانید خبر دادند پرزیدنت «پورتیلو» رئیس جمهور مکزیک زیر فشار وزارت خارجه اش که از اول بنام مصالح ملی با آمدن شاه مخالف بود، محترمانه پیام فرستاده که ترجیح می دهد شاه از همان جا به یک کشور دیگر برود.

کنفرانس تهران
«خدمت گزاران گمنام»

یکی از کارهای نکوهیده فاناتیک های جبهه ملی این است که با یگانه ستاره درخشان آسمان سیاست ایران نامیدن دکتر مصدق همراه دیگر عناوین چاپلوسانه از قبیل سوزان تر از آتش، بالاتر از دماوند، گرمی بخش جان و روان، اسطوره دلاوری، خط بطلان برخدمات بزرگان ایران می کشند و این درحالی است که خوشبختانه چه در طول تاریخ و چه در زمان معاصر خدمتگزاران لایق که کمتر نام شان برده می شود، کم نیستند. یکی از این خدمتگزاران لایق که کمتر از او یاد می شود، علی سهیلی است به هنگام تشکیل کنفرانس سران متفقین در تهران، نخست وزیر بود. وی با زیرکی موفق شد از سران متفقین چرچیل ـ روزولت ـ استالین اعلامیه ای درباره حفظ استقلال و تمامیت ارضی ایران بگیرد.

خدمتگزاران بسیاری در رده های پایین دستگاه های اداری و یا نظامی و اجتماعی هستند که در ردیف خدمتگزاران گمنام قرار می گیرند، ولی ارزش خدمت آنها و درس وظیفه شناسی که داده اند حائز اهمیت بسیار است.

بیاد دارم در روز سوم شهریور (روز حمله ارتش سرخ به آذربایجان) که از همان ساعات اول دستگاه های کشوری و لشگری بهم پاشیدند و مسؤولان لشگری و کشوری پست های خود را رها کرده به خیل فراری ها یا پنهان شدگان می پیوستند. در قصبه بزرگ باسمنج، ۱۶ کیلومتر سر راه تبریز به تهران که یک قصبه ییلاقی بود و خانواده ما در آنجا باغ اربابی زیبایی داشت، رئیس امنیه که متأسفانه نامش را یادداشت نکردم، ولی قیافه و اندام تنومندش در ذهنم نقش بسته است، انتظامات قصبه را به دست گرفت. به دکان داران اخطار کرد حق ندارند مغازه ها را ببندند. مخصوصاً به نانوا که نان سنگک هایش شهرت داشت دستور داد باید بازمانده و میزان پخت را بالا ببرد، هرقدر آرد بخواهی برایت آماده می کنم. اداره کشاورزی انباری داشت پر از گندم، در انبار را داد شکستند و آسیابانان دهات مجاور را خواست و گندم را تحویل آنها داد و اخطار کرد که باید فوری آرد کرده به نانوایی برسانید. همه این اقدامات را روی یک دفترچه ضبط می کرد و از نانوا و یا آسیابانان امضا و یا اثر انگشت شصت و یا مهر روی کاغذ می گرفت.

دستور داد در قصبه جار بکشند که امشب روشن کردن چراغ، حتی یک عدد شمع ممنوع است. جار کشیدن این بود که یکی دو نفر در کوچه ها حرکت می کردند و بدنبال نواختن طبل جهت جلب توجه، دستورات مقامات را با صدای بلند به اطلاع مردم می رسانیدند. رئیس امنیه برای اینکه تعداد افراد زیر فرمان اش را افزایش بدهد آن امنیه هایی را که از دهات بالاتر مانند هروی و لیقوان فرار کرده می آمدند، بازداشت کرده به خدمت می گماشت. دو نفر از این افراد مأمور دایره بازرسی پروانه مسافرتی در خروجی باسمنج شدند. مأموران پلیس این دایره فرار کرده بودند.

باید دانست در زمان رضاشاه برای خروج از شهرها پروانه و اجازه مسافرت ضروری بود. پروانه اجازه مسافرت را باید قبلاً از شهربانی می گرفتید. با برقراری بازرسی پروانه مسافرتی و پایین آوردن تیر مانع گذر، بزودی

صف طولانی از اتومبیل های شخصی و دولتی های لشگری و کشوری که کارشان را رها کرده فرار می کردند، تشکیل یافت. بین اینها عده ای اتباع خارجی از جمله ۷۰ تا ۸۰ نفر آلمانی های مقیم تبریز بودند. در ورقه هایی که روس ها از هواپیما روز بعد، فرو ریختند نام چند تن از این آلمانی ها را بعنوان جاسوسان هیتلری ذکر کرده بودند.

رئیس امنیه پس از تلفن های بی حاصل، اتباع خارجی را آزاد گذاشت که بروند ولی با ایرانی ها سخت گیری کرد. می گفت شماها باید سرکارتان باشید. کجا می روید؟ بعضی از آنها با پررویی جواب می دادند: ما را احضار کرده اند و گرنه داوطلب بودیم به جبهه رفته با دشمن بجنگیم. بین راننده اتومبیل سیاه رنگی که جلو تیر مانع متوقف شده بود و رئیس امنیه بحث شدیدی در گرفته بود.
- حضرت اجل هستند. تیر جلو راه را بالا بکشید.
- حضرت اجل سهل است. حضرت باریتعالی هم توی اتومبیل باشند پروانه لازم دارند.

این رئیس امنیه از اهالی ممقان بود که شهرت داشتند در انجام وظیفه خدا را هم بنده نیستند. حضرت اجل هم از فرماندهان پادگان تبریز بود که داشت فرار می کرد. خیابان باسمنج را که همان جاده تبریز ـ تهران بود ، رئیس امنیه شخصاً آب پاشی می کرد تا گرد و خاک بخوابد. می گفت این گرد و خاک همه را ناخوش می کند.

جلو قهوه خانه باسمنج هم میز و صندلی گذاشتند. نانوایی ها بدستور رئیس امنیه تا پاسی از شب باز بوده و پختند. بعدازظهر چهارم شهریور بود که خبر رسید روس ها از تبریز گذشته دارند بسوی باسمنج می آیند، شایع شد که روس ها با قره یا خاها (سیویل ها) کاری ندارند ولی با افراد نظامی بدرفتاری می کنند. رئیس امنیه با مواد منفجره پل سرراه تهران و یکی دو پل دیگر تا بستان آباد را که راه پیشرفت ارتش سرخ بود، ویران کرد و

خودش پنهان شد. دلاوری های امثال ستارخان و یاخدمات بزرگانی مانند محمد علی فروغی، محمد ساعد، علی سهیلی، سپهبد زاهدی، احمد قوام و بسیاری دیگر نباید فراموش شود.

*****

آذر ۱۳۳۲ من شاگرد مدرسه بودم در تهران، نوشته زیر را از دفتر خاطراتم نقل می کنم:

روز جمعه ششم آذرماه ۱۳۲۲ بعدازظهر سربازان متفقین با در دست داشتن مسلسل های سبک تمام اطراف خیابان اسلامبول و فردوسی شمال و نادری را بستند، به طوری که عبور از خیابان، اجازه مخصوص می خواست احدی را به این حدود و خیابان های مجاور راه نمی دادند. رادیوی تهران در این روز به خاموشی کامل گرایید و تلگرافخانه از قبول تلگراف خودداری کرد و گفته شد اتوبوس هایی که از شهرستان به تهران می آمدند، دم دروازه های شهر متوقف گردیده و به مسافران اجازه داده نشده وارد شهر بشوند.

این وضعیت فوق العاده باعث نگرانی و تشویش مردم شده و شایعات زیاد دهان به دهان می گشت. یک عده می گفتند، می خواهند شاه را بگیرند، دیگری می گفت دنبال جاسوسان آلمانی هستند. روز یکشنبه شایع شد آلمانی ها رضا شاه را در جنوب ایران با چتربازان متعدد پیاده کرده اند. روزنامه صدای ایران در این باره فوق العاده ای چاپ کرد که تمام شماره های آن در ساعات اول پخش، خریداری و نایاب شد.

هیجان و شایعات ونگرانی تا روز دهم آذر ادامه داشت تا این که در این روز رادیو تهران بکار افتاد و جراید اطلاع دادند که از پنجم تا دهم آذر، سران متفقین روزولت، استالین و چرچیل در تهران با یکدیگر ملاقات کرده و در پایان کنفرانس دو اعلامیه صادر کرده اند، یکی راجع به ایران و دیگری مربوط به جنگ با آلمان. در اعلامیه مربوط به ایران، متفقین

اظهار داشته اند که در حفظ استقلال و تمامیت ارضی ایران با دولت ایران اتفاق نظر دارند و کمک هایی را که ایران در تعقیب جنگ بر علیه دشمن مشترک مخصوصاً در قسمت تسهیل وسایل حمل و نقل مهمات از ممالک ماوراء بحار به اتحاد جماهیر شوروی بعمل آورده است، تصدیق دارند. به طوری که بزرگترها در دیدار با پدرم تعریف می کردند و من می شنیدم، در دو سه روز کنفرانس تهران، استالین به ملاقات شاه ایران می رود، ولی چرچیل از رفتن به نزد شاه خودداری می کند، ناچار شاه بدیدنش می رود. روزولت هم چون از پا فلج و روی صندلی چرخدار بود، شاه را در سفارت آمریکا می پذیرد. جالب این است که تمام رسانه های آمریکا و دولت های متفق هرگز عکس روزولت را روی صندلی چرخدار نشان ندادند. به طوری که خود من هم نمی دانستم فلج است و روی صندلی چرخدار حرکت می کند.

احمد قوام (قوام السلطنه) بزرگ مرد سیاست ایران

سیاستمداری در ردیف و طراز تالیران ها و دیسرائیلی ها ... وی با تدبیر و بکار بردن ترفندهای زیرکانه ایالت آذربایجان را از حلقوم استالین بیرون کشید. احمد قوام با فدا کردن امتیازات و منافع شخصی در برابر منافع و مصالح عالیه ملی درس وطن پرستی و از خود گذشتگی را به سیاست مداران می آموزد. وی با وجودی که در مجلس اکثریت کامل داشت، یکایک نمایندگان را خصوصی ملاقات کرده و از آنها می خواهد به دولت اش رأی منفی بدهند تا دولت سقوط کند. به این ترتیب او می توانست به روس ها بگوید من سر قول اعطای امتیاز نفت شمال باقی هستم ولی چه کنم که مملکت پارلمان دارد و پارلمان مرا از نخست وزیری برکنار کرده است. باید دانست که روس ها با اطمینان به وعده اعطای امتیاز نفت از طرف دولت قوام است که نیروهایشان را از آذربایجان بیرون کشیدند. احمد قوام در سال ۱۳۲۸ عریضه ای به شاه نوشت و با نهایت شهامت او را از عدم رعایت قانون اساسی و دیگر قوانین بر حذر داشت و خاطرنشان کرد، بی اعتنایی به قوانین شما را با خشم و غضب ملی روبرو خواهد کرد. خشمی که با سرنیزه و حبس و زجر نمی توانید مهار کنید.
ابراهیم حکیمی وزیر دربار به دستور شاه جواب تندی به قوام فرستاد و عنوان حضرت اشرف را از وی پس گرفتند.
نظر به اهمیت این نامه و پاسخ دربار، عین نامه ها را در این کتاب نقل کرده ام.
شرم آور این است که در دوران حکومت مصدق و با رأی مجلس اموال قوام السلطنه را مصادره کردند و انواع تهمت ها را به او وارد آوردند.
در دوران بلبشوی اشغال ایران، روزنامه نگاری بنام محمد مسعود در روزنامه مرد امروز برای قتل قوام السلطنه نخست وزیر مبلغ یک میلیون ریال جایزه معین کرد.
این بود نمونه هایی از قدردانی و بزرگداشت ابرمردان خدمتگزار و بزرگ مردان تاریخ مان. فقط در زمان نخست وزیری سپهبد زاهدی است که با لغو قانون مصادره اموال قوام السلطنه تا آنجایی که توانستند این لکه ننگین را از دامان مجلس شستند.

پرنس تالیران صدراعظم زمان ناپلئون بناپارت
او می‌گفت: به زور سر نیزه خیلی کارها می‌توان کرد ولی روی آن نمی‌توان نشست.

کرمیت روزولت
جاسوس خودستا و افسانه باف

سپهبد فضل الله زاهدی
افسر رشید و وطن دوست و پاک سرشت و پاک رفتار

وی شورش های شمال و سمیقوی کرد را خاموش کرد. ایالت زرخیز خوزستان را از چنگ شیخ خزعل که با حمایت انگلیس در آنجا حکمرانی می کرد و برای تهران تره خرد نمی کرد در آورد و به اطاعت واداشت و خوزستان را به مام وطن برگردانید. بدون خوزستان نفتی نبود که بر سر ملی کردنش بحث شود. بدون خوزستان نه از تاک نشانی بود نه از تاک نشان.
زاهدی در مقام نخست وزیر اعتقاد داشت درآمد نفت باید در درجه اول صرف آبادانی کشور و رفاه مردم شود.

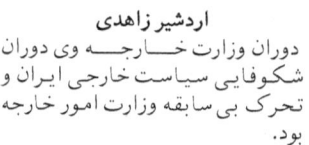

اردشیر زاهدی
دوران وزارت خارجه وی دوران شکوفایی سیاست خارجی ایران و تحرک بی سابقه وزارت امور خارجه بود.

دکتر محمد مصدق سیاستمدار ورزیده ...

مصدق با گذرانیدن قانون منع اعطای نفت به بیگانگان مادامی که جنگ ادامه دارد و خاک ایران در اشغال بیگانگان است خدمت بزرگی انجام داد.
در مسأله ملی کردن نفت با یاری عده ای بسیاری از ناسیونالیست های ایران به موفقیت رسید. متاسفانه در راه حل بحران نفت فرصت های طلایی را به توصیه عده ای از اطرافیان غیر مطلع از دست داد و خود و دولتش را با بن بست روبرو کرد. بسیاری از یاران و هم فکرانش از او جدا شدند و در اواخر به مناسبت تکیه به حزب توده و باز گذاشتن دست آنها موجب شد نه فقط بیشتر دوستان و یارانش از او جدا شدند، بلکه دولتهای خارجی هم که تا مدتی با وی همراه بودند از او روی گردان شدند.
طرفدارانش از وی بت اعظمی ساخته و در نشریات شان از وی با عناوین از قبیل «خورشید انسانیت»، «اسطوره دلاوری»، «تابنده ستاره شجاعت و سیاست»، «گرمی بخش روان» یاد می نمایند.
این قبیل تملق های مهمل سایه بر خدمات مصدق انداخته است.

باشگاه کارمندان وزارت امور خارجه در نیاوران

این باشگاه آن چنان در مطبوع کردن زندگی کارمندان وزارت خارجه تأثیر داشت که بسیاری ماندن در تهران را به مأموریت های خارج (مگر جاهای درجه اول) ترجیح می دادند.
یکی از آنها من بودم (مراجعه فرمایید به فصل چرا مرا روانه برزیل کردند)

ردیف اول از راست: ایرج مصباح زاده ـ سیمون فرزامی ـ احمد شهیدی ـ پرویز عدل ـ رضا امینی ـ صالحیار، سردبیر اطلاعات ـ دکتر کریمپور، مدیر کل وزارت اطلاعات.
ردیف دوم از راست: جواد هاشمیان، سرپرست اداره انتشارات وزارت خارجه ـ شناخته نشد ـ پرویز رائین نماینده آسوشیتد پرس ـ پرویز مصباح زاده ـ علی باستانی، مفسر روزنامه اطلاعات، عطاء الله تدین، معاون وزارت اطلاعات ـ نوری، مفسر کانال ۲ تلویزیون.
ردیف سوم از راست: رجوی پاکستانی نماینده یونایتدپرس در ایران ـ ایرج گرگین، مدیر کانال ۲ تلویزیون ـ دکتر مهدی سمسار، سردبیر رستاخیز ـ ژان رافائیلی، نماینده آژانس فرانس پرس ـ هوشنگ وزیری، سردبیر آیندگان ـ حکمت شعار، نماینده وزارت اطلاعات مهماندار خارجی ها ـ نصیر امینی، خبرنگار کیهان ـ علی اکبر ناظمی، مدیر کل اطلاعات ـ علی مهرآوری، نماینده خبرگزاری رویتر.
در ضیافت ناهار خداحافظی پرویز عدل در باشگاه وزارت خارجه به مناسب سفر وی به برزیل.

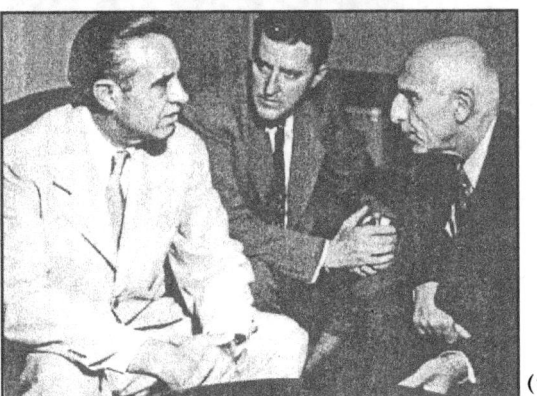

(۱)

(۲)

۱ـ دکتر محمد مصدق و دین آچسون وزیر خارجه دولت ترومن

در آن روزهای آغاز نهضت ملی کردن نفت، گل می گفتند و گل می شنیدند
دین آچسون و معاون اش جرج ماک گی و سفیر آمریکا در تهران هانری گریدی هر سه از طرفداران مصدق بودند. آن ها از نهضت ملی کردن حمایت می نمودند و حق ایران را در ملی کردن منابع طبیعی اش به رسمیت می شناختند. دین آچسون به دستور ترومن جلو مداخله نظامی بریتانیا را گرفت. متاسفانه دکتر مصدق با باز گذاشتن دست حزب توده و تکیه بر این حزب کمونیستی موجبات نگرانی آمریکا را از آینده ایران فراهم آورد. در نتیجه آمریکا از حمایت ایران دست برداشته و به صف انگلیس ها پیوست. در این عکس مصدق و آچسون هر دو می خندند، در حالی که عکس مصدق با هریمن هر دو عبوس هستند.

۲ـ هریمن فرستاده مخصوص پرزیدنت ترومن به ایران

هریمن که از رجال با نفوذ آمریکا ست تلاش می کرد به مصدق بفهماند که بحران نفت با تظاهرات خیابانی و هرچیگری حل نمی شود. بنشینید با انگلیسها مذاکره کنید ما در کنارتان خواهیم بود. بجای استفاده از پشتیبانی آمریکا، هریمن را به منطقه نفت بردند تا بگویند وضع کارگران نفت اسفناک است. هریمن زیرک به حسین مکی که همراه اش بود گفت: آیا وضع کارگران نفت از وضع دیگر کارگران ایران و روستائیان احمد آباد ده فعلی نخست وزیر بدتر است.

سر لشگر حسن پاکروان
رئیس ساواک، سفیر در پاکستان و پاریس، وزیر اطلاعات

افسری درستکار و به معنای واقعی روشنفکر و لیبرال و روشنفکر، که ترجمه کلمه انتلکتوئل فرانسوی است، کسی است که صاحب فکر و عقل و دانش است و با توجه به تحصیلات و مطالعاتی که کرده است و به اتکای معارف خود دارای نظرگاه و فکر و شعور اجتماعی شده است و هرگز نیز از ادامه مطالعه و تحقیق باز نمی ایستد و به تازه ترین تحولات فکری و هنری و علمی و صنعتی و اجتماعی کشور خویش و دنیا آگاهی دارد.

پاکروان یک چنین روشنفکری بود. وی به نویسندگان خارجی می گفت شاه ایران خمیرمایه یک دیکتاتور را ندارد. او یک مستبد روشن بین نظیر فردریک کبیر است. پس از شورش خرداد ۱۳۴۲ که خمینی دستگیر و می خواستند اعدام اش بکنند، به وساطت پاکروان فقط تبعیدش کردند. در عوض اولین روزهای پیروزی انقلاب به دستور خمینی اعدام شد.

مصطفی عدل منصور السلطنه
پدر قانون مدنی ایران

وزیر دادگستری - وزیر خارجه
و نماینده ایران در کمیسیون ویژه سازمان ملل متحد مأمور حل مسأله فلسطین

وی در جلسه مجمع عمومی سازمان ملل متحد شدیداً با طرح تقسیم فلسطین مخالفت کرده و طی سخنرانی تاریخی پر شوری گفت اکثریت ساکنان فلسطین را اعراب تشکیل می دهند. اجرای هر طرحی در این سرزمین باید در راستای خواسته اکثریت باشد.

بند دوم ماده اول منشور ملل متحد هم این اصل را تاکید می نماید. هر طرحی که خلاف رای اکثریت تحمیل شود، زمینه را برای کشمکش هایی به ابعاد بین المللی در خاورمیانه فراهم خواهد ساخت. باید در این سرزمین یک دولت واحد فدرال با شرکت جامعه عرب و یهود تشکیل یابد و پایتخت این کشور فدرال بیت المقدس باشد. متأسفانه گوش شنوا به سخنان سنجیده و دور اندیشانه ایشان ندادند و از روزی که فلسطین را تقسیم کردند تا به امروز مردم این سرزمین آسایش و امنیت نداشته اند دشمنی اعراب و یهود با یکدیگر، همانطور که منصور السلطنه پیش بینی کرده بود، ابعاد بین المللی یافته برای آمریکا مخصوصاً مشکلات زیاد ایجاد کرده است.

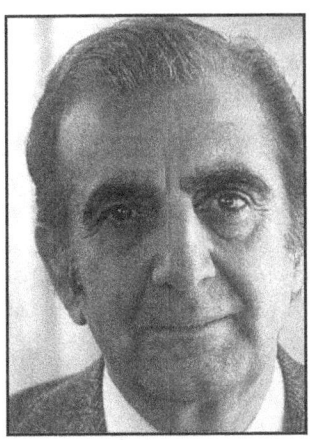

دکتر امیراصلان افشار قاسملو

سفیر در اتریش ـ آلمان و آمریکا و رئیس کل تشریفات سلطنتی. روزهایی که بیشتر بزرگان مملکت با روحیه‌ی باخته، بار و بندیل شان را بسته از مملکت می‌گریختند) امیرارصلان را استوار و قوی پشت میز کارش یافتم. آن روزها می‌کوشید شاه را از ترک وطن منصرف بنماید.

بیخود نیست که او را اصلان (شیر به ترکی) نامیده‌اند، دل شیر دارد.

**انور پاشا،
افسر ناسیونالیست ترک**

وی همراه با طلعت پاشا و جمال پاشا اختیارات سلطان عثمانی را محدود کرده قدرت را در دست گرفتند. آنها نظر به وضع بد اقتصادی امپراتوری عثمانی می‌خواستند در جنگ اول جهانی بیطرف بمانند متاسفانه ماجرای ناوهای جنگی ناچار پای آنها را به جنگ در کنار آلمان و اتریش بر ضد روسیه و انگلیس و فرانسه و ایتالیا کشانید. چنانچه عثمانی بیطرف می‌ماند و در اثر شکست تجزیه نمی‌شد.

خاورمیانه بصورتی که امروز هست وجود نمی‌داشت. بیشتر کشورهایی که امروز بعنوان خاورمیانه می‌شناسیم مانند عراق و سوریه و مصر و لبنان و اردن و فلسطین و بعضی از ممالک عربی جزء ولایات امپراتوری عثمانی بودند.

ابوالفضل ایلچی بیگ

اولین رئیس جمهوری لیبرال و دموکراتیک آذربایجان پس از فروریختن دیوار برلین و پاشیده شدن اتحاد جماهیر شوروی.

ابوالفضل ایلچی بیگ مردی مبارز بود که سال ها در زندان بشویک ها بسر برده بود و از محبوبیت زیاد برخوردار بود. بهنگام اولین انتخابات پس از کسب استقلال از شوروی، در رأس جبهه خلق وارد مبارزه انتخاباتی شد. من با جمع آوری سرمایه و نیز صرف پس انداز خودم با یاری عده ای هم فکر در استانبول هزاران نسخه پوسترهای تبلیغاتی رنگی به سود «خلق جبهه سی» چاپ کرده به باکو فرستادیم و شخصاً در یک میزگرد وزارت خارجه آمریکا در واشنگتن و نیز در ملاقات با چند تن از اعضای کنگره و مجلس سنا بسود حکومت لیبرال ایلچی بیگ **Lobbying** کردم. درخواست عمده من این بود که آمریکا برای حفظ این حکومت دموکراتیک به روسیه فشار بیاورد. از کمک نظامی به ارمنستان خودداری کند. ارمنی ها بیش از یک پنجم خاک آذربایجان را اشغال کرده بودند و این امر موقعیت دولت را ضعیف می کرد.

از سوی دیگر همکارم ارسلان با تلاش زیاد از اتحادیه اروپا برای آذربایجان ۲۵ میلیون دلار اعتبار گرفت. اعتبار برای خرید لوازم داروئی و اغذیه بود که آذربایجان سخت از این حیث کمبود داشت، شرط اعطای اعتبار این بود که آذربایجان به سهم و اندازه خودش در پرداخت وام های اتحاد جماهیر شوروی مشارکت بنماید. شرطی بود بسیار صحیح زیرا قسمتی از این پول ها در آذربایجان صرف امور عمرانی شده بود.

بعضی از اطرافیان رئیس جمهوری مغرورانه و با بی اطلاعی با این شرط مخالفت کردند. هرچه من که مشاور نزدیک ایلچی بیگ شده بودم اصرار کردم فوری این اعتبار را بگیرید و بازار را پر کنید از ما یحتاج مردم و داروهای مورد نیاز نپذیرفتند. از سوی دیگر اصرار من بر این بود که دولت بدون ارتش (اردو) و پلیس قوی دوام نمی آورد و حرف اش را نمی شنوند. خودتان را از این لحاظ تقویت بفرمایید و بیهوده به پر و پای ایران هم نپیچید. ایلچی بیگ می گفت ما تجربه نداریم. ارمنی ها از اروپا و آمریکا ارمنی های لایق را آورده سر کار گذاشته از شما لیستی از آذربایجانی های لایق که حالا دور از وطن هستند تهیه کنید من هم به همه آنها کار می دهم از مدیر آمار گرفته تا سر کنسول و رئیس کارخانه. ما حالا مشاوران ترکیه ای زیاد داریم ولی آذربایجانی نداریم. یک لیست ۸۰ نفری تهیه کرده به ایشان دادم. همه را پذیرفت در همین اوان یک ماجراجو بنام صورت حسین با دویست نفر بیشتر از اوباش از جبهه فرار کرده بسوی باکو به حرکت در آمد.

ایلچی بیگ هم مانند شاه از گشودن آتش و مقابله با آنها خودداری کرده شبانه به دهکده زادگاهش در نخجوان فرار کرد و در همان جا درگذشت.

گالوست گلبنگیان

ارمنی تبعد عثمانی، گذرنامه ایرانی را هم یدک می‌کشید و مشاور اقتصادی بدون دستمزد سفارت ایران در لندن بود.

گلبنگیان ملقب به آقای صدی پنج یکی از مطلع‌ترین مردان عصر خود در امور نفت بود.

وی به ایرانی‌ها توصیه کرد قبل و یا به موازات ملی کردن حقوق ایران را از طریق محاکم انگلیسی به اثبات برسانند.

لوئی هندرسن سفیر آمریکا در ایران به هنگام وقایع ۲۵ تا ۲۸ مرداد ۱۳۳۲

هندرسن از اینکه مردم ایران نمی‌توانند باور کنند که تحولات بزرگ در کشورشان را خودشان می‌توانند انجام بدهند اظهار تعجب می‌کرد.

منظره ای از ساختمان پارلمان برزایلیا

بنای کاسه ای رو به پایین مجلس سنا و رو به بالا مجلس شورای ملی است.

باشگاه کارمندان وزارت امور خارجه در نیاوران

این باشگاه آن چنان در مطبوع کردن زندگی کارمندان وزارت خارجه تاثیر داشت که بسیاری ماندن در تهران را به مأموریت های خارج (مگر جاهای درجه اول) ترجیح می دادند. یکی از آنها من بودم (مراجعه فرمایید به فصل چرا مرا روانه برزیل کردند)

اردشیر
۵۴۶

در پیشگاه مبارک اعلیحضرت همایون محمدرضا پهلوی آریامهر شاهنشاه ایران

و

علیاحضرت فرح پهلوی شهبانوی ایران

در سی و پنجمین سال شاهنشاهی پر افتخار اعلیحضرت همایون محمدرضا پهلوی آریامهر شاهنشاه ایران

و

پنجاهمین سال شاهنشاهی شکوهمند دودمان پهلوی

وزیر امور خارجه و بانو خلعتبری از جناب آقای پرویز عدل مدیر کل اطلاعات و مطبوعات و بانو خواهش دارند

برای شرکت در گشایش باشگاه وزارت امور خارجه ساعت ۲۰ روز پنجشنبه ۲۶ اسفند ۲۵۳۵ شاهنشاهی

برای صرف شام در باشگاه وزارت امور خارجه حضور بهم رسانند.

خواهشمند است کارت را همراه بیاورند

لباس: آقایان - اسموکینگ
بانوان - بلند

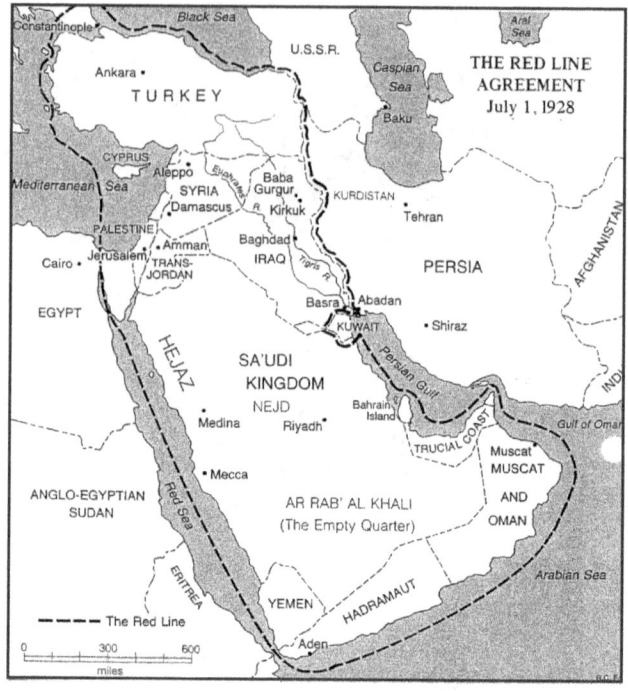

نقشه خط قرمز

در پایان جنگ دوم جهانی، شرکت های نفت کشورهای فاتح، در شهر استاند بلژیک اجتماع کردند تا در باره‌ی تقسیم منابع نفت بین خودشان، تصمیم بگیرند. چون به درستی نمی دانستند منابع نفت در کدام یک از قسمت های ولایات عثمانی واقع است، از گلبنگیان جویا شدند. گلبنگیان دنبال مداد و قلم گشت، یک مداد قرمز پیدا کرد و با آن دور عربستان و نواحی جنوب خلیج فارس و عراق و ترکیه و مسقط و عمان خط کشید. فقط ایران و کویت خارج از این خط بودند. قرار شد هیچ شرکت دیگری را به داخل محدوده‌ی آن خط، راه ندهند. آنها حتی امریکا را به بهانه این که به عثمانی اعلان جنگ نداده است، راه نمی دادند. تا بالاخره با دادن ۲۰٪ سهام شرکت نفت ترک، راضی اش کردند.

اصطلاح خط قرمز از آن موقع بین شرکت‌های نفت معمول شده است.

کاریکاتور سران متفقین از بالا به پایین چرچیل ـ استالین ـ روزولت
سران متفقین اول دسامبر ۱۹۴۳ در تهران اعلامیه ای صادر کرده و اعلام داشتند کشورهای اتحاد جماهیر شوروی و بریتانیای کبیر و کشورهای متحد آمریکا در حفظ استقلال و تمامیت ارضی ایران اتفاق نظر دارند. با اینهمه دولت هایشان از مداخله در امور ایران و رقابت در صحنه این کشور دست بردار نشدند.

BOMB RIPS CONSULATE

Damages 50 Pacific Hts. Homes

COLOR

Rain Likely

Full Report on Page 4

San Francisco Examiner

9 STAR FINAL
STOCKS • SPORTS

107th Year No. 108 | SU 1-2424 | FRIDAY, OCTOBER 15, 1971 | 64 PAGES | DAILY 15c

Weird Skyjack 'Death Clue' to China Mystery

BRIGHTON (England) — (AP) — British authorities have come up with a bizarre theory purporting to unravel last month's mysterious happenings inside China. [illegible]

Japanese Yield on Textiles

Will Curb Exports to U.S.

TOKYO — Japan, Taiwan, Hong Kong and South Korea agreed to limit their exports of textiles to the United States. [illegible]

Price and Pay Boards

[illegible]

Iran Consul's Family Safe In Blast, Fire

A powerful bomb shattered the Iranian consulate here last night, rocking Pacific Heights and causing damage estimated as high as $800,000 to more than 50 homes in the area. [illegible]

Probe Here

خبر بمب گذاری سرکنسولگری در صفحات اول جراید
۱۵ اکتبر ۱۹۷۱

یک داستان حیرت انگیز در ارتباط با بمب سانفرانسیسکو:

در تهران، وزارت امور خارجه راننده ای در اختیارم گذاشته بود، به نام کریم زرین پور. جوانی بود بسیار مؤدب و منظم که مخصوصاً بچه ها خیلی دوستش داشتند. آنقدر رفتارش متین بود که او را کریم آقا صدا می کردیم. آرزوی بزرگ کریم آقا این بود که به بهشت موعودش، آمریکا راه بیابد. مأمور آمریکا که شدم، ترتیبی دادم که او را نزد من بفرستند.
کریم آقا در حالی که عرش را از خوشحالی سیر می کرد، روز ۱۴ اکتبر ۱۹۷۱ وارد سانفرانسیسکو شد در رزیدانس کنسولگری اتاقی مجهز به حمام دوش در اختیارش گذاشتم همان شب اول ورودش انفجار بمب، علاوه بر کنسولگری، ۵۰ خانه اطراف را ویران کرد. و بهشت موعود کریم آقا به جهنم تبدیل شد. صبح از کریم آقا خبری نبود، مفقود شده بود. دو روز گذشت بازهم از او خبری نشد. گفتند مرکز شهر مردی را ملبس به پیژاما دیده اند که یا ابوالفضل گویان راه می رود. از پلیس خواستم این شخص را نزد من بیاورند. گفتند ما کسی را بدون میل خودش نمی توانیم بگیریم بعلاوه شهر ما پر است از اشخاص عجیب و غریب کدام یکی را می خواهید؟ جستجوها، اعلان در جراید، تعیین جایزه، هیچکدام به جایی نرسید و کریم آقا گم شد. گفتند: به ایران رفته! به ایالت دیگری رفته! زن گرفته! میلیونر شده!
۲۸ سال گذشت . در آپریل ۲۰۰۴ برای دیدار پسر عمویم سید حسن که تمام دوران نوجوانی را باهم گذرانده ایم به سانفرانسیسکو رفتم. روز دوم پسر عمویم دچار سرگیجه و نقش زمین شد.آمبولانس خبر کردند و در نهایت پسرعمویم در بیمارستان دانشگاه استانفورد (بهترین در دنیا) بستری شد. روز دوم، در اتاق پسر عمویم هستم. دکتری وارد می شود به سبک آمریکایی می گوید من دکتر جمشید پور هستم. به من نگاه می کند، می گویم من پرویز عدل پسر عموی بیمار هستم. می گوید نکند همان سرکنسول هستید که که در موقع اقامتش آن انفجار بمب رخ داد؟ گفتم بله خودم هستم. گفت: هیچ از راننده تان با خبر هستید؟ گفتم: خیر، ۲۸ سال است مفقود الاثر شده. دست می کند جیبش، تلفن همراهش را در می آورد، یک شماره می گیرد و بعد گوشی را به من می دهد می گوید کریم زرین نام پشت خط است صحبت بفرمایید!!!
مات و مبهوت می گویم کریم آقا. صدایم را می شناسد. از هیجان لکنت زبان می گیرد. ای آقا قربونتون بشم... ای آقا... ای آقا... معلوم می شود دکتر جمشیدپور و کریم آقا دو دوست صمیمی هستند. فکرش را بکنید آن روز ناهار و شام را سه نفری خوردیم. دکتر، عاشق تاریخ معاصر ایران است و صحبت بیشتر اطراف سرنوشت کریم آقا و سپس رجال معاصر ایران دور می زند. دکتر، بین رجال معاصر قوام السلطنه و اردشیرزاهدی را برتر می داند و درباره آنها کتاب می خواهد.
معلوم شد کریم آقا روزهای اول پس از بمب حافظه درست وحسابی نداشته، بعد او را می ترسانند که چون روز اول ورودش بمب گذاری پیش آمده ممکن است او را گناهکار بدانند و به تهران بفرستند و به بازجویی بکشانند. این است است که با من تماس نمی گرفته است تا اینکه دکتر جمشید پور پل ارتباط دوباره ما می شود. معلوم شد که کریم آقا دارای نمایشگاه اتومبیل های دست دوم است. پرسیدم آیا در فروشگاه برای من کار هست؟ گفت: بلی.

فهرست اعلام

آ

آتاتورک، کمال ۲۷, ۱۴۲, ۱۷۹

آخمن، آدولف ۲۲۷

ادوارد، کارلوس ۱۵۵

آرامش، احمد ۲۴۱, ۲۴۲

آرمائو، رابرت ۲۲۲, ۲۲۳, ۲۳۰

آرون، رایمون ۱۰۳

آریانا، بهرام ۲۰۰

آزمون، منوچهر ۴۵, ۱۹۱

آفتاندلیان، یورقین ۱۷۶

آکر، ... ۲۲۵

آگنلی، جیووانی ۲۲۱

آلبرایت، مادلن ۵۳

آلدریچ (سفیر امریکا در لندن) ۱۴

آمچ، دون ۱۴۶

آموزگار، جمشید ۱۲۴, ۱۳۴, ۱۳۵، ۱۷۵, ۱۹۲, ۱۹۳, ۱۹۴

آیزنهاور، دووایت ۵۵, ۵۹, ۶۱, ۸۰

آیینه چیان، ... ۱۷۹

ا

ابتهاج، ابوالحسن ۶۶, ۱۵۱, ۱۵۲

اتابکی، پرویز، ۱۳۰

اتحادیه، جعفر ۵۳, ۷۱, ۱۳۶

اتحادیه، هما ۷۱

ادوارد، کارلوس ۱۵۵

ارسنجانی، حسن ۱۹۲

ارفع، حسن ۱۰۳, ۱۰۴, ۱۰۶, ۲۳۹, ۲۴۰

ارفع، لیلا ۱۰۴

ارفع، هیلدا ۱۰۳, ۱۰۴, ۲۳۹, ۲۴۰

ازهاری، غلامرضا ۵۱, ۱۱۷-۱۱۹, ۱۴۶، ۱۴۷, ۱۶۰, ۱۷۱, ۱۷۲, ۱۸۹, ۱۹۰, ۲۰۵, ۲۲۰, ۲۲۹, ۲۳۰, ۲۵۰, ۲۵۵, ۲۵۷

استالین، ژوزف ۱۲, ۱۸, ۸۳, ۲۳۲، ۲۶۳, ۲۶۶, ۲۶۷

اسمیت، بیدل ۲۱, ۲۲

اصفهانی، محمد ۳۰

استوارت، مایکل ۱۱۹, ۱۲۰, ۱۲۱

اسدی، علینقی (لیلاند موتورز) ۱۸۶

اشرفی، جمشید ۱۵۵

اصلانی، بیژن (دفتر تشریفات دربار) ۱۷۰

اعتبار، عبدالحسین (دکتر) ۲۴۳

افخمی، صفیه ۱۲۷

افشار، کاملیا ۱۷۳

افشارقاسملو، امیراصلان ۳۸, ۹۸, ۱۳۵، ۱۵۱, ۱۶۱, ۱۶۸, ۱۷۰, ۱۷۱, ۱۷۳، ۲۰۴

افشارقاسملو، امیرخسرو ۱۰۱, ۱۰۲, ۱۲۰، ۱۵۱, ۱۵۵, ۱۵۹, ۱۶۰, ۱۶۱, ۱۶۲, ۱۸۸

افشار، نادرشاه ۳۱

اقبال، منوچهر (استاندار آذربایجان) ۱۹۸

اقبال، خسرو ۱۰۷, ۱۹۲

اقبالی، ... ۱۵۵-۱۵۷

امامی، جمال ۶۳, ۹۶, ۱۰۰

امین، مصطفی ۲۴۹

امینی، علی ۶۶

امینی، ناصر ۲۱۶

انصاری، هوشنگ ۱۰۷, ۱۰۸, ۱۵۵، ۱۷۵, ۱۹۲

انتظام، عبدالله ۹۷

انتظام، نصرالله ۹۸، ۱۰۱، ۱۰۲، ۱۴۱
اوحدی، ... ۲۳۸
اوژبیه، ژان ۱۰۵
اوکرانت، کریستیان(خبرنگار فرانسوی) ۳۴
اویسی، غلامعلی (ارتشبد) ۲۰۰
اویسی، ناصر ۱۶۷
ایادی، کریم ۲۳۴
ایزابلا، ماریا ۱۶۶
ایمان (ستاره سینمای مصر) ۲۴۷، ۲۵۶
ایوب خان، فیلدمارشال ۱۸۲

ب

باتمانقلیچ، نادر (رییس ستاد ارتش) ۲۴
باتمانقلیچ، هوشنگ ۹۸، ۱۱۸، ۱۲۶، ۱۲۷، ۱۶۸، ۱۷۳، ۱۷۵، ۱۷۶
باتیستا، ژان ۱۸، ۱۹
بازرگان، مهدی ۴۵-۴۷، ۲۳۸
بختیار، تیمور ۱۳، ۱۹۴، ۲۴۱-۲۴۳، ۲۵۹
بدره ای، عبدالعلی ۱۷۱، ۱۷۲
برنارد، کریستیان (پزشک) ۲۳۵
بروجردی (آیت الله) ۶۴، ۷۷، ۷۸، ۷۹
بزرگمهر، اسفندیار ۷۲-۷۴
بناپارت، ناپلئون ۱۱۶، ۲۰۲، ۲۱۹، ۲۳۳
بورگه، کریستین ۲۲۸
بوش، جورج ۲۱۴
بوشهری، مهدی ۲۵۰
بهادری، کریم پاشا ۱۴۱، ۱۷۵
بهبهانی، (آیت الله) ۵۷، ۶۴
بهبهانی، جعفر (نماینده مجلس) ۷۷، ۷۹، ۸۰
بهرامی، شاپور
بیسمارک، اتوفون ۴۱

پ

پارسونز، آنتونی ۲۲۳، ۲۴۳

پارسی، سلمان ۴۷
پاشا، محمدعلی ۲۷
پاشایی، مجتبی(دکتر-سرهنگ) ۲۴۳
پاکروان، حسن ۹۸، ۱۰۳-۱۰۷، ۱۶۸، ۲۳۳، ۲۴۰
پیتانگی (جراح برزیلی) ۱۴۶
پرو، راس ۱۸۸
پرون، ارنست ۲۲۲
پرویزی، رسول ۹۹
پژمان، عیسی ۲۴۳
پناه پور، ... ۱۸۵
پورتیلو، لوپز (مکزیک) ۲۶۲
پهلوی، اشرف ۵۱، ۱۱۷-۱۱۹، ۱۴۶، ۱۴۷، ۱۶۰، ۱۸۹، ۱۹۰، ۲۰۵، ۲۲۰، ۲۲۹، ۲۳۰، ۲۵۰، ۲۵۵، ۲۵۷
پهلوی، ثریا ۵۷، ۵۸، ۲۳۳
پهلوی، رضاشاه ۱۸، ۲۷، ۳۹، ۱۷۹، ۱۸۰، ۲۶۴، ۲۶۶
پهلوی، عبدالرضا ۱۷۵
پهلوی، غلامرضا ۱۷۵، ۱۷۹
پهلوی، فرح ۱۷۵، ۱۷۶، ۱۹۲، ۱۹۴، ۱۹۸، ۲۲۲، ۲۲۸، ۲۳۰، ۲۳۱، ۲۳۵، ۲۵۷، ۲۶۱
پهلوی، محمدرضا شاه -اکثر صفحات
پیرنیا، داوود ۷۴
پیرنیا، میرزااحسین خان (مؤتمن الملک) ۶۳
پیروز، ... (استاندار) ۱۹۱
پیشه وری، جعفر ۹، ۱۸

ت

تاچر، مارگارت ۲۲۳، ۲۲۴
تالیران ۱۹، ۱۱۶، ۲۳۳
تفضلی، جهانگیر ۶۶، ۷۹، ۹۸-۱۰۰
توریهوس، عمر ۲۲۵، ۲۲۶
توکلی، احمد ۳۰

تیتو، مارشال ۲۴۳-۲۴۵
تیمور لنگ ۲۸، ۵۱
تَرکی، نورمحمد ۱۲۳
ترومن، هری ۷، ۸
تقی زاده، ... ۶۳
تاج بخش، غلامرضا ۲۴۱

ج
جهانبانی، مسعود ۱۰۲، ۱۰۲
جهان بینی، کیومرث ۲۱۷
جعفریان، محمود ۱۴۰-۱۴۲
جوردن، هامیلتون ۲۲۶

چ
چرچیل، وینستون ۷، ۸، ۵۵، ۵۸، ۵۹، ۶۱، ۲۳۳، ۲۵۸، ۲۶۳، ۲۶۶، ۲۶۷
چمبرلین، نویل ۴۶

ح
حکمت، سعید ۵۵
حکمت، علی اصغر ۱۱۰
حماد (سفیر مصر در تهران) ۲۵۴-۲۵۶
حکیمی، ابراهیم ۹۰، ۹۳، ۲۳۲
حمزاوی، عبدالحسین ۹۸-۱۰۰
حجازی، مطیع الدوله ۵، ۶۵-۶۷، ۶۹، ۷۳، ۷۶، ۷۹، ۸۰، ۸۲، ۹۸، ۹۹، ۲۱۲

خ
خاتم، علی محمد (ارتشبد) ۱۹۸
خامنه ای، علی اکبر ۲۱۳، ۲۱۴
خروشچف، نیکیتا ۸۳
خسروداد، منوچهر ۱۴۱
خلخالی، صادق ۴۷، ۴۸، ۱۴۱، ۱۴۲، ۲۲۷
خلعتبری، عباسعلی ۱۱۸، ۱۱۹، ۱۲۵ -

۱۲۷، ۱۳۳، ۱۳۴، ۱۴۰، ۱۴۱، ۱۶۰، ۱۷۶، ۱۷۷، ۱۸۱، ۱۹۰،
خمینی، احمد ۴۳-۴۵
خمینی، روح الله ۱۲، ۳۳-۳۸، ۴۳، ۴۵، ۶۴، ۱۲۹، ۱۶۲، ۱۷۰، ۱۷۱، ۱۷۴، ۱۷۷، ۲۰۷
خوئی، ابوالقاسم (آیت الله) ۱۷۰
خواجه نوری، محسن ۲۳۷
خواجه نوری، محمود ۲۳۷
خوانساری، پرویز ۱۳۲، ۱۳۵، ۲۵۹، ۲۶۰

د
دال، روبرت ۱۱۲
دالس، جان فاستر ۲۴۵، ۲۴۶
دانشور، حسین ۱۷۱-۱۷۳
دزانوا، ژان ۲۲۲، ۲۳۰، ۲۵۰، ۲۵۷
دشتی، علی ۶۳
دمیرل، سلیمان ۱۸۲-۱۸۴، ۲۰۲، ۲۰۳
دوگل، شارل ۴۱، ۲۱۳
دوآسیس، ماکادو ۱۶۴
دولن، ژیرو ۱۰۳
دومارانش، الکساندر ۳۳، ۳۹
دیزرائیلی، دیزرائیلی ۸۱

ذ
ذوالفقاری، هدایت ۱۴۶، ۱۷۰

ر
رئیس، محسن ۱۰۱
رائین، پرویز ۵۴، ۵۵، ۱۷۷، ۲۲۳
رائین، سریه ۵۵
ربانی املشی، (آیت الله) ۴۷
راجی، پرویز ۱۱۹
راسپویتن، گریگوار ۱۸
راشد، (واعظ) ۷۴

راکفلر، دیوید ۲۲۱
رحیمی، مهدی ۱۴۱
رزم‌آرا، حاجعلی ۱۲۸
رزم‌آرا، حسن ۱۲۸
رزم‌آرا (عدل)، زیبا ۱۲۸
رضا (سفیر پاکستان) ۲۵۵
رضایی، ... ۱۹۸
رنجبر، کاظم ۱۰۷
روحانی، شهریار ۲۰۷, ۲۰۸, ۲۰۹
روحانی، فواد ۸
روزولت، کرمیت ۱۳، ۴۹، ۵۲، ۵۳، ۵۵، ۵۶، ۵۸، ۵۹، ۶۱
روزولت، تئودور ۲۵۸، ۲۶۳، ۲۶۶، ۲۶۷
روسن، میشل ۳۴، ۳۵
رومانف، ۱۸
رهنما، محسن ۱۰۱
رهنوردی، محمدحسن ۱۸۰
ریاحی، تقی (سرلشکر) ۱۳
ریگان، رونالد، ۲۲۵، ۲۲۶

ز

زاهدی، ابوالقاسم ۵۴
زاهـدی، اردشیــر ۳۷، ۵۴-۵۷، ۹۸، ۱۰۸-۱۲۱، ۱۲۶، ۱۲۷، ۱۳۲، ۱۳۴، ۱۳۷، ۱۳۹، ۱۴۰، ۱۴۷، ۱۵۸، ۱۶۰، ۱۶۱، ۱۷۳-۱۷۶، ۱۸۱-۱۸۳، ۱۸۷، ۱۹۰، ۱۹۱، ۱۹۳، ۲۰۷، ۲۰۸، ۲۱۰، ۲۱۳، ۲۲۹، ۲۵۸
زاهدی، فضل الله ۱۱، ۱۳، ۱۴، ۱۵، ۲۱، ۲۲، ۵۳، ۵۴، ۵۶-۵۸، ۶۶، ۶۷، ۷۱-۷۳، ۸۰-۸۳، ۹۷، ۹۸، ۱۱۴، ۱۱۷، ۱۵۱، ۱۵۲، ۲۱۲، ۲۳۷، ۲۶۲، ۲۶۶
زرگری نژاد، ... ۲۹
زعفرجنی (پادشاه اجنه) ۳۰

زندفرد، فریدون ۱۰۹، ۱۱۳، ۱۱۵، ۱۱۹
زواره‌ای، ... ۴۷
زوایک، اشتفن ۱۶۵
زیباکلام، صادق ۳۰

ژ

ژیسکاردستن، والری ۳۶

س

سادات، انور ۲۲۴، ۲۵۱
ساعد مراغه‌ای، محمدعلی ۲۶۶
سالیوان، ویلیام ۲۶۱
سپهبدی، انوشیروان ۲۵۱-۲۵۳، ۲۵۶
سپهبدی، پرویز ۱۹۴
سپهبدی، فاطمه ۲۵۱
سپهبدی، فرهاد ۱۵۱
ستارخان ۸، ۵۶، ۲۶۶
سلطان‌زاده، ... (روزنامه‌نگار) ۸۲
سمیعی، پاشا (رئیس رادیو) ۸۲
سنجابی، کریم ۱۶۲
سنندجی، سلطان سعید ۱۳۰
سوادکوهی، ... (نماینده مجلس) ۱۸۰
سوکارنو، ... (رهبر اندونزی) ۲۴۴
سیسرون (جاسوس) ۵۲
سیناترا، فرانک ۲۲۱

ش

شارپ، میچل ۲۲۹
شادمان، سید ضیاءالدین ۱۹۱، ۱۹۳
شاه حسینی (مشاور رادیو) ۷۷، ۷۸
شاهرخشاهی، ... ۵۴
شرکا، جلیل ۱۶۹، ۱۷۰
شریعتمداری، سیدکاظم ۴۵، ۱۲۸، ۱۷۰
شریعتی، علی ۲۸، ۶۴
شریف‌امامی، جعفر ۴۴، ۱۹۸
شفا، شجاع‌الدین ۳۲

شفا، شعاع الدین ۱۹۴	ظلی، منوچهر ۱۳۰، ۱۳۲
شفق، رضازاده ۶۳	ظهیر، احمد ۱۲۶
شفیق، احمد ۲۵۷	ظهیر، ... (سفیر در هلند) ۱۸۵
شفیق، حسن ۲۵۵، ۲۵۷	
شفیق، شهرام ۴۳	**ع**
شکوری، فرامرز ۳۱	عاشور، باباجان ۴۳
شمسا، ... ۱۹۵	عالیخانی، علی نقی ۱۹۳، ۲۴۱، ۲۵۹
شوکراس، ویلیام ۲۳۴	عاملی تهرانی، محمدرضا ۴۳-۴۷، ۱۴۱
شونید، رونالد ۵۶	عبدالفتاح، مها ۲۵۷
شهباز، حسن ۱۶۲-۱۶۶	عبدالناصر، جمال ۲۴۳، ۲۴۵، ۲۴۶،
شهیدزاده، حسین ۱۰۸	۲۴۸، ۲۴۹، ۲۵۲، ۲۵۳، ۲۵۶
شیراک، ژاک ۲۱۴	عدل، آزیتا ۱۴۵
شیلاتی، ... (وزارت خارجه) ۱۵۸، ۱۵۹	عدل، احمدحسین ۷۱، ۲۳۷
	عدل، پرویز ۷۱
ص	عدل، سیف الله ۱۹۶
صالح، اللهیار ۱۷۰	عدل، خانم ضیا ۷۱
صباغیان، ... ۴۶	عدل، عظمی ۲۳۸
صبحی، اسماعیل (رادیو) ۷۴، ۷۷، ۷۸	عدل، ماریا ۱۳۴، ۲۳۹
صبور، بیوک ۱۹۷-۲۰۴	عدل، مهدی ۷، ۹
صبور، حسین ۱۷۴	عدل، یحیی ۱۹۳، ۲۳۸
صدام حسین ۱۹۹	عدل طباطبایی، مرتضی ۱۸۷
صدیقی، غلامحسین ۱۷۰	عرفات، یاسر ۲۲۷
صفوی، شاه اسماعیل ۲۸	عصار، نصیر ۱۹۲
صفویان، دکتر عباس ۲۳۵، ۲۳۶	عظیما، منوچهر ۹۸، ۲۵۵
	علاء، حسین ۲۳، ۲۴، ۹۷-۱۰۰
ض	علم، اسدالله ۶۶، ۶۹، ۷۹، ۸۰، ۹۸-۱۰۰،
ضرغام، امیرقلی ۱۳	۱۲۸، ۱۹۳
	علم، سیروس ۱۷۶
ط	
طباطبایی، سیدضیاءالدین ۶۳	**غ**
طوفانیان، بهرام (سرلشکر) ۱۹۸	غرضی، محمد ۴۶
طهماسبی، خلیل ۴۷	غزنوی، سلطان محمود ۳۱
	عضنفری، (تشریفات دربار) ۱۷۰
ظ	غفاری، هادی ۴۴، ۴۷
ظفربختیار، ملک شاه ۱۷۱	غیاثی، میرزا ۲۰۲، ۲۰۳

ف

فخرآرایی، ناصر ۸۳
فدرونا، الکساندرا ۱۸
فراست، دیوید ۲۲۳
فرامرزی، عبدالرحمن ۶, ۷, ۵۳
فرخ، فریدون (وزارت خارجه) ۱۵۰
فردریک کبیر ۱۰۶
فردوست، حسین ۴۶
فرزانگان، عباس (سرتیپ) ۱۳
فرمانفرماییان، منوچهر ۸
فروزانفر، بدیع الزمان ۶۳
فروغی، محمدعلی ۲۶۶
فروهر، داریوش ۴۶
فرهاد، احمد (دکتر) ۱۰۳
فرهت، هرمز ۶۴
فرهمند، بشیر ۷۰, ۷۲
فربار، ... (خانم) ۱۲۷
فربار، .احمد ۲۳۸
فریدی، سیامک ۱۷۷
فلاندرن، ژرژ ۲۲۱
فن هامبولد، ویلیام ۱۱۶
فونتن، آندره ۱۰۳, ۲۵۰
فوزیه (ملکه ایران) ۲۵۲
فیشر، ... ۱۹۶
فیلیپی، کیم ۵۲

ق

قاجار، آقامحمدخان ۱۴۳
قاجار، فتحعلیشاه ۲۱۵
قاجار، محمد علیشاه ۹
قاجار، مظفرالدینشاه ۳۰, ۱۹۶
قاجار، ناصرالدینشاه ۳۰
قریب، جمشید ۲۵۴, ۲۵۵, ۲۵۶
قذافی، معمر ۳۶

قشقایی، خسرو ۵۱, ۵۳
قطب زاده، صادق ۲۲۸, ۲۲۹
قمی، محمدتقی (قاهره) ۲۵۱
قوام السلطنه، احمد ۹, ۱۸, ۵۱, ۵۲, ۸۳, ۸۴, ۸۶, ۹۰, ۹۵, ۹۷, ۲۳۲, ۲۶۶

ک

کارتر، جیمی ۲۲۱, ۲۲۵
کارمل، ببرک ۱۲۴
کارمن، میراندا ۱۴۶
کاسترو، فیدل ۱۸, ۲۲۵
کاشانی، ابوالقاسم (آیت الله) ۵۷, ۶۴
کاشانی، ملا عبدالله ۲۹
کاظمی، آوید ۱۲۷
کاوه، علی محمد ۲۴۳
کبل، ... ۲۱
کریمی، فواد ۴۳, ۴۴
کلانتری، پری ۱۳۴
کلارک، رمزی ۳۸
کلمن، مورتن ۲۲۱
کلینتن، بیل ۵۳
کوبیچک، جوسه لینو ۱۴۲, ۱۴۳
کیسینجر، هنری ۲۲۱, ۲۲۳
کنی، ملاعلی ۳۰
کین، بنجامین ۲۲۱

گ

گارسیا، چارلی ۲۲۷
گریپل، بتی ۱۴۶
گرین، گراهام ۴۹, ۲۲۵
گوتوالد، کلمنت ۹
گودرزی، محسن ۱۵۹

ل

لاکامپ، ماکس اولیویه ۱۰۳

لاوه، کنت ۵۶
لویی هجدهم ۲۱۹
لوکاره، جان ۴۹, ۲۰۱

م

ماتیسون، ... (کاردار سفارت آمریکا) ۵۶
ماسو، ژزال ۲۴۶
مافی، نظام السلطنه ۶۳
مافی، ... ۱۹۵
ماکویی، ... ۱۰۴
مبصر، محسن ۶۹, ۱۲۸, ۱۲۹
مترنیخ، ... (اتریش) ۱۱۶
مجیدی، عبدالمجید ۱۹۲
محامدی، منوچهر ۱۳۵, ۱۹۴
مدرسی، ... ۴۴
مسعودی، فرهاد ۱۷۲
مصباح زاده، مصطفی ۱۷۲, ۲۵۰
مصدق، محمد ۷, ۱۲-۱۵, ۲۰, ۲۱, ۵۳, ۵۴, ۵۸, ۶۳, ۸۳, ۹۶, ۹۷, ۲۱۵, ۲۵۳, ۲۶۳
معاضدالدوله، مهدی ۷
معین، باقر ۶۰, ۶۱
معینیان، نصرت الله ۷۲, ۷۳, ۷۴, ۷۷, ۷۸, ۱۰۱, ۱۳۵, ۱۳۶, ۱۶۱, ۱۹۱
مفتاح، سیامک ۱۳۰
ملک حسین ۱۱۲, ۱۲۰, ۱۸۳, ۱۸۴, ۲۳۳
ملک فاروق ۲۴۴
ملک مدنی، ... ۱۹۴
موحد، محمدعلی ۸
مهران، محمود ۲۳۸
مینا، پرویز ۸
مینایی، احمد ۱۲۷

ن

نامدار، محمد ۲۴۱
ناهید، ابراهیم
نجفی مرعشی، آیت الله ۱۷۰
نجیب، محمد ۲۴۴, ۲۴۵
نراقی، ملااحمد ۲۹
نزیه، حسن ۲۳۷
نصیری، نعمت الله ۲۴۱, ۲۵۹, ۲۶۰
نفیسی، حبیب ۲۳۸
نوئل، رز ۱۵۳, ۱۵۴, ۱۶۴-۱۶۶
نوبخت، دانش ۵۳
نوری، سعید ۱۵۲
نوری زاده، علیرضا ۴۴, ۴۵, ۱۲۴
نوریگا، امانوئل ۲۲۷-۲۲۹
نهرو، جواهر لعل ۲۴۵
نیکخواه، پرویز ۱۴۱
نیکسون، ریچارد ۲۳

و

وارن، ویلیام ۱۱۳, ۱۱۴
والاس، مایک ۲۲۳
والترز، باربارا ۲۲۳
وکیلی، جواد ۹۸, ۲۵۱
ولتر ۱۰۷, ۲۳۳
ولیان، عبدالعظیم ۱۹۲, ۲۵۹
وهاب زاده، حسین ۱۵۰
ویکتوریا، ملکه الکساندرینا ۸۱
ویلالون، هکتور ۲۲۸
ویلبر، دونالد ۴۲, ۵۳, ۵۷

ه

هاروی، راجر ۵۹
هاشمیان، جواد ۱۳۰
هاوس، وود ۵۰
هاول، واکلاو ۹
هدایتی، هادی ۱۹۲
هلمز، ریچارد ۲۲۱

همایون‌جاه، محمدعلی ۱۰۹
هندرسون، لویی ۱۳، ۲۰، ۲۲، ۲۴
هویدا، امیرعباس ۳۳، ۴۸، ۱۱۷-۱۱۹،
۱۲۶، ۱۳۹، ۱۴۰، ۱۶۰، ۱۷۵، ۱۷۶،
۱۸۰، ۱۸۱-۱۸۳، ۱۸۶، ۱۸۷، ۱۸۹،
۱۹۰-۱۹۵، ۲۱۶، ۲۵۳
هیتلر، آدولف ۲۶۵
هیث، ادوارد ۱۲۱

ی

یارافشار، پرویز ۵۴، ۵۵
یانگ، آندریو ۳۸
یحیی، غلام ۹
یمانی، ذکی ۱۹۹

فهرست تصویرها

احمد قوام (قوام‌السلطنه)
پرنس تالیران
کرمیت روزولت
سپهبد فضل الله زاهدی
اردشیر زاهدی
دکتر محمد مصدق
ضیافت ناهار خداحافظی پرویز عدل در باشگاه کارمندان وزارت امور خارجه به مناسبت سفر وی به برزیل
دکتر محمد مصدق و دین آچسون وزیر خارجه دولت ترومن
دکتر محمد مصدق و هریمن فرستاده پرزیدنت ترومن به ایران
سرلشگر حسن پاکروان

مصطفی عدل- منصورالسلطنه
دکتر امیراصلان افشار قاسملو
انور پاشا
ابوالفضل ایلچی بیگ
گالوست گلبنگیان
لویی هندرسن سفیر امریکا در ایران
ساختمان پارلمان برزیلیا
ساختمان باشگاه کارمندان وزارت امور خارجه در نیاوران
نقشه خط قرمز
کاریکاتور سران متفقین
خبر بمب‌گذاری سرکنسولگری ایران در سانفرانسیسکو در جراید

انتشارات شرکت کتاب

شعر معاصر

خون و خاکستر	نادر نادرپور	
صبح دروغین (چاپ چهارم)	نادر نادرپور	(نایاب)
زمین و زمان	نادر نادرپور	(نایاب)
پیوند (کامپکت دیسک)	۲۶ شعر از مجموعه ده دفتر اشعار نادرپور با صدای شاعر	
نگاره گلگون	سیمین بهبهانی	
کامپکت دیسک	۱۶ شعر برگزیده از دفترهای شعر سیمین بهبهانی با صدای شاعر	
وقتی غم خود را گریستم	حسن رضوی	
نفس عشق در دامن باد	دکتر مهناز بدیهیان	
یک تکه ام آسمان آبی بفرست	دکتر اسماعیل خویی	
پژواک جانسرود ما دلآیننگان	دکتر اسماعیل خویی	
نهنگ در صحرا	دکتر اسماعیل خویی	
غزلقصیده آغوش عشق و چهره زیبای مرگ، و غزلقصیده «من» های من	دکتر اسماعیل خویی	
از میهن آنچه در چمدان دارم و نگاه های پریشان به نظم	دکتر اسماعیل خویی	
با ستاره ای شکسته بر دلم	زیبا کرباسی	
کژدم در بالش	زیبا کرباسی	
مجموعه ی کامل اشعار	نادر نادرپور	۲ جلدی با جلد گالینگور
آزمون برگزیدگی	جهانگیر صداقت فر	

پرواز را به یاد آوریم «بیست شعر از فروغ فرخزاد» انتخاب و ترجمه: دکتر احمد کریمی حکاک

Remembering The Flight
Twenty Poems by Forugh Farrokhzad — Ahmad Karimi-Hakkak

راویان آتش و اقاقی — برنا کریمی (شاعر افغان)

انتشارات شرکت کتاب

خاطرات

در کوچه پس کوچه های غربت	هما سرشار	۲ جلدی با جلد گالینگور
من سید اولاد پیغمبر نواده...	خاطرات پرویز عدل	
من یک شورشی هستم	عباس سماکار	
خاطرات سپهبد اسدالله صنیعی	به کوشش دکتر مرتضی مشیر	
خاطرات آیت الله منتظری	متن کامل همراه با پیوست ها و مدارک	
خاطرات من	زنده یاد حبیب لوی	
	به کوشش دکتر هوشنگ ابرامی	
یادی از گذشته ها	الیاس خلیلی	

داستان

در حضر	مهشید امیرشاهی	چاپ سوم
در سفر	مهشید امیرشاهی	چاپ اول
با قلب خود چه خریدم؟	سیمین بهبهانی	نسخه بدون سانسور
تنگسیر	صادق چوبک	تجدید چاپ
چراغ آخر	صادق چوبک	تجدید چاپ
سنگ صبور	صادق چوبک	تجدید چاپ
خیمه شب بازی	صادق چوبک	تجدید چاپ
روز اول قبر	صادق چوبک	تجدید چاپ
انتری که لوطیش مرده بود	صادق چوبک	تجدید چاپ
در پس آن کوچه باغ	هدی کُرد	
ننه کوکب	غلامعلی صامت	
ساحل اورینت	دکتر نورالله دانیل پور	
عمر و برف	پریوش سیم و زر (نوازش)	
گزیده ی داستان ها	عزیز نسین	
پرتاب به ژرفا	پروین فُرید	
شوهران زیور خانم	هدی کُرد	
گزیده ادبیات معاصر اسرائیل	کامران حیمیان	

انتشارات شرکت کتاب

تاریخ و سیاست

توافق مصلحت آمیز	دکتر سهراب سبحانی
روابط ایران و اسراییل (از ۱۹۴۸ تا ۱۹۸۸)	ترجمه محمدعلی شاپوریان
از آتن تا هیروشیما	بهرام مشیری
تاریخ یهود ایران تالیف حبیب لوی	به کوشش دکتر هوشنگ ابرامی
رازهای انقلاب ایران	تریبیون آزاد تلویزیون جام جم چاپ وپخش از شرکت کتاب
ترفندهای سیاسی (فاجعه مرگ ارتشبد خاتمی)	سرلشکر نعیمی راد
پان ایرانیستها و پنجاه سال تاریخ	ناصر انقطاع
امیر کبیر: اخگری در تاریکی	ناصر انقطاع
کارل مارکس که بود؟	دکتر عبدالعلی مقبل
بزرگترین اشتباه دنیای اسلام.	بنیاد پیروان ابراهیم
بابک	ناصر انقطاع چاپ دوم با برگه ها، نگاه ها و نوشته های بیشتر از چاپ یکم
خاورمیانه در کوران بنیادگرایی	مصطفی دانش
آزادی در زنجیر	علیرضا رحمتی
نادر قهرمان بی آرام... (جلد ۱)	نادر انقطاع چاپ دوم
نادر قهرمان بی آرام...(جلد ۲)	نادر انقطاع چاپ دوم
داوری- سخنی در کارنامه ساواک	منوچهر هاشمی
آخرین روزها	
پایان سلطنت و درگذشت شاه	دکتر هوشنگ نهاوندی

در باره ایران به زبان انگلیسی

An Introduction to Iranian Culture

(مقدمه ای بر فرهنگ ایرانزمین)	دکتر شهناز مصلحی

انتشارات شرکت کتاب

شعر کلاسیك

دیوان کامل ایرج میرزا	به کوشش دکتر محمدجعفر محجوب چاپ هفتم
شاهین توراه	تورات مقدس به شعر جلد گالینگور
	سروده مولانا شاهین
	به کوشش دکتر منوچهر خوبان
آیینه صفا	ا. دلنواز
رباعیات عمرخیام	به کوشش دکتر خوش کیش
	(برای کسانی که فارسی صحبت می کنند
	ولی نمی توانند فارسی بخوانند و بنویسند)
گزیده اشعار مولانا به زبان انگلیسی	ترجمه مجتبی نموی

دین - عرفان - فلسفه - روانشناسی

پیام عشق	پری حکمت
بیا به میکده و چهره ارغوانی کن	فریدون مکابی
در جستجوی حقیقت	دکتر هوشنگ ابرامی
صوفی نامه	پری حکمت
انسان در جستجوی معنا	ترجمه دکتر نهضت فرنودی
یهودیت اصیل و یهودیت اسیر	دکتر هوشنگ ابرامی
	(در دو نسخه – فارسی و انگلیسی)
مولوی متفکری که از نو باید شناخت	مصطفی هروی
اصل یگانگی	هدایت جاوید

مصور

اهالی هنر در اینسو	عباس حجت پناه
	(تصویر هنرمندان ایران در خارج از میهن)

انتشارات شرکت کتاب

نقد

زن و عشق در دنیای صادق هدایت	محمود کیانوش	
حافظ؛ خنیاگری، می و شادی	هما ناطق	

زبان

در ژرفای واژه ها	ناصر انقطاع	

حقوقی

طلاق در کالیفرنیا	دکتر عباس حاجیان	

پزشکی

قلب سالم	دکتر منوچهر ندیمی	
غذاها و کالری ها	دکتر امان الله رفواه	

کودکان

گل اومد بهار اومد	نادره سالارپور	کامپکت دیسک
هفت پری		فارسی و انگلیسی

موسیقی

آن روزها	فرید فرجاد	نت موسیقی برای ویولون	(۴ جلدی)
نت های ترانه های محلی ایران	سوسن کوشادپور		(برای پیانو)
نت های ترانه های ملی ایران	سوسن کوشادپور		(برای پیانو)
عاشقانه ها (کامپکت دیسک)	با صدای فریدون دائمی		برگزیده ای از اشعار عاشقانه
هفت اثر برگزیده از جواد معروفی	تنظیم سوسن کوشادپور		(برای پیانو)

انتشارات شرکت کتاب

آموزشی

فارسی اول دبستان	نسخه پیش از انقلاب	تجدید چاپ
فارسی دوم دبستان	نسخه پیش از انقلاب	تجدید چاپ
فارسی سوم دبستان	نسخه پیش از انقلاب	تجدید چاپ
فارسی چهارم دبستان	نسخه پیش از انقلاب	تجدید چاپ
فارسی پنجم دبستان	نسخه پیش از انقلاب	تجدید چاپ
آزمون تابعیت آمریکا	چاپ اول	

بازرگانی

یلو پیج ایرانیان	اطلاعات مربوط به مشاغل ایرانیان آمریکا
روز شمار	تقویم چهارگانه خورشیدی، قمری، میلادی و عبری
یلو پیج جیبی ایرانیان	فهرست مشاغل ایرانیان کالیفرنیای جنوبی همراه با تقویم چهارگانه خورشیدی، قمری، میلادی و عبری و دفتر تلفن

تقویم دیواری عبری،خورشیدی، میلادی و قمری

سالنامه ی ایرانیان

نشریه هفتگی

ایرانشهر	سیاسی، اجتماعی، فرهنگی	از نوروز ۱۳۷۵ - مارچ ۱۹۹۶